HOWARD
CARPENDALE
Dieter Weidenfeld

Von oben sieht alles anders aus

BASTEI LÜBBE

BASTEI-LÜBBE TASCHENBUCH

BAND 61 178

Printed in West Germany, Juni 1990
Einbandgestaltung: Manfred Peters unter Verwendung einer Foto-Illustration von Bertram Bahner, Bornheim
Satz: Fotosatz Böhm GmbH, Köln
Druck und Bindung: Ebner Ulm
ISBN 3-404-61178-0

Der Preis dieses Bandes versteht sich einschließlich der gesetzlichen Mehrwertsteuer

Vorwort

Dieses Buch ist keine Autobiographie – zumindest keine im üblichen Sinne. Trotzdem ist darin mehr über mein Leben gesagt, als es jede Biographie hätte sagen können.

Als wir anfingen zu erzählen, da wollten wir nur die Geschichte einer Konzerttournee niederschreiben. Wir dachten uns: Es muß doch einmal ganz interessant für einen Außenstehenden sein, eine solche Tournee aus der Sicht des Künstlers zu erleben. Einmal einen Blick hinter die Kulissen des Showbusiness und ein wenig in die Psyche des Künstlers zu werfen.

Aber plötzlich stellte ich fest: Jeder Augenblick des Lebens ist das letzte Glied einer langen Kette. Es ist der vergängliche Teil im unvergänglichen Fluß des Lebens.

Plötzlich wurde aus der Geschichte einer Tournee die Geschichte eines Lebens. Eine Besinnung, eine Stellungnahme, eine Zwischenbilanz.

Ich erzählte, wie ich das wurde, was ich bin. Ich erzählte über mein Verhältnis zu den vielen Dingen dieses Lebens. Und zu den Frauen, die mein Leben mitbestimmten. Über meine künstlerische Arbeit. Ich schrieb den psychologischen Roman meines Lebens.

Ich schrieb dieses Buch zusammen mit Dieter Weidenfeld – dem Mann, der mich besser kennt als alle anderen. Wir diskutierten tage- und nächtelang. Dann diktierte ich ihm alles, was ich schreiben wollte. Und er schrieb das, was ich eigentlich diktieren wollte.

Die Monate, in denen dieses Buch entstand, waren für mich eine faszinierende Zeit – und ich hoffe, daß etwas von dieser Faszination beim Lesen zu spüren ist.

Howard Carpendale

Prolog

Die Stimmung in der Garderobe war eisig. Detlew in der Ecke packte sinnlos ein paar Sachen in einen Koffer und holte sie wieder heraus. Er tat so, als ob ihn das alles nichts anginge.

Meine Faust lockerte sich. Ich versuchte, ruhig zu werden. Mit etwas heiserer Stimme sagte ich: »Hör zu! Diese beiden sind die wichtigsten Menschen in meinem Leben, und ich lasse nicht zu, daß irgend jemand sie als ›Arschlöcher‹ bezeichnet. Und jetzt laß mich in Ruhe!«

Er hätte sich jetzt entschuldigen sollen. Aber er drehte sich wortlos um, ging hinaus und knallte die Tür zu.

Detlew packte zum dritten Mal das gleiche Paar Socken aus. Der Roadmanager klopfte an die Türe und rief: »Wir läuten die zweite Hälfte ein!«

Noch zwei Tage bis Hamburg, dachte ich. Wie soll ich das schaffen?

Ich lag auf dem Fußboden meines Arbeitszimmers auf der zweiten Etage und sah mir im Fernsehen die »French Open« aus dem Stade Roland Garros an. Gerade hatte die Sabatini wieder einmal eine Gegnerin weggeputzt, und nun wartete ich darauf, daß Boris Becker das Feld betrat. Hoffentlich weint er nicht wieder bei jedem Fehler...

Ich hatte das Haus am Rande der Stadt gemietet, als ich mich endgültig dazu entschlossen hatte, mit Donnice zusammenzuleben. Es war für uns ideal: die Autobahn nicht weit weg, genügend Tennisplätze in der Nähe, sogar meine Schallplattenfirma lag nur ein paar Steinwürfe entfernt. Der einzige Nachteil war: Mein Golfclub war vierzig Autominuten entfernt; er lag außerhalb der Stadt – aber das haben Golfclubs nun mal so an sich.

Donnice hatte sich damals mit einem wahren Feuereifer darangemacht, das Haus einzurichten: Monatelang las sie sich durch alle Fachzeitschriften über Innenarchitektur, stöberte durch sämtliche Kölner Möbelgeschäfte, stritt mit Architekten, Elektrikern, Teppichlegern und Schreinermeistern. Das Ergebnis war: Sie hatte sieben Kilo abgenommen (wo sie eh nicht gerade vollschlank ist), mein Konto wies ein ziemliches Defizit auf, ein Innenarchitekt verklagte uns (worüber die Kölner Lokalzeitung in großer Aufmachung berichtete und dabei nicht vergaß, die Maße unseres Doppelbettes genüßlich mitzuteilen) – und das Haus war so eingerichtet, wie ich es mir schon immer gewünscht hatte.

Ich weiß bis heute nicht, ob Donnice bewußt oder

unbewußt meinen Geschmack zu treffen versucht hat oder ob wir auch hier wieder bis in die Nuancen das gleiche Feeling hatten, wie schon so oft. Wie auch damals, als wir uns kennenlernten. Aber das ist eine andere Geschichte …

Ich jedenfalls lag auf dem Fußboden im Arbeitszimmer auf der zweiten Etage und wartete auf Boris, als ich das Telefon klingeln hörte. Ich hatte mir angewöhnt, nicht mehr an den Apparat zu gehen. Ich hatte zwar eine Geheimnummer, aber irgendwie kam sie doch immer wieder raus, und so riefen mehr und mehr lästige Anrufer bei mir an. »Ich glaube, ich muß die Nummer mal wieder ändern lassen«, dachte ich bei mir.

Ich merkte am Klicken, daß Donnice unten abnahm. Durch die offenen Türen hörte ich sie sagen: »Hello«, und dann, in ihrem Mississippi-Slang-Deutsch: »Moment, isch gebe dir die Howard!«

Ich wälzte mich herum, bis ich das Telefon erreichen konnte ohne aufzustehen, und nahm den Hörer ab: »It's Dieter!« sagte Donnice und legte auf.

Dieter ist mein Manager seit vielen Jahren. Ich telefoniere praktisch jeden Tag mit ihm – aber jetzt wollte ich eigentlich nicht viel mit ihm reden. Ich lag vor dem Fernseher und wollte sehen, ob Boris weint.

»Hey – laß mich in Ruhe. Ich will Tennis sehen!«

Ich hörte Dieter fast tonlos lachen.

»Du hast es gut: Ich arbeite wie ein Tier, damit du deine beiden Frauen ernähren kannst – und du schaust dir Tennis an!«

Ich lachte zum zwanzigsten Mal über den alten Witz.

»Du bist doch nur neidisch«, erwiderte ich.

»Du, glaub mir: Eine reicht mir vollauf«, gab Dieter zur Antwort. »Hör mal, Howard! Ich sitze hier gerade bei Fritz, und wir sprechen die Tournee durch. Wir müssen uns jetzt endgültig entscheiden, ob es bei den Terminen bleibt, die wir dir vorgeschlagen haben. Da gibt es zum Beispiel Hallen, die müssen jetzt entweder fest gebucht oder freigegeben werden. Außerdem muß ich die Musikerverträge rausschicken. Ich will dir genau sagen, worum es im einzelnen geht. Warte mal, ich habe hier den Terminkalender vor mir...«

Er redete noch fünf Minuten lang wie ein Wasserfall, während ich halb zum Bildschirm schielte.

Das ist eine Eigenschaft von Dieter, die man entweder mag oder nicht mag: Sein Kopf ist voller Ideen, und er will sie immer alle loswerden, so daß jede Kleinigkeit bei ihm leicht zum langen Vortrag wird. Aber da ich jetzt schon seit zehn Jahren mit ihm zusammenarbeite, habe ich keine große Wahl.

Als Dieters Rede zu Ende war, betrat Boris Becker gerade das Spielfeld. Ich sagte: »Du, ich denke darüber nach. Laß uns morgen drüber reden...«

»O. k., ich ruf' dich morgen wieder an.«

Also wieder Tournee. Monate voller Angst, ob ich mich noch steigern kann. Monatelang Programme überlegen und wieder verwerfen, bis alles schließlich zum Alptraum wird. Dann plötzlich der Endspurt, die Zeit wird zu kurz, der Tag müßte 48 Stunden haben, wir sitzen bis nachts zusammen, tüfteln an Arrangements herum, an Bühnenbildern, an Ansagen. Und immer die Angst im Nacken, ob es mir wieder einmal gelingen wird, besser zu sein als im vorigen Jahr, anders zu sein, mein Publikum zufriedenzustellen – und mich selber: Ich bin schon immer mein schärfster Konkurrent gewesen ... Und dann irgendwann: Die Musiker, die Techniker, mein Team – wir steigen in den Bus, das Abenteuer geht los.

Wieder Tournee ...

Donnice kommt ins Zimmer: »Was machst du für ein Gesicht?«

»Ich denke an die Tournee. Nur noch acht Monate.«

Donnice schaut mich an, mit diesen großen braunen Augen unter dem blonden Haar, die mich besser verstehen als alle anderen: »Aber das ist doch genau das, was du eigentlich wieder willst!«

Es stimmte: Ich wollte wieder Konzerte geben, auch wenn ich es mir selber nicht eingestehen mochte.

Es ging mir auf die Nerven, immer nur um drei Ecken herum das Publikum zu erreichen. Da gehst du in ein Fernsehstudio, irgendwo läuft ein Tonband mit einem Lied von dir, und du bewegst dazu deinen Mund und lächelst in die Kamera. Und irgendwann ein paar Wochen später flimmert dann das Ganze in den Wohnzimmern der Zuschauer über den Bildschirm. Natürlich, während du singst und du vor dir das kalte runde Auge eines Kameraobjektivs siehst, dann stellst du dir schon vor: Hinter diesem Glas sitzen irgendwo Menschen, für die du singst.

Aber das ist eben nicht dasselbe wie auf der Bühne zu stehen. Das Publikum in dem großen schwarzen Loch vor dir zu fühlen. Seinen Atem zu spüren und seine Erwartung. Mit ihm zu kämpfen und sich von ihm vorwärtstreiben zu lassen. Und dann den Beifall zu hören – eine der tausend verschiedenen Arten, in denen das Publikum Beifall geben kann...

Nein, ich bin kein Studiomensch. Ich brauche das Publikum.

Das war nicht immer so. Mein erster öffentlicher Auftritt war alles andere als öffentlich. Und er fand vor rund dreißig Jahren statt.

Wir hatten an unserer Schule eine Band gegründet. Danny und Mike, die Gitarristen, der rothaarige Pete am Schlagzeug und René, der das Klavier mißhandelte. Natürlich kamen wir uns alle vor wie »Bill Haley and his Comets« persönlich oder wie sonst jemand von den ganz Großen, die wir alle von Platten her kannten. Ich selber träumte mehr davon, so eine Art blonder südafrikanischer Elvis Presley zu werden. Ich hatte mir alle seine Filme angeschaut, und dann ging ich anschließend nach Hause, schloß mich in mein Schlafzimmer ein, nahm einen Besenstiel als Mikrofonständer, sang halblaut seine Songs und versuchte, den unnachahmlichen Hüftschwung meines Idols nachzuahmen.

Wir hatten wochenlang geprobt, und objektiv gesehen, klang es wirklich nicht schlecht. Damit wir uns recht verstehen: Wir waren keine Weltklasseband, noch nicht einmal südafrikanische Klasse. Auch in Durban gab es ein Dutzend bessere – aber für eine Schülerband waren wir ganz gut.

Und eines Tages war es soweit; irgendwie hatte René es geschafft, daß wir ein Engagement bekamen – kein großes, aber immerhin: Wir sollten bei einer privaten Hausparty spielen. Auch unser Honorar war nicht gerade üppig, aber für Vierzehn- bis Fünfzehnjährige waren auch fünf Pfund schon viel Geld.

Am Abend gingen wir in das Haus und bauten unsere Instrumente im Wohnzimmer auf. Bald kamen die Gäste, so fünfzig an der Zahl, und der Hausherr bat uns loszulegen. Und die Jungens legten los, was das Zeug hielt – ein, zwei, drei Stücke instrumental zum Einstimmen.

Dann sagte René: »Los, Howy« (dieser Name störte mich schon damals), »jetzt bist du dran!« und drückte mir das Mikrofon in die Hand. Ich baute mich in meiner ganzen Größe auf, ein paar Gäste schauten zu mir rüber – und auf einmal war es aus: Meine Nackenmuskeln wurden hart, ich fing an zu zittern und hatte Angst, aus meinem Mund käme nur ein Krächzen. Meine Freunde intonierten schon die Einleitung, ich sah mich hilfesuchend um – da sah ich die Rettung vor mir: Einen Meter neben mir war eine halbangelehnte Türe. Ich ging darauf zu, drückte sie hastig auf und stand im Schlafzimmer. Glücklicherweise war das Mikrofonkabel lang genug, und dann kam auch schon mein Einsatz.

Durch die halboffene Tür sah ich meine Freunde, die perplex zu mir herüberschauten – aber ich sah kein Publikum. Und so sang ich, zuerst noch mit etwas belegter Stimme, aber dann ungehemmt und aus voller Brust, mit dem Rücken gegen das Fußende des Bettes gelehnt. Eine originelle Premiere für jemand, der einmal Konzertsänger werden wollte. Und etwas beschämend für jemand, der so souverän mit dem Besenstiel vor dem Spiegel singen konnte ...

Jetzt, dreißig Jahre später, brannte ich darauf, mein Publikum zu sehen. Vor mir. Leibhaftig. Und in acht Monaten würde es wieder soweit sein.

Heute ist die erste Programmbesprechung. Ich hatte noch einmal gründlich meinen Urlaub genossen.

Ein paar Wochen lang war ich mit Donnice und Wayne im La-Manga-Club in Südspanien gewesen. Jeden Tag habe ich meine Runde Golf gespielt, bin mit Wayne herumgetobt. Es war herrlich: Niemand fragt nach Autogrammen, niemand beobachtet jede Bewegung, die ich mache.

Wayne genießt diese Wochen, in denen ich ganz für ihn da bin. Ich bin richtig stolz auf ihn. Er ist jetzt zehn Jahre alt, und in den letzten Monaten ist aus dem Kind auf einmal ein richtiger Junge geworden, und ich ertappe mich immer wieder dabei, daß ich das Gefühl habe: Er ist ein jüngerer Bruder von mir.

Es macht Freude zu sehen, wie Donnice mit Wayne fertig wird. Manchmal, wenn die beiden herumalbern oder in einer Ecke sitzen und halblaut ganz ernsthaft mit einer Vertrautheit wie zwei Komplizen über irgend etwas diskutieren, dann empfinde ich für beide eine Zärtlichkeit, die man schwer beschreiben kann.

Als ich mich von Claudia trennte (oder sie sich von mir, wie man will), da hatten wir Sorgen um Wayne. Wir hatten versucht, ihm zu erklären, warum wir uns trennen wollen. So gut, wie man so etwas eben einem Fünfjährigen erklären kann. »Weißt du«, so hatte ich ihm gesagt, »wir sind manchmal so verschiedener Meinung, daß wir Streit miteinander bekommen. Das kennst du doch auch von deinen Freunden – und du weißt, das ist nicht schön. Und deshalb wollen wir mal für eine Zeitlang nicht zusammenleben, weil wir dann vielleicht weniger Streit bekommen.«

Wayne hatte ernsthaft genickt – so ernsthaft, wie ein Fünfjähriger sein kann. »Deine Mummy und Daddy lieben sich immer noch«, sagte Claudia. »Und für dich wird sich auch nicht viel ändern – Daddy wird ganz in der Nähe wohnen, und ihr seht euch genausooft wie bisher.«

Wayne hatte wieder genickt. Aber wir beide hatten Angst um ihn.

Als dann später Donnice kam, wurde die Angst noch größer. Für mich selber war es schon schwer genug, zu beiden Frauen ein richtiges Verhältnis zu finden – aber wie würde Wayne reagieren?

Heute, viele Jahre später, weiß ich: Es hat ihm nicht geschadet – im Gegenteil. Er ist nicht in einer verlogenen Pseudo-Ehe aufgewachsen, in der man, oft aus Mangel an Mut und angeblich »wegen der Kinder«, zusammenbleibt und sich zerfleischt. Er ist in einer Atmosphäre von Ehrlichkeit großgeworden und hat seinen Platz gefunden. Zwischen seiner Mummy, die er über alles liebt, und seiner »älteren Schwester« Donnice, zu der er ein kumpelhaftes Vertrauensverhältnis aufgebaut hat. Das Schöne daran ist: Nie haben wir versucht, den einen gegen den anderen auszuspielen. Claudia und ich waren uns einig, daß wir gegenüber Wayne immer eine Einheit sein wollten – und Wayne spielt auf seine Weise dieses Fairplay mit: Es käme ihm nicht in den Sinn, etwa bei Donnice oder bei mir etwas zu erreichen, was er bei seiner Mummy nicht bekommt. Und wenn er es doch – hin und wieder – einmal versucht, dann rennt er gegen Wände.

Aber die vier Wochen ungetrübter Freude in La Manga lagen jetzt hinter uns. Und um ehrlich zu sein: Je länger der Urlaub dauerte, desto nachdenklicher wurde ich. Immer öfter sagte ich zu Wayne und Donnice: »Geht schon mal vor, ich will noch etwas alleine sein!« Sogar mein Golfspiel wurde von Tag zu Tag schlechter, und meine Kumpel nahmen mir beim Wetten immer mehr Geld ab.

Der 17. September rückte immer näher. Dieter war mit Frau und Tochter für ein paar Tage nach La Manga gekommen, hatte von den Tourneevorbereitungen berichtet. Die Säle waren gemietet worden, und er hatte mir schon den Andruck des Plakats zur Genehmigung mitgebracht. Ich war nicht ganz begeistert von der Schriftfarbe, und wir redeten uns darüber die Köpfe heiß. Wir hängten das Plakat an die Hauswand meines Bungalows und schauten es uns von weitem an, dann wieder aus der Nähe, dann wieder von weitem. Dann warteten wir, bis es Abend wurde, um zu sehen, wie es in der Dämmerung wirkte. Schließlich setzte ich mich mit meiner Meinung durch. Wir redeten tagelang immer wieder über das Bühnenbild, über die Musiker, die wir engagieren wollten, über Promotionmaßnahmen und vieles andere.

Nur das wichtigste Thema, das eigentliche Programm, klammerten wir aus; ich hatte das Gefühl, als ob wir uns wieder davor drücken wollten. Wir spürten beide, daß es diesmal wohl besonders schwer werden würde, ein Programm zusammenzustellen. Und schon bei der vorigen Tournee hatten wir dieses leidige Thema aufgeschoben, bis wir kurz vor Schluß in Panik gerieten.

»Am 17. September sollten wir uns in Köln treffen«, hatte Dieter vorgeschlagen. »Dann reden wir drüber.« Ich hatte zugestimmt, und so wurden »Knibbel« und mein *musical director* Elmar benachrichtigt.

In jenen Augusttagen in La Manga stand dieses Datum wie eine drohende Gewitterwand vor uns. Ich wurde immer unruhiger, denn ich hatte noch gar keine Ahnung, wie das Konzert aussehen sollte.

In diesen Tagen war eine neue Platte von mir auf dem Markt erschienen. »Laura Jane«. Der Song war anders als alle anderen Lieder, die ich vorher gesungen habe – und das waren immerhin ein paar hundert. »Laura Jane« war eher ein Popsong als die meisten meiner bisherigen Lieder, und ich hatte diesmal auch anders gesungen als bisher. Einfach deshalb, weil ich mich selber in den letzten Jahren verändert hatte. Mein Geschmack hatte sich entwickelt und natürlich auch mein Gefühl für Musik. »Laura Jane« war eine Musik, wie ich sie jetzt gerade fühlte. Nun war ich neugierig, wie das Publikum reagieren würde. Aber eines stand fest: Diesmal wollte ich ein Konzertprogramm abliefern, das sehr viel anders war als das meiner letzten Tournee.

Dieters Besuch, die Diskussionen über Plakat, Bühnenbild, Musiker, Termine, der 17. September, der drohend näher kam – es war, als ob mein Beruf mit langen Fingern nach mir greifen und mich aus meinem Urlaub reißen wollte.

Die letzten Tage in Spanien waren voller Unruhe. Ich war froh, als ich endlich wieder nach Hause flog und die Arbeit begann; als der Startschuß zum großen Countdown fiel, an dessen Ende der Beginn der Tournee steht.

Zwölf Stunden dauerte unsere erste Programmkonferenz. Um zwei Uhr mittags trafen wir uns. »Knibbel« Horn war mit seiner chromblitzenden Harley-Davidson angereist, den Gitarrenkasten auf dem Sozius. Wir hatten uns in Elmars Arbeitszimmer getroffen. Dieter hatte ein Bühnenmodell aus Holz mitgebracht, um es mit mir zu besprechen; vielleicht auch in der Hoffnung, daß der Anblick einer leeren Bühne unsere Phantasie beflügeln würde.

Aber die ersten Stunden waren träge. Die drei erzählten sich Witze, spielten sich gegenseitig Platten vor, erzählten Neuigkeiten aus der Branche und wurden dabei immer müder. Ich wurde immer ungeduldiger. Ich hasse es, wenn man bei Gesprächen nicht gleich zur Sache kommt. Aber ich habe auch gelernt, daß es zu nichts führt, wenn man in solchen Situationen dazwischenfunkt und ein Ergebnis erzwingen will.

Gegen zehn waren wir wie ausgelaugt und hatten noch gar nicht richtig angefangen zu arbeiten. Ich ließ Essen vom Chinesen an der Ecke kommen, und schließlich hatten wir die Idee zu einer genialen Einleitung. Wir arbeiteten ein paar Stunden daran, Knibbel zupfte an seiner Gitarre, Elmar bearbeitete sein Keyboard, Dieter machte ein immer skeptischeres Gesicht – und um zwei Uhr nachts wußten wir, daß wir auf dem Holzweg waren: So konnte unser Konzert nicht anfangen. Wir trennten uns und fielen in unsere Betten. Der erste, wichtige Tag war geschafft. Ohne Ergebnis – aber sehr erfolgreich: Wir hatten jetzt unser Unterbewußtsein programmiert, und in den nächsten Wochen und Monaten würden unsere Gedanken immer wieder um das Konzert kreisen.

Am nächsten Morgen war ich schon früh auf den Beinen. Ich hatte nicht besonders gut geschlafen, und ich glaube, ich habe auch vom Konzert geträumt – aber genau konnte ich mich nicht erinnern.

Jetzt saß ich in meinem Arbeitszimmer und tat etwas, was ich eigentlich nur ganz selten tue: Ich hörte mir Schallplatten an. Schlimmer noch: meine eigenen Platten.

Ob man es glaubt oder nicht: Ich höre ganz selten bewußt Musik. Ich höre Musik aus dem Radio, im Fernsehen, in der Diskothek – und plötzlich springt mich irgendeine Melodie an, und ich drehe lauter. Aber so richtig systematisch Platten abhören, um zu sehen, was die anderen machen, oder um mich selber noch einmal zu hören – nein, das tue ich kaum. Heute tat ich's.

Plötzlich stieß ich auf ein Lied, das ich schon fast vergessen hatte: »I won't forget you«.

Ich legte es auf den Plattenteller und hörte zu. Vielleicht war ich nicht ganz objektiv, weil ich es selber komponiert und getextet hatte, aber der Song war verdammt gut. Ich ließ ihn ausklingen, hob den Tonarm vorsichtig wieder auf die Anfangsstelle, setzte mich auf den Boden vor die große Lautsprecherbox und drehte noch lauter.

I won't forget you ...

Ich erinnerte mich genau, wie ich das Lied geschrieben hatte. Es war beim Sonnenuntergang, und ich saß im Gras, in der Steppe von Witwatersrand, rund siebzig Kilometer von Johannesburg. Es war einer jener Abende, wie es sie nur in Afrika gibt.

Ich schloß die Augen, um mich besser zu erinnern.

Ich sah die Wildnis wieder vor mir. Ich roch Afrika, ich hörte die Vögel schreien, das Rauschen der Gräser...

Plötzlich hörte ich ein Geräusch hinter mir: Donnice war ins Zimmer gekommen. Ich drehte mich zu ihr um und sah, daß sie weinte. Tränen liefen ihr Gesicht herunter, aber sie versuchte zu lächeln.

»Was ist los?« fragte ich erschrocken.

Sie sagte: »Das Lied ist so schön«, und dann fügte sie leise, fast unhörbar hinzu: »... und ich weiß, du hast es für Patsy geschrieben...«

»Wie kommst du jetzt auf einmal darauf?«

Sie schaute mich an, ihre Tränen liefen, und sie lächelte: »Ich habe es immer gewußt!«

Patsy...

Als ich im Jan-Smuts-Airport aus der Boeing 747 stieg, roch ich wieder meine Kindheit. In diesem Land war ich geboren, in diesem Land war ich aufgewachsen.

Es tat gut, wieder hier zu sein, nach fünfzehn Jahren. Es tat gut, nach Durban zu fliegen, meine Freunde von damals wiederzutreffen und die Straßen entlangzulaufen, die ich als Junge tausendmal entlanggegangen war.

Es tat gut, im Zimmer meines Hotels in Durban auf dem Balkon zu stehen und vor mir den Strand zu sehen, so wie ich ihn achtzehn Jahre meines Lebens vor mir gesehen habe. Seltsam: Das Hotel, in das mich meine Filmgesellschaft einquartiert hatte, lag genau neben dem Wohnblock, in dem ich früher jahrelang im 6. Stock gewohnt hatte. Jetzt war ich hier als Tourist.

Drüben sah ich die Stelle, wo früher das Little Top stand – jene Freilichtbühne, auf der ich den »Elvis-Presley-Wettbewerb« gewonnen hatte, der der Anfang meiner Karriere war. Direkt vor mir das kleine Café, in dem es der Welt besten *kidney pie* gab. Es war neu gestrichen, und man hatte noch einen kleinen Flügel angebaut seit damals. Hundert Meter weiter versuchten sich ein paar junge Burschen im Wellenreiten.

Die Beach Boys von Durban sind berühmt. Es sind Jungens, die aussehen wie die Helden in einem Comic: gutaussehend, muskulös und mit einem Siegerblick in den Augen. Sie paddeln mit ihren Surfbrettern weit hinaus in den Indischen Ozean – bis zu den aufgespannten Haifischnetzen, die die hungrigen *blue pointer sharks* von den Badestränden fernhalten sollen.

Sie warten, bis eine der meterhohen Wellen aufs Ufer zurollt, die man schon von weitem wie eine dunkle Mauer herankommen sieht. Dann, wenn die Welle über einem ist, schwingt man sich mit einer geschickten Drehung auf sie und reitet auf ihr bis zum Ufer. Es ist ein waghalsiger und faszinierender Sport.

Es war schon rund zwanzig Jahre her, seit ich auf einem Surfboard gestanden hatte. Seit dieser Zeit haben die Wellen keine Sekunde aufgehört, gegen den Strand anzurollen. Nur ich hatte es drüben in Deutschland fast vergessen.

Ich beschloß, am Nachmittag hinzugehen und zu sehen, ob es noch klappte mit dem Wellenreiten.

Es tat gut, meine Mutter anzurufen; sie kam ins Hotel, und wir frühstückten zusammen. Diesmal brauchte sie mich nicht zu bedienen – ein weißgekleideter indischer Kellner stand da und verwöhnte uns beide. Allerdings: Ich frühstückte nur sehr vorsichtig, denn ich mußte noch drei Kilogramm Gewicht verlieren, bevor die Dreharbeiten anfingen.

Ich war aufgeregt wie ein kleiner Junge, wenn ich an den Film dachte.

Ich hatte nie geglaubt, daß ich einen Film drehen könnte. Ich habe nie geglaubt, daß ich ein Schauspieler bin. Heute weiß ich: Ich bin kein Dustin Hoffman, auch kein Peter Sellers oder Walter Matthau. Aber ich kann eine Rolle durchhalten und interessant machen, wenn ich mich selber spielen kann oder jemanden, der mir sehr nahe ist. So wie in diesem Film »Niemand weint für immer«.

Vor ungefähr einem Jahr hatte mich Dieter eines Tages angerufen und so ganz beiläufig am Schluß des Telefonates erwähnt: »Ach ja – da ist noch etwas. Ein Filmproduzent hat da eine ganz interessante Idee. Ich treffe mich dieser Tage mal mit ihm.«

»Ein Filmproduzent? – Warum nicht? Ich wollte schon immer mal einen Titelsong schreiben!«

»Es geht nicht um einen Titelsong. Du sollst die Hauptrolle spielen!«

Ich dachte, ich höre nicht recht. »Du bist verrückt! Du weißt genau, daß ich kein Schauspieler bin. Und ich habe mir nicht jahrelang eine Karriere als Sänger aufgebaut, um mich jetzt im Film lächerlich zu machen. Vergiß es – es kommt nicht in Frage!«

Dieter blieb ruhig. Ein paar Sekunden sagte er nichts, dann: »Ich bin nicht deiner Meinung. Du bist kein Verwandlungskünstler – aber du bist ein hervorragender Darsteller. Was meinst du denn, was du jeden Abend auf der Konzertbühne tust? – Du stellst dich selber dar, und was anderes brauchst du auch im Film nicht zu tun! Greta Garbo hat ihr Leben lang nichts anderes getan. Sie war eine mäßige Schauspielerin und eine der größten Filmdarstellerinnen des Jahrhunderts!«

Monatelang stritten wir uns über dieses Thema. Eines Abends saßen wir bei meinem Lieblings-Chinesen in Köln, und ich stocherte unlustig in einem Rindfleisch Chop Suey herum. Dieter hatte gerade laut schlürfend seine Wan-Tan-Suppe gegessen und sich noch einmal meine Argumente angehört. Dann setzte er die Tasse hin, beugte sich zu mir vor und sagte, während seine Stimme immer lauter wurde: »Jetzt will ich dir mal was sagen: Wenn man die Chance hat, die Hauptrolle in einem Film zu spielen, dann muß man das einfach tun. Das ist ein Abenteuer, ein Erlebnis, das du einfach nicht ablehnen kannst. Das ganze Leben besteht aus Erlebnissen, aus Erfahrungen, und für jede solltest du dankbar sein. Hör endlich mit deinen Wenns und Abers auf! Du wirst dich schon nicht blamieren, und ich garantiere dir, daß du's schaffen wirst – und wenn du dann mal siebzig bist oder achtzig und auf dein Leben zurückblickst, dann wirst du sagen können: Ich habe auch das gemacht, und ich weiß, wie das ist! Du bist ein Idiot, wenn du die Rolle nicht annimmst!«

Nach diesem Generalangriff lehnte er sich zurück und widmete sich mit Inbrunst der Frühlingsrolle, die gerade serviert wurde, und würzte sie mit einem Suppenlöffel voll Sambal.

Am nächsten Tag unterschrieb ich. Vierzehn Tage später saßen wir im Flugzeug von Frankfurt nach Johannesburg.

Heute weiß ich: Dieser Film war eine Erfahrung, die ich nie mehr missen möchte, er war sicherlich einer der Höhepunkte in meinem Leben. Und ich weiß: Irgendwann werde ich noch mal einen Film drehen.

Ich hatte gerade eine Woche Zeit, meine Heimatstadt Durban neu zu entdecken, dann ging es zu den Dreharbeiten nach Johannesburg.

Der erste Tag war für mich der schwerste. Plötzlich war die Angst wieder da zu versagen. Ich hatte noch nie in meinem Leben wirklich versagt, ich wollte es auch diesmal nicht.

Die erste Szene war eine kleine Szene aus der Mitte der Filmstory. Ich hatte den Eindruck, ich spielte überhaupt nicht, ließ mich nur filmen, und immer, wenn ich gerade anfangen wollte, wirklich zu schauspielern, sagte der Regisseur »Gestorben!« und fing mit der nächsten Einstellung an. Ich fühlte mich einfach neben meiner Rolle – aber am Abend war der Regisseur zufrieden und klopfte mir auf die Schulter.

Dann traf ich Patsy. Sie spielte eine kleine Nebenrolle in dem Film und kam in die Maske, gerade als ich dort vor dem Spiegel saß und beim Abschminken war.

Als erstes roch ich ihr Parfum, dann hörte ich eine etwas rauhe, dunkle Frauenstimme »Hello« sagen. Ich beugte mich unauffällig etwas vor, um sie im Spiegel zu sehen. Dann sah ich sie.

Zuerst sah ich ihre halboffene Bluse. Und ich hatte das Gefühl, das ein Boxer haben muß, dem sein Gegner gerade einen Schlag in die Magengrube gegeben hat, wenn Sie wissen, was ich meine. Mein Blick wanderte langsam weiter nach oben, zu ihrem Gesicht.

Sie war umwerfend.

Ich glaube, ich muß sie durch den Spiegel angestarrt haben wie ein Idiot. Plötzlich kreuzten sich unsere Blicke, und sie hob etwas verwundert die Augenbrauen, ohne ihren Blick von mir zu lösen. Und wenn mein Blick auf ihren Busen ein Schlag in die Magengrube war – dieser Blick in die Augen war der endgültige Knockout.

Ich senkte die Augen, und ihr Spiegelbild verschwand. Aber ich spürte, wie sie mich weiter ansah, und ich versuchte, ein gleichgültiges Gesicht zu machen.

Ich sah wieder nach oben.

»Wie heißt du?« fragte ich und war froh, daß es im Englischen nicht dieses Problem mit »Sie« oder »Du« gibt.

»In deinem Film: Patsy«, gab sie zurück. Sie lachte. Ich wollte etwas Geistreiches antworten, aber mir fiel im Augenblick nichts ein.

Als ich abgeschminkt war, ging ich hinaus und sagte im Vorbeigehen zu ihr: »Bye – vielleicht melde ich mich mal!«, und sie lachte wieder. Ich weiß nicht, ob mein Satz so gleichgültig geklungen hat, wie er es sollte.

Am nächsten Tag ging in meinem Hotel das Telefon. Es war Patsy, und sie sagte: »Ich will nicht warten, bis du dich mal meldest – ich will dich sehen ...«

Patsy machte mir die Zeit der Dreharbeit zu einem doppelten Abenteuer. Heute, ein paar Jahre später, weiß ich nicht mehr genau, in wen ich mehr verliebt war, in Patsy oder in das Leben. Durch Patsy wurde alles bunt, verrückt – sie selber war es, der Film, ich ...

Nicht, als ob wir gleich zusammen ins Bett gegangen wären. Das kam erst später. Und als wir das taten, da war es eigentlich etwas fast Beiläufiges. Es war seltsam. Ich habe oft darüber nachgedacht, warum das so war. Vielleicht, weil mit Patsy alles irgendwie anders war.

Sie selbst war einfach anders als alle anderen. Sie war intelligent, sprach sieben Sprachen und hatte Bücher gelesen, von denen ich noch nie gehört hatte. Und manchmal spielte sie mir morgens um fünf Uhr auf dem Flügel ein Klavierkonzert von Brahms vor. Zumindest behauptete sie, es wäre von Brahms. Ich weiß es nicht. Ich weiß nur: Von mir aus hätte es von Picasso sein können – alles, was Patsy tat, gefiel mir.

Sie machte sich einen Spaß draus, einfach verrückt zu sein. Ein bißchen so wie die Mädchen in Woody-Allen-Filmen.

Viele Monate später sah ich per Zufall »Annie Hall« von Woody Allen. Ich traute meinen Augen nicht: Annie Hall war ganz genau Patsy. Da verstand ich: Patsy hatte die Filmfigur von Woody Allen einfach kopiert. Weil es ihr Spaß machte.

Damals wußte ich das noch nicht. Aber es war auch nicht wichtig. Wir waren verrückt und verliebt, und das Leben war ein großes Abenteuer.

Einmal hatten wir uns in einem Lokal verabredet. Ich kam eine halbe Stunde zu spät. Als ich zur Tür reinkam, sah ich mich suchend um. Plötzlich drehten sich alle Augen in eine Ecke, aus der lautes Klatschen kam. Ich schaute auch hinüber – ganz langsam, denn ich ahnte Schlimmes. Ich hatte recht: Es war Patsy. Sie war barfuß auf den Tisch gesprungen und klatschte mir Beifall zu. Und animierte das ganze Lokal mitzuklatschen, bis ich vor Verlegenheit rot anlief.

Sie hatte immer neue Ideen und entdeckte immer neue Dinge. Ihr ganzes Leben war nur Spontaneität. Alles, was sie dachte, fühlte und tat, war spontan.

Daß ich verheiratet war, einen Sohn hatte und mit einer Freundin zusammenlebte – das alles hatte ich ihr erzählt. Aber sie ignorierte es einfach. Das ganze Thema war für sie tabu.

Nachdem ihre kleine Nebenrolle im Film abgedreht war, sagte sie eine Rolle in einem anderen Film ab, um bei mir zu bleiben. Aber trotzdem wollte sie nicht mit mir über irgend etwas reden, was morgen sein könnte. Sie wollte heute mit mir zusammen sein, jedes Heute...

Unser Abschied zwei Monate später war schwer. Schwer für uns beide. Sie wollte nicht mit mir zum Flugzeug kommen. Wir verabschiedeten uns auf der Straße mit tausend Leuten drumherum. Wir starrten uns an, sie sagte: »Take care of yourself!« Dann drehte sie sich abrupt um und stöckelte davon. Ich schaute ihr nach, sie drehte sich nicht mehr um und verschwand um die nächste Ecke. Und ich stand da und hatte einen Kloß im Hals.

Die verrückte Patsy...

Wie verrückt sie wirklich sein konnte, habe ich ein paar Monate später erfahren, als ich schon lange wieder in Köln war.

Eines Tages schellte es morgens früh an der Haustür. Donnice war oben im Bad und rief: »Howard – kannst du aufmachen?«

Ich stand vom Frühstückstisch auf, schluckte den letzten Bissen meines Toastbrotes runter und ging zur Tür.

»Ich geh schon . . .«, rief ich dabei. Ich machte die Türe auf.

Vor mir stand Patsy.

Patsy in einem grünen Regenmantel, mit einer kleinen Reisetasche in der Hand.

Patsy mit ihren blonden Haaren und den etwas ironisch hochgezogenen Augenbrauen. Sie stand da und sah mich an, ohne einen Ton zu sagen.

»Patsy«, sagte ich.

Von oben rief Donnice: »Ist es für mich?«

»Nein, nein«, rief ich hastig. »Ist schon in Ordnung . . .«

Patsy stand immer noch da. Sie sah mich immer noch an und sagte immer noch nichts. Aber sie lächelte jetzt etwas – so, als ob ihr die Situation Freude machte.

Mir machte sie absolut keine Freude. Ich wußte nicht, was ich tun sollte.

»Was um Gottes willen tust du hier?« fragte ich.

Ihr Lächeln wurde etwas stärker.

»Ich bin heute morgen von Durban über Johannesburg hergekommen. Ich wollte dich nur noch einmal wiedersehen, um dich zu vergessen...«

»Und deswegen bist du von Durban nach Köln gekommen?«

»Ja«, sagte sie. »Aber es macht nichts. Ich hatte sowieso in Johannesburg zu tun...«

Von oben hörte ich die Stimme von Donnice. »Howard...«

»Moment, ich komme gleich!« rief ich zurück. Dann sagte ich zu Patsy: »Du, da drüben an der nächsten Querstraße rechts ist eine kleine Kneipe. Ich treffe dich gleich da. O.k.?«

»O.k.«, sagte sie. »Aber mach schnell – mein Flugzeug zurück geht gleich wieder.« Sie drehte sich um und ging.

Ich ging rauf zu Donnice, die gerade aus dem Bad kam und mich fragend ansah.

»Ich hab' da ein kleines Problem«, sagte ich. »Ich bin in einer halben Stunde zurück.« Ich lächelte sie beruhigend an.

Im Restaurant saß Patsy an einem kleinen Tisch direkt an der Türe. Ihren grünen Regenmantel hatte sie gar nicht erst ausgezogen.

Ich setzte mich zu ihr. Ich bestellte etwas zu trinken, und wir redeten belanglose Sachen.

Nach einer halben Stunde sagte sie plötzlich: »Ich muß gehen. Für den Drink bin ich wohl eingeladen – oder?«

Sie stand abrupt auf, drückte mir einen Kuß auf mein rechtes Ohr und stöckelte aus dem Restaurant. Ohne sich umzusehen. Wie damals auf der Straße in Johannesburg.

Ich blieb noch etwas sitzen, dann ging ich langsam nach Hause. Donnice saß auf der Couch und las in einem Buch. Ich setzte mich neben sie.

»Wer war das?« fragte sie.

»Komm«, sagte ich. »Ich mach' dir einen Kaffee. Ich will dir was erzählen . . .«

Patsy habe ich nie wieder gesehen. Sie ist jetzt verheiratet, schreibt mir manchmal verrückte Briefe. Und einmal, an einem 31. März, schickte sie mir ein Telegramm: »ankomme morgen 10.00 uhr. love. patsy.«

Ich war wie vor den Kopf geschlagen. Was konnte ich tun? Irgendwann hatte sie mir ihre neue Telefonnummer geschrieben. Ich suchte sie fieberhaft heraus und rief bei ihr an. Niemand antwortete. Natürlich: Sie war schon abgeflogen.

Was war los mit ihr? – Warum wollte sie plötzlich wieder zu mir kommen? Hatte sie Probleme? – Ich war ratlos. Und machte mir Sorgen. Ich konnte nicht einschlafen, wälzte mich von einer Seite auf die andere.

Gegen Morgen fiel ich endlich in tiefen Schlaf. Plötzlich schrillte die Türglocke. Ich sprang auf, zog einen Bademantel an, raste zur Tür. Vor mir stand der Telegrammbote: »Für Sie, Herr Carpendale!« sagte er strahlend. Das Telegramm kam aus Johannesburg. Von Patsy. Der Text: »wie hat dir mein aprilscherz gefallen? love patsy.«

Natürlich hatte ich damals bei meiner Rückkehr Donnice erzählt, daß es da jemanden gegeben hat. Sie sagte nur: »Ich hab' es geahnt!«, und wir haben nie mehr über die ganze Sache gesprochen. Bis heute, als ich den alten Song auflegte. »I won't forget you«.

Seit ich Donnice kenne, bin ich ihr für jeden Tag unseres Zusammenseins dankbar. Für ihre Liebe, für ihre Kameradschaft – aber auch für ihren Eigensinn und für unsere Kräche. Und für die Versöhnungen nachher.

Ich hatte Donnice kennengelernt, nachdem Claudia und ich uns getrennt hatten.

Die Trennung von Claudia saß mir immer noch ein wenig in den Knochen – auch wenn sie inzwischen schon ein paar Monate alt war. Es war kein Wunder: Immerhin waren wir verheiratet und hatten zusammen einen Sohn. Wir hatten zehn Jahre lang zusammengelebt, und in diesen zehn Jahren hatte ich die wichtigsten Entwicklungen meines Lebens durchgemacht – als Künstler und als Mensch. Und an dieser Entwicklung hatte Claudia großen Anteil.

Das, was ich war, war ich durch sie und mit ihr. Dieses Stück gemeinsamen Lebens, gemeinsamer Erfahrung, gemeinsamer Entwicklung kann man nicht einfach abschütteln. Ich würde es nie können. Und nie wollen.

Ich hatte keine Angst davor, jemand anders kennenzulernen, eine andere Frau. Aber ich hatte Angst davor, daß keine andere Frau jemals Claudias Vorsprung einholen könnte. Als ich Claudia kennenlernte, war ich arm und relativ unbekannt. Gemeinsam haben wir uns nach oben durchgekämpft.

Jede Frau, die ich jetzt kennenlernen konnte, würde mit mir oben anfangen. Die Vertrautheit, die der gemeinsame Kampf und der gemeinsame Erfolg erzeugen, würde sie nicht mit mir teilen können.

Ich war nach einigen Monaten Arbeit im Plattenstudio wieder einmal nach Fort Lauderdale gefahren. Mein Haus dort erinnerte zwar immer noch etwas an Claudia – aber wenigstens kannten mich da nur ein paar enge Freunde, und kein Journalist löcherte mich mit Fragen nach der möglichen Scheidung.

Fort Lauderdale wird von Leuten, die das richtige Venedig nicht kennen, gerne das »Venedig Amerikas« genannt.

Es besteht eigentlich aus Hunderten von kleinen Inseln und ungefähr ebenso vielen Kanälen, die alle in den »Intracoastal«- Kanal münden. Und der wiederum führt entlang der Küste immer weiter nach Norden bis New York.

Überall an den Kanälen stehen herrliche Häuser mit eigenen Landungsstegen, an denen meist irgendeine Luxusyacht ankert. Ich hatte mir vor Jahren eines dieser Häuser gekauft, nur war mein Landungssteg immer noch leer, es sei denn, Freunde kamen mich mit dem Boot besuchen. In diesem Haus wohnte ich, wenn ich drüben Urlaub machte.

Der Tag, an dem ich Donnice kennenlernte, begann mit einem Telefonanruf von Gino. »Wir fahren zum Tennisturnier nach Boca West«, sagte er. »Hast du Lust mitzukommen?«

»Klar!«

»Gut – ich hol' dich in einer halben Stunde ab.«

Ich hatte Gino einmal im Golfclub kennengelernt. Er war ungefähr in meinem Alter und – obwohl es sein Name nicht vermuten ließ – irischer Abstammung. Ich bin nie ganz dahintergekommen, womit er sein Geld verdiente. Aber was immer es war, es schien gut zu funktionieren, denn er hatte offenbar Unmengen davon. Soviel Geld, daß es für ein paar Wagen in der Garage seines Palastes, für eine Yacht und auch noch für die Girls reichte, von denen er immer reichlich umgeben war. Aber die Girls kamen vielleicht auch deshalb, weil er hin und wieder Filme produzierte.

Eine halbe Stunde nach seinem Anruf hörte ich eine laute Hupe. Ich sah aus dem Fenster auf die Straße, aber kein Auto war zu sehen. Es hupte noch einmal, und ich hörte Rufe und Gelächter. Ich sah nach hinten raus. Da stand Gino mit seinem Boot am Landungssteg, und im Boot drinnen sah ich eine ganze Clique von gutgelaunten, winkenden und lachenden Typen – vielleicht ein Dutzend.

Wir verbrachten einen herrlichen Tag. Fuhren über die Intracoastal hinauf nach Boca West, schlenderten ein paar Stunden über die Tennisanlage und sahen zu, wie ein paar bekannte Cracks wie McEnroe und Vilas sich in der Hitze abmühten, ins Halbfinale zu kommen. Dann gingen wir auf der Terrasse eines Hafenrestaurants etwas essen und fuhren noch für ein oder zwei Stunden auf den Atlantik hinaus, um in der Nachmittagssonne unsere Bräune aufzufrischen.

Gegen Abend ging es dann zurück Richtung Lauderdale – gut gelaunt nach einem herrlichen Faulenzertag.

»Setz mich noch im Yesterdays ab«, bat ich Gino.

Das Yesterdays ist ein Laden, der alles bietet, was ein hungriges oder durstiges Herz begehrt, sofern man ein paar Dollar in der Tasche hat. Es liegt direkt an der Intracoastal und hat einen eigenen, weitausladenden Landungssteg.

Auf mehreren Etagen gibt es Bars, Restaurants, Cafés und Milkbars, und von den zarten T-Bone-Steaks bis zu den frischen Seafood-Gerichten war alles vom Feinsten.

Gino setzte mich am Landungssteg ab, und die übrige Gesellschaft fuhr laut lachend und winkend weiter.

Der Portier, der den Landungssteg bewachte, kannte mich. Er tippte an seine Admiralsmütze und zeigte ein paar Zähne. Einer fehlte – er war ihm vielleicht bei einem Streit mit einem Gast verlorengegangen. Vielleicht war er auch bei einem früheren Kampf ausgeschlagen worden, denn er war einmal Boxer gewesen. Nicht gerade große Klasse, aber ein paar Dollar hatte er sich verdienen können – und dann früh genug aufgehört, bevor seine Birne völlig weich geschlagen war.

»Ist viel los heute?« fragte ich.

»No, Buddy«, gab er zur Antwort. »Das übliche. Ein paar Stammgäste, ein paar Touristen und paar Dutzend Hippies, die vor lauter Musikhören das Trinken vergessen.«

Ich lachte ihm zu und ging in den großen *ballroom* im Erdgeschoß, in dem für heute Live-Musik angekündigt war. Zumindest stand so etwas auf den Plakaten im Eingang.

Ich schaute mich um. Es war wirklich noch nicht allzuviel los. Vielleicht war es auch einfach noch zu früh. Ich warf einen Blick zum Podium. Die Musiker kamen offenbar gerade aus einer Pause und stellten sich wieder auf ihre Plätze. Oder sie fingen überhaupt jetzt erst an.

Dann ging mein Blick rüber zur Bar, und da sah ich sie. Sie saß allein auf ihrem Hocker und war ganz konzentriert damit beschäftigt, aus einem riesigen Glasbecher mit einem langen Strohhalm irgendeinen Fruchtcocktail zu trinken. Ihr schwarzes Kleid ließ ihr blondes Haar noch blonder erscheinen, und bestimmt war sie die erfreulichste Erscheinung an diesem Abend hier im Yesterdays. Trotzdem wirkte sie eher schüchtern auf mich – nicht wie ein Mädchen, das abends alleine ausgeht. Sie war fast ein Typ wie Claudia, schoß es mir für einen Augenblick durch den Kopf – aber doch ganz anders. Nicht so selbstsicher – eigentlich eher zerbrechlich.

Ich ging zu ihr hinüber und setzte mich neben sie.

»Hi«, schrie ich und versuchte die Musik zu übertönen, die gerade eingesetzt hatte.

Sie sah mich an, und zum erstenmal sah ich ihre unglaublichen Augen. Sie waren nicht blau, wie ich erwartet hatte, sondern tiefbraun und groß. Sie sah mich an und sagte irgend etwas. Die Musik hämmerte in meinen Ohren, und ich verstand kein Wort. Ich beugte mich zu ihr vor und rief: »Bitte? Ich verstehe nichts!«

Sie lachte und schrie jetzt ebenfalls: »Hi – ich bin Donnice!«

»Denise?«
»Nein – Donnice!«
»Also doch Denise?«
Wir schrien uns immer lauter an.
»Donnice – D O N N I C E!« Sie formte die Buchstaben mit dem Mund, so als ob sie zu einem Taubstummen sprach. Dabei malten ihre Finger die Buchstaben auf ein imaginäres Blatt Papier.

Die Musik endete. Glücklicherweise spielte die Band jetzt eine langsamere Nummer. Ich glaube, es war Barry Manilows »Mandy« – und so konnten wir uns endlich normal unterhalten.

»Tanzen wir?«
»Nein – ich erwarte jemanden.«
»Schade . . .«
»Sind Sie oft hier?«
»Nein. Und Sie?«
»Ja, manchmal.«
»Sind Sie von hier?«
»No, Mississippi. Und Sie?«
»Südafrika.«
»Ah, ja . . .«
»Arbeiten Sie in Lauderdale, oder machen Sie Urlaub hier?« fragte ich.
»Ich bin hier bei einem Anwalt. Und Sie?«
»Ich, eh, ich arbeite in der Musikbranche«, sagte ich.
»Ah ja, muß ja interessant sein . . .«
«Na, wie man's nimmt . . .«
So ging es noch ein paar Minuten. Wir sprachen über die banalsten Dinge – aber während der ganzen

Zeit führten unsere Augen einen ganz anderen Dialog.

Auf einmal stand sie auf und sagte: »Da kommt mein Freund!« Unsere Augen nahmen Abschied voneinander. Ich sagte artig: »O. k., bis bald mal . . .«, und ging zum anderen Ende der Bar.

Ihr Freund, das mußte ich zugeben, war ein sehr gut aussehender und außerdem leider noch sympathischer Typ.

Ich fragte Joe, den Keeper: »Wer ist der Typ neben der Blonden da drüben?«

Joe war erstaunt. »Du kennst ihn nicht? Er ist einer der bekanntesten Baseball-Spieler Amerikas. Er spielt bei den ›New York Yankees‹.«

Ich zuckte die Schultern. Damit konnte ich wohl im Augenblick nicht konkurrieren. Ich wollte es auch gar nicht. Ich wollte alleine sein – noch ein paar Tage Golf spielen, vielleicht mal abends zum Jai-Li gehen, in vier Tagen ging ohnehin mein Flieger wieder zurück nach Köln.

Ich schlenderte zur Tür. Bevor ich rausging, drehte ich mich noch einmal um. Ich war sicher, sie würde mir noch einen Blick zuwerfen. Vielleicht nicht einen der Blicke von vorhin, aber zumindest einen ganzen flüchtigen, mit einem kleinen Lächeln. Als Zeichen, daß sie mich rausgehen sieht.

Aber ich hatte mich getäuscht. Sie diskutierte eifrig mit ihrem Baseballspieler und hatte ihre Hand vertraut auf seinem Unterarm liegen. Und irgendwie gab mir das einen kleinen Stich.

Ich ging ein Stockwerk höher ins Restaurant,

setzte mich an einen freien Tisch und bestellte ein T-Bone-Steak, rosa.

Ich kam mir auf einmal einsam vor...

Vier Tage später war ich wieder in Köln. Und wieder einen Tag später ging ich zum Telefon und rief meinen Freund Tom in Lauderdale an. Tom ist Rechtsanwalt und gehört auch zum Club der Unverbesserlichen, die mit einem völlig untauglichen Werkzeug einen viel zu kleinen Ball in achtzehn viel zu kleine Löcher bugsieren wollen und immer noch davon träumen, das Ganze irgendwann einmal in weniger als zweiundsiebzig Schlägen zu schaffen.

Sein größtes Ziel im Leben ist, mich ein einziges Mal im Golf zu schlagen. Aber so wie er bis jetzt spielt, ist die Chance für ihn sehr gering, dieses Ziel je zu erreichen.

»Hi, Tom. Hier ist Howard. Du mußt mir einen Gefallen tun!«

Toms Stimme klang etwas muffelig. »Weißt du, wieviel Uhr es hier ist? Bist du betrunken oder hast du schon wieder den Zeitunterschied vergessen? Bei mir ist es jetzt fünf Uhr morgens. Also bitte: Ruf mich in fünf Stunden noch mal an, wenn ich ausgeschlafen habe und du wieder nüchtern bist.«

»Häng nicht auf, Tom, bitte. Du mußt nur für mich ein Mädchen finden!«

»Aber natürlich!« sagte Tom in einem Tonfall, als wenn ein Nervenarzt mit seinem Patienten spricht. »Aber natürlich finde ich dir ein schönes, süßes Mädchen. Mach dir keine Sorgen!«

»Tom, laß den Quatsch. Ich muß sie wiedersehen.

Sie ist blond, heißt Donnice, D-O-N-N-I-C-E, arbeitet bei einem Anwalt und hat die schönsten Augen Floridas. Das ist alles, was ich von ihr weiß. Ah ja – und sie stammt aus Mississippi.«

»Überhaupt kein Problem«, sagte Tom sarkastisch. »Lauderdale hat ja nur etwas über zwei Millionen Einwohner, rund eine Million Telefonanschlüsse und nur etwa fünfzehntausend Anwälte!«

»Tom, wenn du ein Freund bist, dann finde sie!«

Er seufzte, murmelte etwas von der heutigen Jugend und hing ein. Eine Woche später hatte er sie gefunden – mit Hilfe der Anwaltskammer. Wieder eine Woche später traf ich sie wieder an der Bar im Yesterdays. Und diesmal war sie nicht mit irgendeinem Baseball-Star verabredet, sondern mit jemandem aus der Musikbranche. Wahrscheinlich einem Plattenverkäufer oder so was.

Seine Stimme aus der Telefonmuschel klang fröhlich und frisch. »Hör mal, Howard, was ist los mit dir in der letzten Zeit? Du machst dich ja ziemlich rar, das muß ich schon sagen. Also paß auf. Wir spielen Punkt vierzehn Uhr in Hubbelrath und hätten dich gerne dabei. Also was ist nun – kommst du?«

Was zum Teufel fiel ihm ein, mich mitten in der Nacht anzurufen? Ich schielte auf das rote Zifferblatt meiner Uhr: Sie zeigte neun Uhr dreißig. Na ja, da konnte ich mich eigentlich nicht beschweren. Die Stimme am anderen Ende der Leitung gab keine Ruhe.

»Hey, Caruso, bist du noch dran? Oder hab' ich dich etwa gerade geweckt? – Ihr Sänger habt es gut. Abends wird gefeiert, und morgens kommt ihr nicht aus den Betten. Also sag ehrlich – hab' ich dich im Schlaf gestört?«

»Nein. Ist schon in Ordnung. Ich mußte sowieso aufstehen: Das Telefon hat geschellt«, versuchte ich einen Kalauer. Goofy lachte trotzdem.

Goofy hatte gut lachen. Er hat irgendeinen Immobilienladen oder so was. Zwanzig Jahre lang hat er geackert wie ein Berserker, hat noch einen guten Zipfel vom deutschen Wirtschaftswunder-Bauboom mitgekriegt, und inzwischen läuft seine Firma fast von alleine.

»Also was ist nun?« tönte seine fröhliche Stimme durch den Hörer. »Kommst du oder kommst du nicht?«

»Nicht böse sein, Alter«, sagte ich. »Ich arbeite gerade am Programm für meine Tournee. Ich hab' keine Zeit.«

Jetzt klang seine Stimme ehrlich erstaunt: »Aber wieso denn – das hast du doch schon vorige Woche getan?«

Ich schwieg einen Moment. Wie soll man das auch einem Laien klarmachen, daß ein Konzert nicht einfach aus zwanzig Liedern besteht, die man schnell zusammenstellt – so nach dem Motto: ein schnelles, ein langsames. Daß es wochenlange Arbeit und Quälerei ist, bis das Programm steht – Ton für Ton, Note für Note? Daß man in zwei Stunden das Publikum durch ein genau durchdachtes Wechselbad der Gefühle führen muß. Wie sollte Goofy das verstehen – wenn es schon viele meiner Künstlerkollegen nicht verstehen (und sich dann wundern, daß ihre Konzerte weniger erfolgreich sind)?

»Ja, aber ich bin noch nicht ganz fertig geworden«, versuchte ich eine Erklärung.

»Weißt du was?« sagte er. »Du kommst jetzt raus, wir spielen eine Runde, und heute abend setzen wir uns dann zusammen, und ich helfe dir dabei!«

Das Schlimmste daran war: Er meinte das fast ernst.

Jeder Trinker glaubt, er könne auch eine Wirtschaft aufmachen. Und jeder, der am Samstag im Fernsehen die Bundesliga verfolgt, fühlt sich zum Trainer berufen. Auf diese Weise gibt es in Deutschland dreißig Millionen potentielle Fußballtrainer.

Aber nirgendwo ist das so schlimm wie in meiner Branche. Jeder, der besonders gut in der Badewanne singen kann und vielleicht sogar ein paar Platten im Schrank hat, fühlt sich als Fachmann, der einem gute Ratschläge geben kann. Und da fast jeder Deutsche in der Badewanne singt und ein paar Platten besitzt, glauben sechzig Millionen Mitbürger, sie könnten einem Ratschläge geben. Aber das hängt sicher auch damit zusammen, daß man in Deutschland die Unterhaltungsmusik für etwas Geringwertiges hält. Einem klassischen Musiker würde keiner Ratschläge geben wollen.

»Hallo – bist du noch dran?« Goofys Stimme klang jetzt ungeduldig.

»Ja«, sagte ich müde. »Tut mir leid, mein Freund. Vielleicht ein andermal. Ciao!«

Ich legte auf.

Manchmal bin ich ohnehin ein Morgenmuffel, aber diesmal hatte es auch seine Berechtigung: Seit einer Woche arbeiteten wir jetzt am Programm, und gestern habe ich mit Elmar bis nachts über einem Arrangement gesessen. Es war, glaube ich, fast zwei Uhr, bis alles genau stimmte.

Bis so gegen sieben Uhr abends war alles einigermaßen glatt gelaufen. Wir hatten an einem Evergreen-Medley gearbeitet, und bis dahin klang alles sehr gut. Aber irgendwie hatte ich das Gefühl: Es ist noch zu brav, zu wenig aufregend. Irgend etwas fehlt noch.

»Es ist ein schönes Medley«, sagte ich. »Na und? Schöne Medleys singt jeder. Das ist nichts Besonderes...«

»Ich weiß nicht, was du hast«, meinte Elmar. »Für mein Gefühl ist das Ganze schön rund!«

»Ich könnte auch ganz gut damit leben, so wie es jetzt ist«, sagte Dieter und starrte auf den Tisch. Knibbel saß im Lotussitz auf dem Boden und hatte die Augen geschlossen. Seine langen schwarzen Haare, die sonst bis zu den Schultern herunterhängen, hatte er zu einem Pferdeschwanz gebunden. Sein Schnurrbart gab ihm das Aussehen von Dschingis Khan persönlich. Er hatte wieder seine typische Pluderhose an und ein rotes Hemd mit Stickereien.

Seit einer Viertelstunde hatte er sich nicht mehr gemeldet, und ich hatte langsam den Verdacht, daß er schlief.

Ich stand auf und ging etwas hin und her. Dieter und Elmar fingen an, den bisher festgelegten Ablauf noch einmal sauber aufzuschreiben. Ich setzte mich wieder hin und trank einen Schluck vom Tee, der vor mir stand und fast schon kalt war.

Plötzlich sagte ich laut: »Ich weiß, was ich tun werde. Etwas, was niemand erwartet!«

Knibbel hatte offenbar doch nicht geschlafen, oder aber mein etwas lauter Satz hatte ihn geweckt. Jedenfalls sah er mich jetzt an. Auch die beiden anderen schauten gespannt zu mir herüber.

Ich ließ die Spannung noch etwas in der Schwebe. Dann erklärte ich: »Ich werde etwas machen, was in den Staaten ganz normal und üblich ist, was aber in Deutschland nie jemand machen würde. Ich werde das Lied eines Kollegen singen, und zwar ein Lied von Peter Maffay.«

Elmar lachte: »Schade«, sagte er. »Das wäre eine gute Idee. Aber das kannst du in Deutschland wirklich nicht machen...«

Knibbel stand auf, sah mich an und schüttelte den Kopf: »Das ist noch nicht mal 'ne gute Schnapsidee...«

Dann ging er nebenan in die Küche, um sich eine frische Tasse Kaffee zu holen.

Dieter starrte wieder vor sich auf den Tisch und schien nachzudenken. Er sagte gar nichts.

»Ich weiß auch schon genau, welches Lied das sein

wird. Ich glaube, der Titel heißt ›So bist du‹. Das paßt ganz genau an diese Stelle!« sagte ich.

Elmar zögerte: »Na ja – rein musikalisch würde es gehen.« Er klimperte etwas an seinem Klavier herum. »Aber ich weiß nicht...«

Dieter drehte den Kopf zu mir: »Die Idee ist vielleicht gar nicht mal so schlecht. Laß es mich überschlafen...« Knibbel war aus der Küche zurückgekommen und stand in der Türe, die dampfende Kaffeetasse in der Hand. Er sah langsam von einem zum anderen. Dann polterte er los: »Ja, bin ich denn hier unter die Irren geraten oder was? Will das Lied eines Konkurrenten singen – das darf doch nicht wahr sein! Ich glaube, ich bekomme noch 'nen Zwerchfellriß vor Lachen.«

Ich grinste: »Wenn ich deine Reaktion sehe, dann bin ich mir noch sicherer als vorher, daß es richtig ist, was ich vorhabe. Nämlich eben weil jeder sagt, daß man das nicht tun kann. Elmar – kannst du die Platte oder die Noten irgendwo besorgen?«

Elmar telefonierte in der Gegend rum, und eine halbe Stunde später brachte ein Callcar die Platte von Maffay. Wir sprachen das Arrangement durch und ich wußte genau: Dieses Lied würde einer der Höhepunkte im Konzert sein.

Als ich um zwei Uhr oder so nach Hause kam, war Donnice noch wach. Ich sagte zu ihr: »Weißt du was, ich werde in meinem Medley ein Lied von Peter Maffay singen. Wie findest du das?«

»Prima«, sage sie und gähnte etwas. »Ich habe mich sowieso schon immer gewundert, warum du nie

Lieder von anderen deutschen Sängern gesungen hast. Das ist doch eigentlich ganz normal . . .«

»Ja«, dachte ich und ging ins Bad. »Bei euch in Amerika ist das normal . . .«

An diesem Tag hatten wir uns vorgenommen, etwas auszuspannen. Wir brauchten einfach wieder einen frischen Kopf.

Dieter mußte ohnehin nach München zurückfliegen, um in seinem Büro nach dem Rechten zu sehen, und Knibbel, der inzwischen so ganz nebenher auch noch einer von Deutschlands erfolgreichsten Produzenten geworden war, hatte einen Studiotermin in Hamburg.

Es war also ein ruhiger Tag – wenn auch nicht gerade so ruhig, daß ich mit Goofy und der Clique hätte Golf spielen können. Nach dem Telefonat mit ihm war ich noch mal eingeschlafen bis gegen Mittag, trieb mich dann noch eine Stunde im Bett rum und las die Morgenzeitung, frühstückte und schaute mir irgendeinen Quatsch im Fernsehen an.

Als ich mich endlich dazu aufraffte aufzustehen und mir in der Küche noch einen zweiten Tee machte, kam Donnice gerade vom Einkaufen und hatte Wayne mitgebracht, der mir seine neuesten Schulerlebnisse erzählte und riesigen Hunger hatte. Also setzte ich mich mit beiden noch einmal an den Tisch und aß eine Kleinigkeit mit. Es war schon fast drei Uhr nachmittags, als ich endlich aus dem Haus kam. Ich fuhr schnell noch bei der Bank vorbei, setzte meine Unterschrift unter ich weiß nicht was für Dokumente, sagte in der Schallplattenfirma guten Tag, klärte irgendein Problem, das die mit meiner letzten Produktionsabrechnung hatten – und landete schließlich gegen sechs wieder bei Elmar.

Wir gingen zusammen noch einmal alles durch, was wir in den letzten Wochen festgelegt hatten. Wir änderten hier noch etwas und da, sprachen über ein paar Sounds und redeten über die geplante Probenarbeit. Als ich dann nach Hause kam, war es schon wieder dunkel geworden.

Vor meiner Haustüre sah ich einen schwarzen Porsche. Claudias Wagen.

Ich mußte grinsen. Denn ich dachte daran, wie es war, als der Wagen meiner Frau zum ersten Mal da gestanden hatte.

Es war schon sechs oder sieben Jahre her, und ich lebte seit ein paar Wochen mit Donnice zusammen. Ich hatte Donnice natürlich viel von Claudia erzählt – aber ich hatte nie ein Bild von ihr gezeigt. Und seltsamerweise hatte mich Donnice auch nie danach gefragt. Es war, als wollte sie die körperliche Existenz von Claudia verdrängen.

Abends hatte ich lange im Studio gearbeitet. Wir waren damit beschäftigt, eine Platte zu mischen, und irgendwie ging die Arbeit nicht weiter. Ich schlug dem Tonmeister vor, Schluß zu machen; aber er meinte, ich solle ruhig gehen, er wolle noch ein wenig rumbasteln, und morgen früh könne ich mir ja dann das Ergebnis anhören. Na, auch gut.

Ich fuhr also nach Hause. Als ich um die Ecke kam, sah ich den Wagen vor der Türe stehen. Ich parkte auf dem freien Platz dahinter, stellte den Motor aus und schaute mir das Nummernschild an. Es war tatsächlich Claudias Wagen.

Ich blieb hinter dem Steuer sitzen und zündete mir eine Zigarette an (damals rauchte ich noch). Ich dachte nach. Was um Himmels willen konnte Claudia bei uns wollen?

Ich konnte mir keinen Reim auf diesen unerwarteten Besuch machen. Aber eines schien mir klar: Besonders freundlich war die Atmosphäre drinnen sicherlich nicht. Und sie würde auch dadurch nicht freundlicher werden, daß ich jetzt dazukäme.

Langsam drehte ich den Zündschlüssel, startete den Wagen wieder und fuhr zurück ins Studio. »Ach, weißt du«, sagte ich zum Tonmeister, »ich hatte doch keine Ruhe. Ich will die Mischung heute fertig machen...«

Als ich spät in der Nacht nach Hause kam, war Claudias Wagen weg. Donnice lag im Bett und schlief schon.

Am nächsten Morgen beim Frühstück sagte sie beiläufig, während sie sorgfältig die Milch über ihre Cornflakes goß: »Ach übrigens, Claudia war gestern hier. Wir haben uns ganz gut unterhalten.«

Ich konnte ein Grinsen nicht verhindern. Aber ich tat scheinheilig überrascht: »Was – und das sagst du mir erst jetzt? Erzähl!«

Und sie erzählte. Es hatte geklingelt. Es war so gegen sieben Uhr. Donnice war gerade beim Aufräumen und hatte einen gelben Jogging-Anzug mit Turnschuhen an. Sie ging zur Tür und machte auf.

Vor ihr stand Claudia und sagte: »Tag, ich wollte dich gerne mal kennenlernen!«

Natürlich hatte sich Claudia auf diesen Besuch sorgfältig vorbereitet. Sie hatte einen überwältigenden Hosenanzug ihrer neuesten Kollektion angezogen, ein dezentes, aber wirkungsvolles Make-up aufgelegt, und ein Hauch von Cartier- Panthère-Parfum umgab sie.

Die beiden Frauen sahen sich einen Augenblick lang schweigend an. Claudia schoß als erstes der Gedanke durch den Kopf: »Mist! Die ist hübscher, als ich gedacht habe!«

Donnice wußte natürlich gleich, wer da vor ihr stand. Es ärgerte sie, daß Claudia einen Kopf größer war als sie.

Sie sagte: »Komm rein, Claudia. Ich mach' uns einen Kaffee!« und dachte dabei: »Verdammt, warum habe ich auch gerade jetzt diese flachen Turnschuhe an . . .«

Claudia kam in die Wohnung, und Donnice bugsierte sie auf eine niedrige Couch. Dann ging sie in die Küche, um Wasser aufzusetzen. Einen Augenblick spielte sie mit dem Gedanken, heimlich die Schuhe zu wechseln und sich die hochhackigsten Pumps aus dem Schrank zu holen, die sie besaß. Aber dann verwarf sie diese Idee wieder. Es wäre zu kindisch gewesen – und außerdem hätten die lila Schuhe zum gelben Jogging-Anzug auch idiotisch ausgesehen. Und schließlich: Claudia saß jetzt ohnehin schon auf der niedrigen Couch . . .

Claudia hatte sich fest vorgenommen, nur für eine

beunruhigende Viertelstunde zu Donnice zu gehen. Aber es kam anders. Aus einer Tasse Kaffee wurden vier oder fünf, dann ein paar Sandwiches, die beide gemeinsam in der Küche improvisierten.

Als sich Claudia schließlich von Donnice verabschiedete, hatten sich die beiden vielleicht nicht gerade angefreundet – aber sie gingen mit respektvoller Sympathie auseinander.

Ich rief Claudia an und sagte ihr: »Ich finde es gut, daß du gestern Donnice besucht hast.«

»Ja«, gab sie zur Antwort. »Das war wohl auch fällig...«

In den Monaten darauf trafen sich die beiden immer mal wieder. Man kann nicht gerade sagen, daß sie dicke Freundinnen geworden wären. Aber das war wohl auch kaum zu erwarten.

Trotzdem kam es doch fast dazu, ein gutes Jahr später. Und zwar auf eine kuriose Weise.

Seit Claudia und ich uns kennen, kümmert sie sich um meine Kleidung. Ich selber bin zwar gerne immer gut angezogen, aber ich denke nicht gerne viel über Kleidung nach. Ich habe auch keine Geduld dazu, in einem Geschäft lange etwas auszusuchen. Und die Mentalität der Frauen, die stundenlange Schaufensterbummel veranstalten und dabei Vergnügen empfinden, habe ich nie nachvollziehen können. Aber warum nicht – bei aller Emanzipation sollten ein paar kleine Unterschiede der Geschlechter schon noch bleiben, finde ich...

Ich war damit, daß mich Claudia einkleidete, immer gut gefahren. Sie hat einen hervorragenden Geschmack und ist wohl auch nicht nur aus Versehen inzwischen eine angesehene Modeschöpferin geworden.

Eines Tages hatte sich Donnice jedoch entschlossen, diese Aufgabe bei mir zu übernehmen. Sie wußte natürlich, daß das eine Kampfansage an Claudia war, aber das war ihr offenbar egal. Bei einem gemeinsamen Abendessen erklärte Donnice so ganz nebenher: »Übrigens... ich habe mir überlegt, daß ich mich um die Kostüme für Howards nächste Tournee kümmern werde.«

Ich hatte gerade ein Stück saftiges Ribeye-Steak auf der Gabel und wollte es in diesem Augenblick zwischen die Zähne schieben. Aber als ich diesen Satz hörte, ließ ich die Gabel sinken. Ich schielte zu Claudia rüber. Wie würde sie diese Kriegserklärung aufnehmen?

Aber entweder empfand sie das nicht so, oder sie zeigte unglaubliche Größe. Jedenfalls aß sie ruhig weiter und gab genauso beiläufig zurück: »Das find' ich gut. Du weißt ja: Wenn du Rat brauchst, kannst du mich immer anrufen.« Mein Stück vom Ribeye nahm erneut seinen Weg in Richtung der Zähne. Es war also noch einmal gutgegangen.

Trotzdem kam es über diese Geschichte doch noch zu einem großen Krach. Donnice hatte für mich eine Farbe ausgesucht, die Claudia nicht gefiel. Ich hatte zu dieser Zeit andere Sorgen im Kopf – und um meine Ruhe zu haben, gab ich offenbar beiden mehr oder weniger recht. Und beide beriefen sich gegenseitig auf mich. Das konnte natürlich auf keinen Fall gutgehen.

Wahrscheinlich hatte Donnice an diesem Tag wieder einmal damit argumentiert, daß der Howard aber diese Farbe ausgesprochen gut findet oder so ähnlich.

Genau weiß ich das nicht mehr. Aber ich weiß noch sehr genau, wie abends das Telefon ging und Claudia am Apparat war.

Ich war an diesem Tag ziemlich nervös, weil ich ein paar Stunden mit einem Texter zusammengesessen hatte und buchstäblich nichts dabei rausgekommen war. Dabei wollte ich in einer Woche ins Studio gehen und diesen Text singen.

Claudia war, das hörte ich sofort, ausgesprochen sauer auf mich.

Und sauer gegen nervös – das ist keine gute Kombination. Nach einer knappen Minute war der schönste Telefonkrach im Gange, als Donnice ins Zimmer kam. Sie hörte kurz zu und flüsterte dann: »Laß mich mit Claudia reden!«

Ich winkte ab und merkte, daß nun auch Donnice langsam immer ärgerlicher wurde, je lauter Claudias Stimme aus dem Hörer tönte – und sie tönte immer lauter. Sie wollte den Hörer zu sich heranziehen, aber ich riß ihn ihr mit einer heftigen Bewegung wieder aus der Hand. Während Claudia immer noch lauter wurde, so daß ich den Hörer langsam etwas vom Ohr weghielt, ging Donnice – offenbar wütend – aus dem Zimmer. Kurz darauf hörte ich, wie bei Claudia das Telefon klingelte – der zweite Apparat, der noch auf ihrem Schreibtisch steht.

Claudia unterbrach ihre wütende Beleidigung, die sie mir gerade an den Kopf werfen wollte, und nahm ab. Und in diesem Moment hörte ich Donnice im Nebenzimmer laut rufen: »Claudia, du bist link. Ich hasse dich!«

Ich brauchte einen Augenblick, um zu begreifen, was da los war. Auch ich hatte im Nebenzimmer ein zweites Telefon stehen – und von diesem aus hatte jetzt offenbar Donnice bei Claudia angerufen.

Während also Claudia mich auf der einen Leitung beschimpfte, beschimpfte Donnice Claudia auf der zweiten Leitung. Ich war zu ärgerlich, um das Ganze komisch zu finden; zumal Claudia ihre Verblüffung überwunden, den zweiten Hörer aufgelegt und ihren wütenden Wortschwall mir gegenüber (also auf der ersten Leitung) wieder aufgenommen hatte.

Es ging ungefähr fünf Minuten so weiter. Ich versuchte, sie zu beruhigen oder ihr wenigstens mit sachlichen Argumenten zu begegnen. Aber sie ging gar nicht darauf ein. Oder sie versuchte, mir lautstark zu erklären, daß meine Argumente alles andere als sachlich seien.

Es war wie im schönsten Theaterstück von Ionesco oder Tardieu oder wie all die Autoren des absurden Theaters heißen. Wir redeten immer heftiger aneinander vorbei.

Plötzlich geschah etwas, was Ionesco vor Neid hätte erblassen lassen. Claudia unterbrach ihre Rede mitten im Satz, ich hörte durch das Telefon Donnice laut schreien: »Was fällt dir eigentlich ein? Wenn du mir etwas zu sagen hast, dann sag mir's ins Gesicht!«

Dann gab es ein paar klappernde Geräusche, so als ob ein Telefonhörer auf den Boden fällt. Auf einmal machte es »klick« und die Leitung war tot.

Ich glaube, in diesem Augenblick hatte ich Angst. Was um Gottes willen spielte sich jetzt drüben am anderen Ende der toten Leitung ab?

Mir fiel jetzt ein, daß ich vor ein paar Minuten die Haustür hatte zuschlagen hören und noch einen Moment lang gedacht hatte: Jetzt ist Donnice wütend abgehauen. Na ja, zumindest habe ich dann von der Seite etwas Ruhe.

Ich erinnerte mich auch schwach, daß ich Sekunden später, halb im Unterbewußtsein, einen Automotor hatte aufheulen hören, vielleicht auch das Klacken einer zuschlagenden Autotür.

Was dann passiert war, habe ich später erfahren. Donnice, die immer zarte und eher zurückhaltende Donnice, war in den Wagen gesprungen, nachdem ihr Claudia den Hörer aufgelegt hatte, und war zu Claudias Haus gefahren, das nur wenige Minuten entfernt war. Mit quietschenden Reifen hatte sie den Wagen mitten auf dem Bürgersteig vor der Haustür zum Stehen gebracht, war rausgestürmt und hatte Alarm geklingelt.

Als ihr eine etwas verstörte Hausgehilfin öffnete, war sie wortlos an ihr vorbeigestürmt. Sie schubste einen Modedesigner zur Seite, als der nach ihren Wünschen fragen wollte, und stürmte geradewegs in Claudias Zimmer...

Ich aber stand zu Hause mit dem Telefonhörer in der Hand und malte mir aus, was jetzt drüben wohl passieren möchte. Ein paar Minuten lang war ich wie gelähmt. Dann sprang ich in den Wagen und gab Gas.

Vor Claudias Tür sah ich den Wagen von Donnice – noch mit laufendem Motor, die Türe sperrangelweit offen. Es roch förmlich nach Katastrophe, Mord, Totschlag, Skandal und Nervenzusammenbrüchen. Die Haustüre war angelehnt. Ich lief ins Haus. Inzwischen gab es wohl keine Situation, die ich mir in den letzten fünf Minuten nicht ausgemalt hätte. Ich war auf alles gefaßt.

Nur auf das nicht, was ich da sah. Ich konnte es nicht fassen.

Die beiden saßen friedlich nebeneinander auf dem Bett in Claudias Schlafzimmer. Sie unterhielten sich leise und offenbar angeregt wie zwei alte Freundinnen.

Das konnte einfach nicht wahr sein.

Jetzt war ich es, der langsam sauer wurde. Mit offenem Mund starrte ich auf die Szene vor mir.

Aber noch bevor ich etwas sagen konnte, bemerkten mich die beiden.

»Oh, da ist ja der liebe Mister Carpendale!« sagte Donnice süffisant.

Und Claudia setzte hinzu: »Du hast uns gerade noch in unserer Versammlung gefehlt!«

Und dann fingen beide an, auf mich loszugehen und mich nach Strich und Faden fertigzumachen. Mal redeten sie abwechselnd, mal beide zu gleicher Zeit.

Offenbar, soviel bekam ich aus dem Wortschwall mit, hatten sich beide in den letzten Minuten, während ich voller Angst zu ihnen unterwegs war, darauf geeinigt, daß der einzig Schuldige an dem ganzen

Krach kein anderer war als ich. Und daß sie beide nichts als meine Opfer waren. Frauen haben offenbar doch eine andere Logik als Männer...

Jedenfalls entstand in diesen Minuten – so paradox es war – zwischen den beiden so etwas wie Freundschaft.

Warum nicht, dachte ich, mir kann es nur recht sein. Aber laut sagte ich: »Ihr seid wohl nicht ganz dicht. Ich gehe jetzt ins Kino. Schlimmer kann's da auch nicht zugehen.« Ich drehte mich um und ging raus, nicht ohne dabei die Tür gebührend zuzuschlagen. Ich hoffe, niemand hat mein Grinsen gesehen.

Ich traf Claudia zum ersten Mal vor rund zwanzig Jahren in einer Kölner In-Disko. Ich war damals einer der vielen Schlagersänger, die die deutsche Showszene bevölkerten. Ich hatte ein paar respektable kleine Hits gesungen und verdiente etwas Geld mit gelegentlichen Auftritten. Mein ganz großer Erfolg war noch nicht eingetreten, und ich gehörte auch noch nicht zu den wirklich Prominenten im Geschäft. Aber das war alles nur noch eine Frage der Zeit, davon war ich überzeugt.

Wenn ich heute zurückschauen und den Carpendale von damals schildern sollte, würde ich sagen: Er war recht begabt, aber ziemlich oberflächlich und sehr von sich eingenommen. Trotzdem war er alles in allem ein recht netter Typ.

Damals allerdings sah ich mich völlig anders: Ich war ein unwiderstehlicher Typ, besonders was

Frauen anging. Und als Sänger war ich fast an der Schwelle zum Genie.

Nun, zumindest was die Frauen angeht, schien ich damals recht zu haben. Ich durchlebte das, was ich heute mit der milden Weisheit meiner zweiundvierzig Jahre als meine »wilden Jahre« bezeichne.

Wir lebten in einer großen Junggesellenwohnung. Wir – das waren Mike Slavin, mein Gitarrist aus den »Kinsmen«- Zeiten, und ich. Mike war eines Tages in Köln aufgetaucht, um mir dabei zu helfen, die Welt zu erobern. Und da wir ja schlecht die ganze Welt auf einmal erobern konnten, fingen wir erst mal mit der kleinen Welt der Kölner Diskotheken an.

An diesem Tag also vor rund zwanzig Jahren kamen wir in eine Disko namens Bonny's Bluff. Wir standen noch im Eingang und ließen unsere Jägerblicke rundgehen, ob sich irgendein Wild zum Abschuß blicken ließ. Da sah ich Claudia – oder besser gesagt: Mike sah sie zuerst. »Mann, schau dir die da an. So was Schönes hab' ich noch nie gesehen!«

»Wo?«

»Na, da drüben, an der Bar!« Er zeigte mir die Richtung.

Da sah ich sie. Lange blonde Haare, endlos lange Beine, einen leicht spöttischen Ausdruck um den Mund. Sie war nicht eigentlich schön im landläufigen Sinn – es war mehr ihre Ausstrahlung, die sie von den andern unterschied. Sie wirkte wie ein Filmstar unter Komparsen.

Mike sagte: »Die ist nicht von hier!«

»Wie meinst du?«

»So was gibt es nicht in Köln. Dagegen ist Farah Fawcett Schrott. Die kommt von einem anderen Stern«, sagte Mike. Ich lachte über meinen typisch südafrikanischen Freund. Aber so unrecht hatte er nicht.

Ich setzte mich in Marsch Richtung Bar. »Ich tanze mal mit ihr!«

»Die tanzt doch nie mit dir!« schrie Mike hinter mir her und versuchte, die Musik zu übertönen.

»Die wird mich sogar heiraten!« schrie ich zurück.

Also tanzte ich mit Claudia. Ich erinnere mich noch genau an das Lied – James Browns »Sex machine«. Claudia tanzte gut, sehr gut sogar. Aber sie wirkte unbeteiligt, gelangweilt.

Von einer erotisch animierten Unterhaltung konnte keine Rede sein – ganz zu schweigen von irgendeinem Körperkontakt. Claudia schien Kilometer weit weg zu sein, und sie schaute gelangweilt in irgendwelche Fernen. Ich weiß nicht, was sie dort in ihrer Phantasie sah. Aber es war klar, daß ich in ihren Tagträumen offenbar keine allzu große Rolle spielte. Zumindest nicht die des feurigen südafrikanischen Liebhabers. Eher die eines etwas langweiligen Angebers, dem man aus Höflichkeit ein paar Minuten seines Lebens opfert.

Ich weiß nicht, ob Sie »Sex machine« kennen – aber der Titel ist unendlich lang. Länger zumindest, als mir das Tanzen Spaß machte. Irgendwie hatte mein Selbstbewußtsein einen Knacks bekommen.

Endlich war der Tanz zu Ende, und bevor der Discjockey eine neue Platte anlaufen ließ, lotste ich Claudia zur Bar und gab einen Drink aus.

Mike tobte inzwischen mit einer kleinen Schwarzhaarigen über die Tanzfläche. Hin und wieder warf er mir einen amüsierten Blick zu oder grinste zweideutig. Ich reagierte nicht darauf. Mir war das unangenehm. Ich hatte Angst, die Frau vom anderen Stern könnte es sehen.

Wir standen an der Bar und unterhielten uns. Es wäre übertrieben, wenn ich von einer angeregten Unterhaltung reden würde. Wir unterhielten uns eher tröpfchenweise. Dabei spielten wir beide die coole, arrogante Masche.

Mich störte es, daß Claudia auf jeden meiner Sätze eine passende, leicht ironische Antwort fand. Außerdem störte es mich, daß sie genauso groß war wie ich. Ich konnte schon rein körperlich nicht zu ihr hinunterschauen; ich mußte mich im Gegenteil gerade halten, damit ich nicht zu ihr aufschauen mußte.

Am meisten aber störte es mich, daß sie mich nicht wie ein Genie behandelte. Im Gegenteil: Sie tat so, als ob sie überhaupt nicht wüßte, wer ich bin. Mein Selbstbewußtsein bekam einen weiteren Knacks.

In der Diskothek war bald Feierabend. Mike war irgendwo verschwunden. Die kleine Schwarzhaarige auch.

Ich brachte Claudia mit meinem blauen Mach 1 nach Hause. Sie war eingestiegen, als ob es ein alter Käfer wäre, und mein Selbstbewußtsein bekam nun langsam schon größere Risse.

Als wir vor ihrer Wohnung angekommen waren, folgte das übliche Macho-Ritual. Ich parkte ostentativ den Wagen in eine Parklücke, um zu dokumentieren, daß er hier wohl gut die Nacht verbringen könnte. Dann schaltete ich die Lichter aus und zog den Schlüssel ab.

Ich drehte mich zu Claudia und hob den Kopf, um ihr in die Augen zu sehen. Dann sagte ich: »Ich will mit dir schlafen!«

Sie zuckte weder zusammen, noch wurde sie rot. Ohne sichtbare Reaktion schaute sich mich an. Nur in ihren Augenwinkeln schien etwas Ironie zu sein, als sie antwortete: »Nein, bestimmt nicht!«

Dann nahm sie ohne Eile ihre Tasche und stieg aus dem Wagen. »Danke fürs Nachhausebringen. Und bis bald mal...« Ihre endlos langen Beine brachten sie zur Haustür, und ihr blondes Haar schlug dabei um ihren Kopf.

Jetzt war mein Selbstbewußtsein völlig zu einer Ruine zusammengebrochen.

Ich war wütend über die ruhig überlegene, gleichmütig freundliche Art der Absage. Ich spürte, daß ich da eine Frau getroffen hatte, die mir ebenbürtig war. Vielleicht sogar überlegen. Ich beschloß, den ganzen Abend möglichst schnell zu vergessen.

Einen Monat nach meinem ausgefallenen Abenteuer mit Claudia waren Mike und ich wieder einmal unterwegs, um uns die Nacht um die Ohren zu schlagen.

Zuerst besuchten wir ein Konzert mit Joe Frazier. Ich bewunderte ihn als Sportler, vor allem nach seinem Sieg über Cassius Clay, der sich dann später Muhammad Ali nannte. Er war ein verdammt guter Boxer, und nun wollte ich sehen, ob er auch ein ebenso guter Sänger war.

Nun, er war es nicht, und das Publikum hatte das offenbar schon vorher gerochen, denn nur rund zweihundertfünfzig Zuschauer verloren sich in der großen Sporthalle. Aber Joe Frazier sang unverdrossen sein Programm zu Ende, ohne ein Zeichen von Enttäuschung zu zeigen. Er hatte ein ungeheures Selbstbewußtsein. Aber das muß man wohl auch haben, wenn man gegen einen Cassius Clay in den Ring steigt.

Nach dem Konzert gingen wir zu ihm in die Garderobe. Ich stellte mich vor. Ich sei Sänger in Deutschland und freute mich, ihn zu sehen. Und ich sei gebürtiger Südafrikaner. Das mit dem Südafrikaner sage ich immer sehr bald, wenn ich mit einem Schwarzen zusammentreffe. Mir ist es peinlich, das sagen zu müssen, und deshalb will ich es immer schnell hinter mich bringen.

Aber Joe hatte entweder gar nicht hingehört, oder es war ihm egal. Er lachte mich herzlich an und drückte meine Hand. Ich mußte etwas zu ihm hinunterschauen. Er war überraschend klein – aber auch breit. Ich hatte das Gefühl, man sollte besser mit ihm keinen Streit anfangen.

Wir saßen noch lange zusammen – redeten über das Singen und über die Mädchen und über Cassius Clay. Joe erzählte, wie Cassius Clay ihm auf der Straße aus dem Weg gehe, und amüsierte sich köstlich darüber. Er war schon ein interessanter Typ, dieser Joe Frazier. Eine explosive Mischung zwischen naivem Sonnyboy und *killing machine.*

»Komm«, schlug Mike vor, nachdem wir uns vom

singenden Boxer verabschiedet hatten, »gehen wir noch auf einen Drink in Bonny's Bluff.«

Ich war seit der Begegnung mit Claudia nicht mehr da gewesen. Als wir reinkamen, sah ich sie sofort. Sie stand wieder an der gleichen Stelle wie beim letzten Mal. Wieder sah sie aus wie die Frau vom anderen Stern. Als ich auf sie zusteuerte, sah sie mich fast freundlich an. Ja, ich hatte sogar beinahe den Eindruck, als ob sie eine Spur von Interesse zeigte.

»Wo warst du so lange?« fragte sie, und dann lachte sie tatsächlich.

Wir unterhielten uns. Diesmal nicht tröpfchenweise, sondern richtig. Und ich stellte fest, daß sie nicht nur gut aussah, sondern auch noch intelligent war. Und wir fanden bald heraus, daß wir in vielen Dingen die gleichen Ansichten hatten.

Noch bevor Bonny's Bluff Feierabend machte, stand sie auf einmal auf: »Komm, wir gehen zu mir!«

Drei Monate später nahm ich sie mit nach Hause, nach Südafrika.

Ich hatte meine Eltern am Telefon vorgewarnt, daß ich eine Freundin mitbrächte. Als wir am Flughafen ankamen, grinste mein Vater mich mit einem dieser Mann-zu-Mann-Blicke an. Ich hatte gewußt, daß die endlos langen Beine und die blonden Haare ihre Wirkung nicht verfehlen würden.

Meine Mutter war da etwas kritischer. Sie schaute Claudia lange ins Gesicht und kniff dabei die Augen etwas zu. Es war wie in einem der englischen Gesellschaftsfilme, wenn der junge Adlige seiner Mutter, der Gräfin, die bürgerliche Braut vorstellt. Aber was sie sah, schien ihr zu gefallen, denn sie lächelte und sagte herzlich: »Welcome in Durban, Claudia!«

Später nahm mich meine Mutter beiseite: »Mein Junge, wie machen wir das denn mit der Übernachtung? – Ich glaube, wir buchen für Claudia ein Hotelzimmer im Eden-roc-Hotel nebenan. Denn im Wohnzimmer ist es vielleicht für vierzehn Tage etwas zu unbequem!«

Ich lachte: »Mach dir keine Sorgen, Mum. Claudia braucht weder im Wohnzimmer noch im Hotel zu schlafen. Sie schläft bei mir in meinem Zimmer.«

Meine Mutter sagte gar nichts. Sie war bei mir schon von Kind an Kummer gewöhnt. Aber es war für sie schwer, das zu verstehen. Südafrika ist ein konservatives Land – und in dieser Beziehung sogar sehr konservativ. Aber ich habe meine Eltern schon immer erzogen.

Als wir nach vierzehn herrlichen Tagen wieder abflogen, sagte meine Mutter: »Sie ist ein nettes Mädchen. Wirst du sie heiraten?«

Ich nahm sie in den Arm: »Du bist die herrlichste Mutter der Welt. Natürlich werde ich heiraten – eines Tages. Aber bestimmt nicht Claudia. Sie ist super – aber wir passen nicht zusammen.«

Achtzehn Monate später waren wir Mann und Frau.

Unser Programm war jetzt endlich, nach vielen Tagen und etlichen Nächten, zu dreiviertel fertig. Bis etwa in der Mitte der zweiten Hälfte war es jetzt rund und lief glatt durch. Es hatte ein paar Höhepunkte und ein paar Ecken und Kanten genau an den richtigen Stellen. Wir hatten gute Arbeit geleistet.

Und doch: Ich war nicht zufrieden.

»Aber es ist mindestens so gut wie das von der letzten Tournee«, versuchte Elmar mich zu beruhigen.

»Das ist es ja gerade. Es ist alles zu sehr wie bei der letzten Tournee! Bisher haben wir es noch immer geschafft, bei jeder Tournee etwas Neues zu machen, ein ganz neues Konzert zu präsentieren. Jede Tournee hatte bisher ihr eigenes Gesicht. Eine eigene Handschrift. Und genau das ist es, was ich noch vermisse: die eigene Handschrift! Ich will euch etwas sagen: Ich habe das Konzert gestern nacht in Gedanken zweimal gegeben – und beide Male fand ich es langweilig!«

Dieter grinste mich an: »Sag mir, war es denn wenigstens beide Male ausverkauft?«

Meine Freunde kennen das schon, wenn ich sage, daß ich nachts das Konzert gegeben habe. Sie machen ihre Witze darüber – aber sie wissen auch, daß sie es im Prinzip ernst nehmen müssen.

Es ist schwer zu erklären, was da vor sich geht. Ich liege nachts im Bett und gebe in Gedanken buchstäblich das ganze Konzert: Ich singe jede Note, höre jeden Ton vom Orchester, mache jede Bewegung und gehe jeden Gang. Ich visualisiere mir das Konzert, und ich erlebe es, als wenn es real wäre.

Aber während ich das tue, sehe ich mich zugleich selber vom Zuschauerraum aus. Ich sitze da mit den anderen Zuschauern und sehe mich selber auf der

Bühne stehen. Ich bin Sänger und Zuhörer, Entertainer und kritisches Publikum zugleich. Es ist ein Zustand wie bei einer Meditationsübung.

»Du bist da in einer Art von Alpha-Zustand!« hatte Dieter einmal dazu erklärt. Aber egal, welchen wissenschaftlichen Namen er der Sache gibt: Ich weiß, daß ich in diesem Zustand jeden Fehler in meinem Konzert genau realisiere. Ich bin selber mein kritischster Zuschauer. Ich bin kritischer, als jeder andere es sein könnte – ich bin ungeduldig, intolerant und manchmal sogar richtig bösartig. Es klingt zwar lächerlich – aber es ist schon vorgekommen, daß ich mich in diesem Zustand selber ausgepfiffen habe.

Jetzt drehte ich mich um zu Dieter: »Du willst wissen, ob ausverkauft war? Ich will es dir sagen: Ja, es war bis auf den letzten Platz ausverkauft, beide Male. Aber in der zweiten Hälfte sind die Leute fast eingeschlafen!«

»Und warum?«

Ich versuchte zu erklären, was ich meinte.

Wir hatten bisher ein Konzert geplant, das den Zuschauer nicht mit einbezog. Er saß zurückgelehnt im Sessel und genoß das sicher gute Spektakel. So wie er auch zu Hause vor dem Fernseher sitzt und ein gutes Programm genießt.

Aber wenn er fünfzig Mark für eine Konzertkarte ausgibt, wenn er sich vielleicht wochenlang auf dieses Ereignis freut, wenn er dann vielleicht noch viele Kilometer zur Halle fährt und uns einen ganzen Abend, ein paar Stunden seines Leben opfert – dann will er mehr erleben als nur so eine Art Fernsehen mit lebendigen Figuren.

Ich wollte stärker als bisher ein Gefühl des aktiven Erlebens erzeugen. Irgendwann sollte sich die normale Konzertatmosphäre ändern. Ich wollte ein Lied in der Show haben, das *community-feeling* vermittelt – also jenes Gemeinschaftsgefühl, das Rockgruppen so oft erzeugen (und das häufig genug auch ihr einziges Kapital ist!).

Bei unserer letzten Tournee hatten wir auffallend viele junge Zuschauer im Publikum gehabt. An manchen Abenden standen ein paar tausend von ihnen gegen Ende der Vorstellung vor der Bühne und sangen mit leuchtenden Augen und hochgereckten Fäusten »Hello again«.

»Dieses Gefühl will ich diesmal bewußt und früher erzeugen«, erklärte ich jetzt Dieter. »Ich will, daß das Publikum in der letzten halben Stunde aus dem Sitzkonzert ein Stehkonzert macht. Und gestern nacht habe ich ein Konzert gegeben, in dem mir das gelungen ist...«

»Und wie hast du das hinbekommen?« fragte Dieter. Keinem von uns fiel auf, daß wir alle von meinem »Geisterkonzert« so sprachen wie von einem ganz realen Konzert. »Ganz einfach. Gegen zweiundzwanzig Uhr ging ich unter einem Vorwand von der Bühne hinunter ins Publikum, begrüßte den einen oder anderen, ging bis hin zum Mischpult, stellte die Tontechniker vor, und dann fing ich an, ein Lied zu singen. Mitten im Saal, mitten im Publikum und nur von einer Gitarre begleitet. Und zwar ein Lied, das alle mitsingen konnten.

So – und jetzt will ich euch erzählen, was passierte. Ein paar standen von ihren Sitzen auf, nur um mich besser sehen zu können. Da mußten die, die dahinter saßen, natürlich auch aufstehen. Und plötzlich waren alle sechstausend Zuschauer von den Sitzen aufgestanden und summten oder sangen mit.«

»Und wie willst du dann wieder auf die Bühne kommen – etwa fliegen?« fragte Knibbel.

»Das Problem fängt schon vorher an«, meinte Dieter. »Du kommst erst gar nicht von der Bühne runter bis zum Mischpult. Was glaubst du, was da los sein wird! Da werden sich ein paar hundert Zuschauerinnen mit Blumen und Autogrammwünschen und was weiß ich auf dich stürzen! Ich seh' dich im Geist schon mit zerrissenem Hemd dastehen, das Gesicht voll von Lippenstift in allen Farben . . .«

Ja, das war ein Problem. Aber wir mußten eine Lösung finden. Eine Zeitlang überlegten wir, ob nicht ein paar Bodyguards mich abschirmen sollten – aber das war ja nicht der Sinn der Sache. Schließlich kamen wir darauf, daß ich eine Ansage finden mußte, die dafür sorgte, daß jeder im Publikum sitzen bleiben mußte, wenn er nicht gegenüber den anderen als Spielverderber gelten wollte. Wir fanden diese Ansage später, und es funktionierte bei der Tournee – aber es war jeden Abend aufs neue ein Ritt über dünnes Eis.

Auf diese Weise kam ich wenigstens schon bis zum Mischpult.

»Danach sehe ich kein Problem«, sagte ich. »Ich gehe dann einfach am Saalausgang heraus und komme von hinten wieder auf die Bühne.«

»Und was passiert in der Zeit, in der du hinter die Bühne läufst?«

»Ganz einfach. Da spielen die Musiker ein Solo!«

Plötzlich sagte Dieter: »Das ist riesig – weil: In der Zeit, wo du im Saal bist, kann der Vorhang fallen, und ich lasse die Bühne umbauen. Das hatte Lauti sowieso vorgeschlagen. Stell dir vor: Nach deinem Saalsong geht der Vorhang auf, und das Publikum traut seinen Augen nicht – da steht eine ganz neue Bühne!«

Wir redeten uns gegenseitig in Begeisterung. Ich rief: »Und weißt du, was dann kommt? Der Funky-Teil!«

Der »Funky-Teil« war für uns das Stichwort für die besondere Form, in der sich diesmal die einzelnen Musiker dem Publikum vorstellen sollten. Jemand hatte gesagt: »Die Musik sollte da ruhig fast ›funky‹ klingen«, und seit der Zeit hatte dieser Programmpunkt seinen Namen weg. Wir hatten auch schon ein paar musikalische Ideen dafür gehabt – nur wußte bisher keiner von uns, an welchen Programmplatz das Ganze kommen sollte. Jetzt hatten wir vielleicht einen gefunden.

Plötzlich stellte Elmar die Frage, die ich befürchtet hatte: »Und was für ein Lied willst du da singen?«

Ich seufzte ein theatralisch langes »Tjaaa...« Dann sagte ich: »Ich weiß es selber noch nicht genau, denn genau an dieser Stelle des Konzertes hatte ich gestern nacht Tonausfall. Aber vielleicht fällt dir was ein. Ein bißchen arbeiten solltest du schon!«

Es war inzwischen spät geworden. Wir vertagten uns auf ein paar Tage später.

Am nächsten Morgen rief ich Dieter in München an: »Jetzt hab' ich's. Wir brauchen einen Song, den jeder kennt und der schon ein Klassiker ist. Und ich hab' ihn gefunden!«

»Na – dann verrat's mir!«

»Du wirst lachen: ›Hey Jude‹ von den Beatles!«

»Bist du sicher?«

»Sicher bin ich nie – aber es könnte funktionieren: denn der Song hat diesen herrlichen Mitsingrefrain!« Ich sang ihn am Telefon vor.

Dieter war noch skeptisch. Wir diskutierten hin und her, und schließlich warf ich ihm als meinen letzten Trumpf hin: »Im übrigen habe ich diese Nacht mein Konzert zweimal gegeben, und ›Hey Jude‹ kam gut an!«

Dieter lachte: »Na, wenn das Publikum es so entscheidet, kann man nichts machen. Übrigens: Ich hab' heute morgen schon mit Lauti gesprochen. Er hat eine Idee, die ich riesig finde: Er will dich auf einer Hebebühne während des Liedes mitten im Saal langsam in die Höhe fahren!«

»Bist du sicher, daß das geht?« – »Bestimmt. Ich hab' es im Traum ausprobiert!« sagte Dieter.

Nun, wir waren wieder einen Schritt weitergekommen. Aber langsam rannte uns jetzt die Zeit davon. Sicher, die Tournee fing erst in vier Monaten an. Aber schon in einem Monat ging es mit der Vorpromotion los: TV-Sendungen, Radiointerviews, Presseinterviews und all das. Von da an hatte ich keine Zeit und keine Muße mehr, ein Programm zusammenzustellen. Bis dahin mußte es in allen Einzelheiten stehen.

Dieter hatte vorgeschlagen, daß wir uns ein, zwei Tage irgendwohin in Klausur zurückziehen sollten. Aber das taten wir ohnehin pausenlos.

Am nächsten Tag nahm ich den Hörer und wählte seine Nummer: »Hör zu, so geht es nicht weiter! In drei Wochen soll das Programm stehen, und wir hängen fest. Wir brauchen eine Woche mit neuer Umgebung. Ich habe dein Ticket schon bestellt, es liegt für dich am PANAM-Counter in München!«

»PANAM – wieso PANAM? Die fliegen doch nicht nach Köln?«

»Nein, ich habe für uns eine Woche Las Vegas gebucht!«

Dieter protestierte: »Du bist verrückt! Ich kann doch nicht einfach nach Vegas abhauen... ich habe den Schreibtisch voller Arbeit...«

Sechsunddreißig Stunden später landeten wir auf dem Airport von Las Vegas/Nevada.

Die Abendsonne schien schräg durchs Fenster genau auf mein Gesicht und muß mich wohl geweckt haben. Ich fuhr hoch und sah mich etwas verwirrt um. Ich saß halb angezogen in einem Riesenbett, in dem wohl fünf Leute bequem Platz gehabt hätten. Wir waren im Cesar's Palace.

Ich schaute auf die Uhr. Das konnte doch gar nicht

möglich sein – aber die Zeiger standen ganz eindeutig auf neunzehn Uhr und siebenundzwanzig Minuten.

Kurz nach Mittag waren wir angekommen. Und weil wir beide den Jet-lag in den Knochen hatten und der heiße Wind, der von der Wüste hereinwehte, uns nicht gerade erfrischte, hatte ich Dieter vorgeschlagen: »Ruhen wir uns doch eine halbe Stunde aus!«

Jetzt hatte ich offenbar sieben Stunden fest geschlafen. Ich langte rüber zum Telefon, um Dieter anzurufen. Auf irgendeinem Zettelchen hatte ich mir seine Telefonnummer aufgekritzelt. Ach ja, hier war sie...

Ich hätte zwar zu ihm rübergehen können, aber der lange Weg bis zu meiner Schlafzimmertür – dann quer durch den Salon bis zu seiner Schlafzimmertür war mir in meinem Zustand zu weit.

Ich hörte es drüben bei ihm klingeln. Dann klickte es, als er den Hörer abnahm. Ein paar Sekunden hörte ich ihn nur etwas vor sich hin brummeln, dann kam seine verschlafene Stimme: »Ja, bitte ... ich meine... Eh... Hello, who is calling?«

Mit Genugtuung stellte ich fest, daß er auch nicht besser dran war als ich. Ich gab meiner Stimme einen ausgeschlafenen und penetrant fröhlichen Klang:

»Sag mal, schläfst du etwa immer noch? Schau mal auf deine Uhr! Wenn du willst, daß wir zu Sammy Davis gehen, dann solltest du besser aufstehen, sonst verpassen wir die Show!«

Wieder ein paar Sekunden Pause. Dann hörte ich: »Ja, ja... eh... o.k. ... au verdammt... Ich bin in zehn Minuten da...«

Es dauerte fünfzehn Minuten, aber dann kam er frisch rasiert im dunklen Anzug mit Krawatte in den Salon – die Augen müde, aber vergnügt.

»Hast du dieses Bad gesehen?« fragte er. »Da kann man ja fast einen olympischen Wettbewerb drin schwimmen, so groß ist es...«

Dieter war zum ersten Mal in Vegas und auf Anhieb von allem begeistert. Es machte mir richtig Spaß, ihm diesen amerikanischen Traum zu zeigen.

Das Cesar's Palace war sicherlich eines der schönsten Hotels in Vegas. Manche sagen, es ist eines der schönsten Hotels der Welt. Das ist vielleicht etwas übertrieben, aber es ist bestimmt eines der aufwendigsten. Ich weiß nicht, wie viele Schiffsladungen Carrara-Marmor aus Italien herangeschafft worden sind, um diesen Palast zu bauen. Wahrscheinlich war es eine ganz Flotte.

Bis wir im Taxi saßen, hatten wir schon ein paar Dollar verloren, denn wir mußten unten in der Hotelhalle an Hunderten von scheppernden und klappernden ›Einarmigen Banditen‹ vorbei, deren Geräusch fast so etwas wie die Erkennungsmelodie von Vegas ist.

Aber wir schafften es, pünktlich zur Sammy-Davis-Show zu kommen.

Sammy Davis junior ist ein Genie des Entertainments: Niemand hat ein solches Gefühl für Timing wie er. Seine Bewegungen, seine Pointen, seine Stimmungswechsel – alles kommt auf den Bruchteil einer Sekunde genau. Er spürt die *vibrations,* die aus dem Publikum kommen, wie kein anderer. Wie ein Seismograph nimmt er die kleinsten Regungen auf, verarbeitet sie und gibt sie zurück.

Er beherrscht das Publikum völlig. Es folgt ihm, wohin er es führt. Es lacht, wenn er will, daß es lacht – und es bekommt feuchte Augen, wenn er es will. Niemand kann Stimmungswechsel so schnell und unerwartet erzeugen wie er – vielleicht noch Prince, der zwei Generationen jünger ist.

Manchen mag dieser Lobgesang auf diesen kleinen, schwarzen Zauberer übertrieben erscheinen. Aber für mich ist Sammy Davis jr. einer der ganz großen Lehrmeister – auch wenn ich nichts von dem übernehmen kann, was er macht. Er ist eine ganz andere Generation als ich, er singt andere Lieder – aber das Wie seines Erfolges enthält alle Geheimnisse des Showbusiness.

Er arbeitete ungefähr eine Stunde – und es war wieder einmal eine Lehrstunde für uns. Und natürlich brachte er auch wieder seinen »Mr. Bojangle«, der alleine schon den Flug um die halbe Erde gelohnt hätte.

Nach der Show gingen wir zu ihm in die Garderobe. Die Bosse von Vegas wissen, was sie ihren Stars schuldig sind – die Garderobe war eine elegante Suite mit Bar, Clubecke, Fernseher und einem Bad aus Marmor.

»Hi, kommt rein«, sagte er und schob uns zwei Whiskeygläser rüber. Volle natürlich.

Er saß an der Bar seiner Garderobe zusammen mit einem schwarzen Gentleman von undefinierbarem Alter. Er zeigte mit dem Finger auf ihn und sagte: »Kennt ihr meinen Freund Ray? Er ist der Mann, der mehr für uns Schwarze in Amerika getan hat als fast jeder andere. Er war das erste schwarze Idol der Weißen. Er hat ihnen gezeigt, daß auch ein schwarzer Sportler Intelligenz und Charisma haben kann...«

Ray – das Boxidol Sugar Ray Robinson – lachte uns an und sagte: »Sammy, du übertreibst mal wieder. Ich bin nichts gewesen als ein ganz guter Champion.«

»Du warst ein verdammt guter Champion!« sagte Sammy zu ihm und drehte sich wieder zu uns: »Ich bin sein größter Fan. Ich habe alle seine großen Kämpfe zu Hause auf Video.«

Er wandte sich zu Ray zurück und zeigte dabei mit dem Finger auf mich: »Schau dir den hier an. Dieser Mann kommt aus Südafrika. Er hat nur Glück gehabt und hat eine etwas hellere Haut als wir beide...«

Dann sagte er zu mir: »Weißt du, daß ich gerade ein Ein-Million-Dollar-Angebot aus Sun City abgelehnt habe? Ich würde auch nicht hingehen, wenn sie mir zwei Millionen gäben...«

»Du machst einen Fehler! Vielleicht könntest du das erste schwarze Idol der südafrikanischen Weißen werden, das den Buren zeigt, daß auch ein Schwarzer Intelligenz und Charisma haben kann.«

»Das verstehst du nicht, Howard«, sagte er und starrte in sein Whiskeyglas. »Das kannst du nicht verstehen, weil du Weißer bist. Ich könnte niemals da unten singen. Ich bekäme keinen Ton heraus.«

Wir sprachen noch eine Zeitlang über dies und jenes. Auch über unser Lieblingsprojekt: Einmal eine gemeinsame Platte zu machen, ein Duett über das Thema »Schwarz und Weiß«. Wir reden jedesmal darüber, aber es wird nie etwas draus.

Nach einer knappen Stunde gingen wir und verabredeten uns mit Sammy zu einer Runde Golf am nächsten Tag. Als ich vor ihm stand und ihm die Hand schüttelte, fiel mir erst wieder auf, wie klein und zerbrechlich er eigentlich ist.

Aber er verstand es, so zu einem nach oben zu schauen, als ob er heruntersieht...

Vegas ist eine unglaubliche Stadt. Man kann es nicht beschreiben. Man muß es spüren, riechen, fühlen.

Man muß abends den *strip* entlanglaufen, jene buntglitzernde Märchenstraße mit den Millionen von Lichtern, die den Besucher in eine unwirkliche Traumwelt entführen.

Man muß vor einer der Hochzeitskapellen stehen, die auf einer großen Anzeigetafel neben einem meterhohen, kitschigen stilisierten Blumenstrauß aus grünen, weißen und roten Neonröhren ihre Dienste anpreisen: »24-Stunden-Service – Brautkleid, Smoking und Trauzeugen werden auf Wunsch gestellt – Fotos und Videos auf Vorbestellung – Günstige Preise – Alle Kreditkarten werden akzeptiert.«

Man muß morgens um vier oder fünf in einem der *quicklunch*-Restaurants essen, wenn die Tänzerinnen der Revuen, die müden Croupiers und Kellner, die Musiker, Prostituierten und dazwischen ein paar verirrte Liebespärchen ein müdes Abendessen in sich reinschlingen – ein Riesensteak oder einen Turm von einem Dutzend aufeinandergestapelter *pancakes* mit *maple syrup*.

Man muß bei Sonnenaufgang mit einem gemieteten Jeep hinaus in die Wüste fahren. In die Einsamkeit der unberührten Natur, von wo aus einem Vegas noch mehr wie eine unwirkliche Fata Morgana vorkommt.

Man muß nicht spielen. Aber man tut es, ob man will oder nicht. Man bedient einarmige Banditen, man wirft Craps-Würfel, man setzt Jetons auf den grünen Filz der Roulettetische, und morgens beim Frühstück setzt man einen Dollar oder auch mehr beim Keno. Das ist ein Art von Lotto, bei dem alle zehn Minuten an den Wänden des Frühstückssalons neue Gewinnzahlen aufleuchten.

Wir taten all das und noch mehr.

Wir genossen diese Tage in Vegas.

Wir gingen ins Riviera zu einem Weltmeisterschaftskampf im Schwergewicht, bei dem Larry Holmes, der bedächtige Riese mit der Kraft eines Grizzlybärs, seinen Gegner durch den Ring trieb, daß er einem leid tun konnte.

Wir hörten uns im Golden Nugget »Ol'blue eyes« von Frank Sinatra an. Seine Stimme hat dem Alter natürlich ihren Tribut zahlen müssen – aber er phrasiert immer noch wie kein anderer auf der Welt.

Wir sahen Shows und Revuen, spielten Tennis und manchmal auch Roulette. Bis nachts um drei Uhr, wenn die Spielsäle voll sind wie am Tag und die

Casino-Manager einem Gerücht zufolge über die Klimaanlage reinen Sauerstoff in den Saal blasen, damit die Spieler auch schön wach bleiben und noch etwas Geld in den unersättlichen Schlund von Vegas werfen.

Nach einer Woche fuhren wir zurück.

Wir konnten beim besten Willen nicht sagen, daß wir frisch und ausgeruht waren. Wir fuhren noch müder weg, als wir angekommen waren. Aber unsere Köpfe waren wieder frei und voller Ideen. Wir waren begierig darauf, uns wieder in die Arbeit zu stürzen.

Als wir von Vegas zurückkamen, braungebrannt, kamen wir mitten in den regnerischen europäischen Herbst. Aber ich hätte ohnehin keine Zeit gehabt, selbst die schönste Sonne zu genießen. Ich hatte gerade Zeit, meinen Jet-lag auszuschlafen, mit Wayne einen Nachmittag im Judoclub zu verbringen und Donnice einmal zum Pizzaessen auszuführen, dann mußte ich wieder meine Koffer packen.

Ich mußte für zwei Tage nach London, um Fotoaufnahmen zu machen. Meine Schallplattenfirma brauchte neue Bilder für das nächste Plattencover, und in London wohnt einer der wenigen Fotografen dieser Welt, der aus meinem Gesicht halbwegs gute Fotos fabrizieren kann.

Es gibt herrliche Schnappschüsse von mir, von irgendwelchen Amateurfotografen. Aber wehe, wenn ein Berufsfotograf seine Linse auf mich richtet. Da kommen oft wahre Horrorbilder heraus. Mein Blick ist tot, mein Mund verkrampft, und ich lächle blöde in die Kamera.

Als ich vor knapp einem Dutzend Jahren anfing, mit Dieter zusammenzuarbeiten, war unser erster Kampf der um gute Fotos.

Wir mußten Plattencover fotografieren, und ich hatte zu Dieter gesagt: »Okay! Ich komme dann heute nachmittag schnell für eine Stunde ins Fotoatelier...«

»Wie stellen Sie sich das vor?« hatte Dieter mich angeblafft. Damals siezten wir uns noch. »Ich brauche Sie mindestens für einen Tag!«

»Mann, ich hasse Fotoaufnahmen!« sagte ich.

»Ja, ich weiß. Und darum gibt es auch keine vernünftigen Bilder von Ihnen!« Dieter geriet langsam in Fahrt, und ich mußte grinsen. »Die Fotos sind ein Teil des Kontaktes mit Ihrem Publikum. Sie gehen ja auch nicht in abgetragenen, häßlichen Anzügen auf die Bühne – also machen Sie jetzt endlich auch mal vernünftige Fotos. Hinter der Kamera stehen Hunderttausende von Plattenkäufern, die Sie anschauen...«

Er hatte recht. Für mich waren Fotoaufnahmen immer nur ein notwendiges Übel. Außerdem empfand ich es als unmännlich, vor einer Kamera zu posieren wie ein Mannequin.

Damals begann mein Kampf gegen das Auge der Fotokamera. Ein Kampf, den ich bis heute noch nicht ganz gewonnen habe. Aber Paul, mein Fotograf in London, wird mit meinem Problem fertig. Indem er so tut, als ob er gar nicht ernsthaft fotografiert, sondern als ob das alles nur *great fun* wäre – ein ungeheurer Spaß. Er läßt ein paar überdimensionale Lautsprecher in seinem Studio die heißeste Musik herausbrüllen, die es gerade gibt. Dazu tanzt er, singt laut, lacht, spielt mit einer Kamera herum und schreit hin und wieder: »Oh man, that looks great! Keep the shoulders movin'! Come on, baby!«

Und irgendwann drückt er dann wohl auch mal auf den Auslöser, nehme ich an. Denn ein paar Tage später kommen Dutzende von Fotos mit der Post, die alle zu gebrauchen sind.

Und weil meiner Plattenfirma wieder einmal die Fotos ausgegangen waren, flog ich also nach London.

Ich kam in Heathrow an, nahm nach endlosem Warten am Ausgabeband meinen Koffer in Empfang und bekam vor dem Ausgang des Flughafengebäudes von irgendeinem Taxi-Oberaufseher eines der unverwechselbaren englischen Taxis zugewiesen, die sich zu Zigtausenden wie große, etwas unbeholfene schwarze Käfer durch den Londoner Verkehr quälen. Ich sagte dem Fahrer: »Zum Carlton Tower Hotel – aber lassen Sie sich Zeit! Ich war lange nicht mehr hier...«

Es ist jedesmal seltsam für mich, London wiederzusehen.

Das ist so, als wenn man nach Jahren eine alte Liebe wiedertrifft. Sie ist einem vertraut – und fremd zugleich. Du kennst das scheue Lächeln, manchmal mitten in einem Satz, den erstaunten Blick der Augen, die Bewegungen der Hände, mit denen sie manchmal ein Wort unterstreicht – und während du das alles registrierst und wiederentdeckst, spürst du plötzlich: Sie ist eine Fremde. Und je mehr bekannte Dinge du an ihr entdeckst, desto mehr fragst du dich: Ist sie das wirklich, irrst du dich nicht – oder ist es in Wirklichkeit vielleicht jemand anderes? Jemand, den du nie gekannt hast?

Sie ist beides. Die, die du kanntest, und zugleich eine Fremde.

Genauso geht es mir mit London; mit dieser Stadt, die ich geliebt habe wie keine andere Stadt. Sie hat sich kaum verändert, ihr Gesicht ist gleich geblieben, ihr Duft ist gleich geblieben. Da sind noch die alten Straßen; da drüben die Pension, in der ich mal gewohnt habe. Die Underground hat ein kleines Lifting hinter sich – aber sie kommt noch mit dem gleichen dumpfen Erdbebengrollen aus dem Tunnel und nimmt die graue, unpersönliche Menschenmenge auf, die keine Zeit hat für einen Blick zur Seite oder zu dem Bettler, der an der Ecke sitzt. Und auch die Royal Guard steht immer noch unbeweglich vorm Buckingham Palace. Wie damals.

Und doch: London ist anders, fremd geworden.

Vielleicht liegt es daran, daß ich jetzt im Carlton Tower wohne und nicht in einer kleinen miefigen Pension in Earls Court. Daß ich jetzt einen teuren Mantel anhabe und nicht den Dufflecoat von damals.

Damals: Das war, als ich mit achtzehn von zu Hause wegging. Durban war mir zu eng geworden. Ich hatte den lästigen Militärdienst hinter mir und sogar ein paar Monate lang an der Uni in Durban Wirtschaftswissenschaften studiert. Aber eines Tages ging ich in das Büro meines Vaters, knallte meine Bücher auf den Tisch und sagte: »Das ist nichts für mich – ich höre auf!« Ich wollte die große, weite Welt sehen. Und für einen südafrikanischen Jungen war London das Symbol für die weite Welt: London war die Metropole, der faszinierende Magnet, die Fata Morgana.

Meine Eltern waren nicht begeistert von meinem Entschluß. Aber sie taten das Beste, was Eltern tun können: Sie verstanden mich. Sie akzeptierten, daß ich nicht in Durban bleiben und dort einen bürgerlichen Beruf erlernen wollte. Denn darauf wäre es sonst hinausgelaufen. Natürlich: Ich hatte schon meine erste Platte besungen, und sie war sogar ein kleiner Hit gewesen. Aber das Land ist zu klein, als daß man hier wirklich als Künstler groß werden kann.

Ich hatte mein Flugticket schon in der Tasche, als mich eines Abends David anrief. Er war ein junger Mann etwa in meinem Alter, den ich im Cookie Look kennengelernt hatte. Das Cookie Look war ein Club in Durban, in dem ich damals mit meiner Band jeden Abend spielte.

Er war einige Male am Wochenende zu uns gekommen. Ein sportlicher Typ, immer sehr elegant gekleidet, immer sehr gepflegt. Meistens saß er allein an einem Tisch gleich vorne an der Bühne. Ohne je miteinander gesprochen zu haben, kannten wir uns. Wir nickten uns zu, wenn er hereinkam, hin und wieder lachten wir uns freundschaftlich an.

Eines Abends kam er nach der Show auf mich zu.

»Hello, ich heiße David. Ich gebe nächsten Samstagabend eine Party. Und ich möchte gerne, daß du da singst; eine gute Band ist da. Geht das?«

»Klar, warum nicht?«

»O. k. Dann ist das also fest. Die Party fängt um zwanzig Uhr an. Hier hast du einen Blankoscheck für Fahrgeld und Honorar.« Er zog eine Krokodillederbrieftasche aus dem Sakko und entnahm ihr einen Scheck. Dann holte er einen Füllhalter, schraubte ihn auf und unterschrieb den Scheck auf einem nahe stehenden Tisch.

»Ich bin um acht Uhr da«, sagte ich. »Gibst du mir noch die Adresse? In welcher Straße ist das?«

Er reichte mir den Scheck rüber: »Es ist drüben in Johannesburg«, sagte er und verstaute seinen Füllhalter.

»Johannesburg?«

Ich dachte, ich höre nicht recht. Immerhin war das eine Flugstunde entfernt und für einen Jungen aus Durban fast so weit wie Paris oder Rom. Und außerdem war ich bis dahin noch nie in meinem Leben geflogen.

»Kein Problem. Du kannst nach dem Auftritt hier die Abendmaschine um neunzehn Uhr nehmen. Ich lasse dich dann am Flughafen in Johannesburg abholen...«

So lernte ich David kennen. Ich sang auf seiner Party und wurde dort königlich empfangen.

Bis spät am Abend saß ich an seinem Tisch und unterhielt mich mit ihm. Obwohl er sehr reich war, war er keiner von den Playboys. Er war aktiv, studierte eifrig, und er war ein guter Typ. Wir verstanden uns auf Anhieb.

Als ich mich nachts verabschiedete, um in das Hotel zu gehen, das er für mich reserviert hatte, sagte er: »Wir sehen uns noch ...«

Am nächsten Morgen flog ich zurück nach Durban. Ich füllte auf dem Blankoscheck nur den Betrag für das Flugticket aus – ich wollte kein Honorar für den Auftritt.

Hin und wieder rief David an. Sein Semester hatte angefangen, und so konnte er nicht mehr nach Durban kommen.

Als er an diesem Abend anrief, sagte ich ihm: »Ich fliege nach London!«

»Wohin?«

»Nach London.«

»Machst du Urlaub?«

»Nein – ich gehe weg von Durban. Für ... ich weiß nicht. Für ein paar Jahre ...«

»Und was willst du in London tun?«

»Karriere machen«, sagte ich. »Vielleicht kann ich singen – oder vielleicht bekomme ich auch einen Job bei einem Cricketclub.«

Einen Moment lang sagte David gar nichts. Dann: »Stark. Einfach so abhauen ...«

Dann war es wieder eine Zeitlang still. Und plötzlich hörte ich ihn sagen: »Ich komme mit!«

»Du bist verrückt!«

»Wieso? Stört es dich, wenn ich mitkomme?«

»Natürlich nicht.«

»O. k. Dann komme ich!«

Wir verabredeten uns in Johannesburg. Bei meiner Zwischenlandung auf dem Jan-Smuts-Airport wollte er zusteigen.

Natürlich glaubte ich nicht daran, daß er wirklich kommen würde. So verrückt konnte keiner sein, daß er in einer Minute einen solchen Entschluß faßte und ihn dann auch durchhielt.

Als ich am Flughafen in Johannesburg ankam, stand er da, neben sich zwei Schweinslederkoffer. Ich gab ihm die Hand und sagte: »O. k., let's go. Let's go and take over London!«

Er lächelte: »London? Wir erobern das ganze Commonwealth!«

Es kam nicht ganz so, wie ich dachte. Nach der Ankunft in London gingen wir nach Earls Court und suchten uns zunächst ein Zimmer. Alle Südafrikaner, die nach London kommen, treffen sich in Earls Court. Ich weiß nicht, warum das so ist. Aber in London gibt es für alles einen bestimmten Stadtteil oder zumindest eine Straße: Alle Theater sind im Westend, alle Schneider sitzen in der Savile Road, alle chinesischen Restaurants sind in Chinatown – und alle Südafrikaner in Earls Court.

Unser Zimmer war nicht gerade groß. Es hatte zwei Betten, einen Schrank, einen wackligen Stuhl und ein kleines Fenster mit einer Blumengardine. Dafür aber gab es auf dem Flur sogar eine Toilette und fließendes Wasser. Und die Landlady kam jeden Morgen im bunten Morgenmantel und der qualmenden Zigarette im Mund ins Zimmer und brachte uns Tee.

Der größte Vorteil aber war: Das Zimmer kostete in der Woche nur vier Pfund. Wir hatten zwar beide etwas Geld mitgebracht (David natürlich mehr als ich), aber es sollte möglichst eine Zeitlang reichen. Zumindest so lange, bis wir unsere Karriere gemacht hatten. Ich als Cricketspieler und David als ... ja, als was eigentlich?

»Hey. Was willst du eigentlich hier in London machen?« Wir hatten gerade unsere Sachen notdürftig verstaut, und David hatte seine beiden Schweinslederkoffer auf dem Schrank untergebracht.

»Weiß noch nicht«, sagte David. »Irgend etwas wird mir schon noch einfallen.«

In den folgenden Tagen entdeckten wir die unglaubliche Weltstadt London. Diese Stadt war für jeden Besucher faszinierend, und sie war es besonders für zwei lebenshungrige junge Südafrikaner, die bisher nie aus ihrem Land unten am Kap herausgekommen waren.

London war größer und gewaltiger als alles, was wir bisher kannten. Wir staunten über die Neonreklamen am Piccadilly. Wir machten unsere Pflichtbesuche im Museum of Natural History und im Tower, wir spielten tagsüber Squash und gingen abends in eine der großen Diskotheken wie den Marquee-Club, wo die Musik der Rolling Stones nicht nur gespielt wurde, sondern wo Mick Jagger und seine Freunde auch noch persönlich in irgendeiner Ecke herumsaßen.

Wir stöberten in den Boutiquen der Carnaby-Street und sahen mit Staunen, wie schwarze Männer und weiße Frauen Hand in Hand in aller Öffentlichkeit spazierengingen.

Manchmal zog ich alleine los, während David Museen besichtigte oder in unserem Miniappartement saß, Bücher las und wartete, bis ich nach Hause kam. Meistens aber waren wir zusammen, und David war der immer gutgelaunte, zuverlässige Kumpel.

Bis etwas passierte, womit ich nicht gerechnet hatte. Etwas, woran ich auch im Traum nicht gedacht hatte.

Nach einem langen Abend im Marquee-Club kamen wir spät und etwas betrunken nach Hause.

Ich war fast schon eingeschlafen, da hörte ich so etwas wie Weinen. Ich richtete mich auf. Da war es wieder – ganz eindeutig. Es kam von Davids Bett her. Kein Zweifel: David, der immer gutgelaunte, optimistische David weinte.

»Was ist mit dir?« rief ich halblaut rüber. Ich stand auf und setzte mich auf seine Bettkante. Jetzt heulte er ungehemmt los. Ich wußte nicht, was ich tun sollte. War er krank, oder was war los?

Ich wartete ein paar Minuten. Dann fragte ich leise: »Hey man, kann ich dir helfen?«

David schluckte. Dann sagte er mit einer leisen, fast tonlosen Stimme: »Ich kann nicht mehr!«

Die Stimme wurde noch leiser: »Einmal mußt du es ja erfahren.«

Er räusperte sich. »Howard, weißt du ... ich weiß nicht, wie ich es sagen soll – aber ... ich bin schwul, und ich habe mich in dich verliebt. Vom ersten Tag an, als ich dich sah. Damals im Cookie Look.«

Er schwieg jetzt. Und ich schwieg auch. Ich wußte nicht, was ich sagen sollte. Ich war wie vor den Kopf geschlagen. Das konnte doch nicht wahr sein. Alle anderen – aber doch nicht mein Kumpel David!

Heute wüßte ich wahrscheinlich, wie ich mich in einer solchen Situation verhalten sollte. Aber das Ganze passierte immerhin in den sechziger Jahren, und außerdem kam ich frisch aus dem konservativen Südafrika, wo Homosexualität überhaupt kein Thema war. Bestenfalls machte man darüber ein paar Witze. Jetzt merkte ich: Es war gar nicht so komisch.

Ich war hilflos.

Ich sagte: »Komm, David. Laß uns morgen darüber reden.«

Ich stand auf. Mit einer unbeholfenen Bewegung legte ich für einen Augenblick meine Hand auf seinen Kopf. »Versuch, etwas zu schlafen, David.«

»Gute Nacht, Howard«, sagte er.

Wir beide wußten, daß wir in diesem Moment Abschied voneinander genommen hatten.

Ich blieb noch einige Stunden lang wach, aber ich versuchte, es mir nicht anmerken zu lassen. Ich wußte: Auch David lag da und konnte nicht einschlafen. Hin und wieder taten wir einen tiefen Atemzug und drehten uns auf die andere Seite, damit der andere glaubte, man schliefe schon fest.

Gegen morgen schliefen wir dann wirklich ein. David mit seiner Verzweiflung, ich mit meiner Hilflosigkeit.

Am nächsten Morgen stand er vor meinem Bett, seine beiden Schweinslederkoffer neben sich. Er hatte, als ich noch schlief, seine Sachen gepackt. Er gab mir die Hand.

»Ich nehme die Mittagsmaschine. Ich muß mich

beeilen. Mach's gut, Howard.« Er lächelte traurig. »Und paß auf dich auf! I hope, you'll be a big star one day...«

Er zog seine Hand zurück und kreuzte seine Finger – so wie es Angelsachsen tun, um sich Glück zu wünschen. Dann drehte er sich um, nahm seine beiden Koffer und stapfte aus dem Zimmer.

Ich habe ihn nie wiedergesehen. Er war ein feiner Kerl. Ich frage mich oft, was aus ihm geworden ist...

Als David abgereist war, blieb ich noch rund achtzehn Monate in London. Mein Vater hatte mir die Adresse seiner Company mitgegeben und dabei gesagt: »Ich hab' in London Bescheid gesagt. Sie warten auf dich.«

Es war eine Shipping Company, und ich konnte mir nicht recht vorstellen, was ich da sollte. Ich ging zu der angegebenen Adresse, und der Boß empfing mich herzlich. Er führte mich in ein großes Büro und sagte: »Das kannst du benutzen, solange du in London bist. Es steht leer.«

Weiß der Teufel, was mein Vater ihm erzählt hatte über meine Tätigkeit in London. Aber es war angenehm, ein Büro zu haben.

»Und hier«, fuhr der Boß fort, indem er mir einen Zettel in die Hand drückte, »hier ist die Adresse, bei der du deine Aufenthaltsgenehmigung abholen kannst. Wir haben sie für dich besorgt.«

»Danke, Dad«, sagte ich in Gedanken. Jetzt hatte ich ein Büro und dazu noch eine Aufenthaltsgenehmigung. Jetzt brauchte ich also nur noch Arbeit.

Ich setzte mich mit der »Daily News« in Verbindung, Durbans größter Tageszeitung. Sie boten mir an, wöchentlich eine Kolumne mit den »News from London« zu schreiben. Ich akzeptierte. Also saß ich jede Woche für zwei Tage in meinem Büro und schrieb über Musik und Mode, über Sport und über den neuesten Klatsch. Die Arbeit machte mir Spaß, und ich schaffte mich richtig rein. Und verdiente damit zumindest schon das Geld für mein Zimmer, das ich jetzt alleine bewohnte, und für ein paar *fish and chips* hin und wieder. Ich war also Journalist geworden.

Langsam fing ich an, mich in London zu Hause zu fühlen.

Ich spielte Rugby mit einer südafrikanischen Mannschaft, den »London Springboks«. Ich hing im »Overseas Visitor's Club« herum, weil es der beste Playground war, um Mädchen aus allen Ländern der Welt kennenzulernen.

Natürlich spielte ich auch weiter Cricket, denn dafür war ich ja eigentlich nach London gekommen.

Cricket ist ein Sport, den man nur in der angelsächsischen Welt kennt, und um Cricket zu verstehen, muß man wohl auch Angelsachse sein.

Ich jedenfalls war im Alter von neun Jahren schon Cricket-Fanatiker, und es gab für mich überhaupt keinen Zweifel daran, daß ich einmal ein großer Crikketer werden würde. Im Geiste sah ich mein Bild schon auf der Titelseite der »Daily News« und daneben stand in großen Lettern »Südafrikas Triumph über die Westindies – Carpendale in Superform!«

Aber bis dahin war es noch ein weiter Weg. Vor

den Erfolg haben die Götter bekanntlich den Schweiß gesetzt, und so trainierte ich jeden Tag am Strand von Durban oder auf einem freien Cricketfeld zusammen mit einer Gruppe von ebenso verrückten zukünftigen Sportcracks. Denn fairerweise sollte man sagen: Crikket ist eines der technisch schwersten Ballspiele der Welt.

Als ich dann vierzehn war, radelte ich sonntags von Spielfeld zu Spielfeld, um nachzufragen, ob nicht irgendwo ein *batman* fehlte. Und fast immer hatte ich Glück und kam irgendwo unter. Dabei muß ich bei aller angeborenen Bescheidenheit sagen: Ich war gar nicht so schlecht als Schlagmann, eigentlich sogar recht gut. Und so langsam machte ich mir einen kleinen Namen.

Mit sechzehn kam ich dann in die Schulmannschaft. Das war ein großer Tag für mich, denn die Mannschaft der Durban High School war nicht etwa irgendeine x-beliebige Schulmannschaft. Sie war das beste High-School-Team in der ganzen Gegend. Kein Wunder, denn unser Captain war ein gewisser Barry Richards – und das spricht ja wohl für sich, oder?

Ich meine, ich kann es mir zwar nicht vorstellen, daß jemand mit diesem Namen nichts anzufangen weiß – aber bei Nicht-Angelsachsen ist ja alles möglich, und deswegen will ich zur Sicherheit kurz erklären, wer das ist.

Jeder kennt vielleicht Muhammad Ali. Und auch Pelé und Franz Beckenbauer.

Was Ali für den Boxsport war und Pelé oder Bekkenbauer für den Fußball, das war Barry Richards für den Cricketsport. Und eben dieser Mann war damals Captain unserer Schulmannschaft. Da ist es doch wohl verständlich, daß es ein großer Tag für mich war, als ich in diese Mannschaft aufgenommen wurde ...

Als Barry dann nach England ging und dort schnell Karriere machte, da stand es für mich fest, daß ich ihm bald folgen und ebenfalls Karriere machen würde.

Barry Richards hat viele Jahre später seine Biographie geschrieben, die ein Bestseller wurde – natürlich nur in angelsächsischen Ländern.

In diesem Buch hat er auch mich erwähnt. Ich habe mich im Prinzip darüber sehr gefreut – aber nur im Prinzip. Denn er schrieb dort, daß ich seinerzeit nach England gekommen wäre, um ein Cricket-As zu werden, daß ich mich aber dann doch für das Showbusiness entschieden habe. Und dann fuhr er fort in der Art wie: Das sei wohl auch die einzig richtige Entscheidung von mir gewesen, denn im Showbiz sei ich dann ja auch eine große Nummer geworden.

Wenn ich das richtig verstanden habe (und ich fürchte, das habe ich), dann wollte er damit auf seine angelsächsisch-hinterhältige Weise vornehm zum Ausdruck bringen, daß ich als Cricketspieler wahrscheinlich keine so große Karriere gemacht hätte.

Das beweist mir wieder einmal, daß auch große Sportler manchmal ein miserables Urteilsvermögen haben können.

Übrigens habe ich Barry vor ein paar Jahren wiedergetroffen – zufällig, bei einer Cocktailparty, die jemand mir zu Ehren in Durban gab, als ich dort meinen Film drehte. Um ihn zu überzeugen, was für ein toller Sportsmann ich geworden bin, habe ich ihn gleich zu einer Runde Golf am nächsten Tag herausgefordert.

Leider hat er mich auch da geschlagen, und zwar gleich um sieben Schläge brutto. Und wenn Sie es keinem verraten: Ich glaube manchmal, er ist wirklich der bessere Sportsmann von uns beiden und ich nur der bessere Sänger...

Aber damals in London, als ich knapp neunzehn Jahre alt war, da wußte ich von alledem nichts. Ich war der festen Überzeugung, eines Tages ein Cricket-Star zu werden.

Ich trainierte emsig beim Ealing Broadway Cricket Club, der ganz in der Nähe meiner Wohnung lag.

Es war bei einem der ersten Trainingsspiele in diesem Club, daß ich ein Erlebnis ganz besonderer Art hatte. Aber wenn ich sage »Erlebnis«, dann ist das eigentlich ein zu großes Wort. Denn bei Licht betrachtet war es überhaupt nichts. Es war etwas, was jeder andere schon nach fünf Minuten wieder vergessen hätte. Aber für mich, der ich gerade erst vor ein paar Wochen aus Südafrika gekommen war, für mich war es eine Sache, die mich beschäftigte. Noch Tage später und im Grunde genommen bis heute.

Es ist eigenartig, wie in der Rückschau manchmal Dinge an Bedeutung gewinnen, die einem in dem Augenblick, in dem sie geschehen, noch unwichtig erscheinen.

Bei diesem Trainingsspiel an einem regnerischen,

unfreundlichen Londoner Herbsttag spielte ich zusammen mit vier Boys von den Westindischen Inseln. Ich rackerte mich redlich ab, weil ich es denen zeigen wollte, daß sie nicht alleine die Cricket-Weisheit gepachtet hatten. Und ich hatte wohl auch einen recht guten Tag erwischt – jedenfalls gewann unser Team. Schweißgebadet gingen wir Richtung Duschraum. Plötzlich kam Matthew, einer der Westindian Boys, an meine Seite, legte mir den Arm um die Schulter und grinste mich an: »Hey man, du magst ja ein verdammter Südafrikaner sein, aber du bist ein verflucht guter Cricketer, man! I like you ...«

Ich lachte zurück, er boxte mir freundschaftlich in die Rippen und verschwand vor mir im Umkleideraum.

Ich starrte hinter ihm her. Irgend etwas an seiner Bemerkung hatte mich tief getroffen, aber im Augenblick konnte ich nicht sagen, was es war.

Es war bestimmt nicht das, was er gesagt hatte. Natürlich war es immer schmeichelhaft für einen Cricketer, von einem Westinder ein Kompliment zu bekommen. Aber das war es nicht. Es war auch nicht die Tatsache, daß er anschließend in gemeinsame Umkleideräume gegangen war und nicht in getrennte Räume für »Nicht-Weiße«. Daran hatte ich mich in diesen Wochen in England schon gewöhnt.

Plötzlich wußte ich, was mich an seiner Bemerkung so beeindruckt hatte. Es war die Art und Weise, wie er mit mir gesprochen hatte – souverän, mit jener coolen, entspannten Haltung, die ich heute noch oft an Schwarzen bewundere. Er sprach mit mir als Gleicher zum Gleichen.

Erst in diesem Augenblick wurde mir bewußt, daß noch nie ein Schwarzer in meiner Heimat so unbefangen mit mir gesprochen hatte. Manchmal war Aggression in seinem Tonfall, manchmal Verlegenheit – meistens aber jene unausgesprochene Unterwürfigkeit, die den Nicht-Weißen in meiner Heimat seit Generationen anerzogen worden ist. Da ist in seinem Blick dieser Hauch von Ängstlichkeit, ob es dem Weißen auch gefällt, was man sagt. Denn schon als Kind hat man ihm immer wieder gesagt: »Wenn du dich gut mit dem weißen Baas stellst, dann wird es dir im Leben gutgehen. . .«

Ich hatte nie darüber nachgedacht – vor diesem Nachmittag in Ealing. Nicht, daß ich Rassist war, diesen Vorwurf hätte ich entrüstet von mir gewiesen. Ich war oft mit Schwarzen zusammen, und einige davon hatte ich richtig in mein Herz geschlossen. Und immerhin war mein Vater sogar Abgeordneter der Oppositionspartei und setzte sich gerade für die Schwarzen und die *Coloured* ein.

Aber das bedeutete nicht, daß es nicht eine bestimmte soziale Ordnung gab. Wenn ich mit ein paar schwarzen Freunden beim Sport herumgetobt hatte, dann war es doch ganz selbstverständlich, daß sie abends in ihre Wohnviertel verschwanden. Und genauso selbstverständlich war es, daß mich ein Schwarzer niemals hätte rumkommandieren dürfen. Einen schwarzen Lehrer etwa oder einen schwarzen Chef hätte ich mir gar nicht vorstellen können.

Schwarze – das waren Hausdiener und Arbeiter. Oder bestenfalls Vorarbeiter...

Vielleicht ist das alles schwer vorstellbar für jemanden, der nicht in Südafrika großgeworden ist. In einem Land also, in dem selbst die christliche Kirche getrennte Gottesdienste für Weiße und Nicht-Weiße abhält und wo es vor rund achtzig Jahren noch eine theologische Doktorarbeit über die Frage gab, ob Schwarze auch eine Seele haben.

Ein paar Wochen später lernte ich im Overseas Visitors' Club ein Mädchen kennen. Sie war Studentin, lebte für ein halbes Jahr in London, und ich mochte sie auf Anhieb. Sie kam aus der Karibik, war bildhübsch, intelligent – und schwarz.

Wir gingen ein paarmal zusammen aus und kamen uns jedesmal näher.

Dann lud sie mich in ihre kleine Wohnung ein. »Ich koche für dich«, sagte sie, aber uns war klar, daß es nicht beim gemeinsamen Essen bleiben würde.

Am Abend rief ich sie an: »Sarah, ich kann nicht zu dir kommen!«

Sie fiel aus allen Wolken: »Warum nicht?«

Ich stotterte irgend etwas von Verwandtenbesuch, und daß ich für die nächsten Tage dadurch belegt sei.

Sie sagte ein paar Augenblicke lang gar nichts. Dann hörte ich ihre Stimme, leise und etwas heiser: »Sei doch wenigstens ehrlich zu mir. Du kommst nicht, weil ich schwarz bin und du ein gottverdammter Südafrikaner bist!«

»Sei mir nicht böse...«

Sie sagte noch leiser und noch heiserer als vorher:

»Nein, ich bin dir nicht böse. Du tust mir leid.« Dann hing sie ein.

Ich warf den Hörer auf die Gabel und war wütend. Wütend auf mich selber und darüber, daß ich es einfach nicht schaffte, über meinen eigenen Schatten zu springen. Und daß ich mir und ihr gegenüber nicht ehrlich war.

Ich habe Sarah nie wiedergesehen. Sie kam auch nie mehr in den Overseas Visitors' Club.

Natürlich belagerte ich auch weiter die englischen Schallplattenfirmen – aber ohne Erfolg. London wimmelte nur so von Möchtegern-Sängern, da war die Chance nicht sehr groß. Inzwischen hatte ich auch feststellen müssen, daß David gar keine so große Ausnahme gewesen war. Ich hatte in einer Statistik gelesen, daß jeder zehnte Engländer homosexuelle Neigungen hat. Nun – in meiner Londoner Zeit habe ich nur selten die anderen neun getroffen.

Aber vielleicht war ich auch ein Typ, der sie besonders anzog. Und so unlieb war mir ihre Gesellschaft eigentlich gar nicht – um so weniger Konkurrenz hatte ich bei den Mädchen ...

Nur ein einziges Mal noch war es mir zuviel. Das war, als mir ein mächtiger Plattenboß offen heraus anbot: »Ich mache eine Platte mit dir und stell dir ein 50-Mann-Orchester zur Verfügung. Du mußt nur mit mir schlafen ...« Seitdem kann ich verstehen, wie es Frauen oft zumute ist, wenn Männer ihre Macht ausnutzen, um zum Ziel zu kommen.

Nun, ich habe in London keine Platte gemacht.

Dafür ein paar Monate später in Deutschland, wo ich Dieter als A&R-Boß einer Schallplattenfirma traf. Er gab mir eine Chance. Zwar nicht gerade mit fünfzig Musikern, aber dafür ohne sonstige Verpflichtungen.

Als ich diesmal von London zurückkam, hatten wir noch genau zehn Tage Zeit, um das Programm unter Dach und Fach zu bringen. Denn dann sollte die Promotionreise anfangen – der größte Streß unter allen Tourneevorbereitungen.

Aber diese zehn Tage reichten völlig aus. Denn die Pause und der Abstand hatten uns gutgetan. Unsere Köpfe waren wieder frei und kreativ. Wir gingen alles ganz in Ruhe und lässig an, und ich hatte zwischendurch sogar Zeit, ein paarmal eine Runde Tennis zu spielen oder mit Wayne ins Kino zu gehen – auch wenn es noch nicht ganz zu einer Golfrunde mit Goofy reichte.

An einem dieser Tage brachte Lauti unseren Lichtdesigner mit – Patrick. Am Tag, als er zu uns kam, war er morgens von Tokio angereist, wo er mit Mick Jagger gearbeitet hatte. Nach unserer Besprechung legte er sich in seinem Kölner Hotel zwölf Stunden lang ins Bett und flog dann nach Rio, um da das Licht für Tina Turners Supergala im Maracaña-Stadion vorzubereiten. Aber so übermüdet er auch sein mochte: Er arbeitete konzentriert und präzise, und als er zwei Monate später zu unseren ersten Proben kam, hatte er noch jede Nuance der Show im Kopf.

Der Lichtdesigner ist der Mann, der genau festlegt, wie und wo die Spots und Scheinwerfer und Colorchangers und Gobos und Fluter und ich weiß nicht was noch alles angebracht werden – alle diese verschiedenen Lichtquellen, die einer Show Farbe und Stimmung geben. Er zaubert daraus mit Hilfe seines Lichtpultes und eines Computers die Lichteffekte, die wir brauchen.

Es gibt sehr viele gute Lichtdesigner und ganz wenige sehr gute. Und zu denen gehört Patrick. Seine Auffassung vom Licht ist dramaturgisch – sein Licht schafft Stimmungen, erklärt die Musik, unterstützt den Künstler, ist nie ein Effekt um des Effektes willen.

Wir gingen mit Patrick den ganzen Konzertablauf in allen Einzelheiten durch. Ich selber beteiligte mich nur wenig an der Diskussion, griff nur hin und wieder ein. Das war eine Sache für die Spezialisten, und ich wußte sie bei denen in guten Händen.

Patrick, Dieter und vor allen der unersetzliche Lauti redeten fast sieben Stunden lang miteinander. Sie diskutierten jede Kleinigkeit, tüftelten Lichteinstellungen aus, setzten im Geist Nebelmaschinen in Gang und warfen Bilder auf die Vorhänge. Und wenn sie irgendwas Gutes gefunden hatten, dann strahlten sie vor Begeisterung.

Es war eine schöne, kreative Atmosphäre.

Als ich an diesem Abend nach Hause kam, waren dort Claudia und Donnice versammelt. In diesen Wochen waren sie einträchtig damit beschäftigt, sich um meine Bühnenkleidung zu kümmern.

Heute abend führten mir beide die Vorschläge vor,

die sie mir machen wollten. Wir diskutierten heftig und kontrovers. Meine Bühnenkleidung ist mir immer sehr wichtig.

Irgendwann im Laufe der Diskussion ging es wieder einmal um die Farbe einer Jacke. Wir redeten hin und her – und gerieten uns in die Wolle. Plötzlich rief Claudia wütend: »Nimm doch von mir aus alle Farben, die du willst – von mir aus Himmelblau! Du hast da doch noch nie Geschmack gehabt. Nachher siehst du dann so aus wie auf unserer Hochzeit!«

Wir starrten uns an. Ein Augenblick war es ganz still im Raum. Dann prusteten wir beide los. Denn wir sahen in Gedanken den scheußlich violetten Smoking vor uns, auf den ich damals so stolz war. Auch Donnice mußte grinsen, denn sie kannte unser Hochzeitsfoto.

Als wir so gemeinsam über unsere Hochzeit lachten, da war keine Bitterkeit zwischen uns und keine Resignation. Es war ein gutes Gefühl, daß wir beide so unbefangen und ohne Nebengedanken daran denken konnten.

Dabei war sie alles andere als lustig gewesen.

Eines Tages hatten wir beschlossen zu heiraten.

Das heißt, beschlossen im Sinne des Wortes hatten wir es eigentlich nie. Ich kann mich noch nicht einmal erinnern, wie es eigentlich dazu kam. Es war keinesfalls so, daß ich eines Tages eine rote Rose auf den Tisch gelegt und Claudia nach einem bedeutungsvollen Handkuß zugehaucht habe: »Willst du die Meine werden?«

Es hatte sich einfach so ergeben, es war die natürlichste Sache der Welt. Wir lebten nun schon fast zwei Jahre zusammen und waren uns in dieser Zeit immer nähergekommen. Wir konnten uns ein Leben ohne den anderen gar nicht mehr vorstellen (und können uns das, auf eine andere Art, auch heute noch nicht).

Natürlich hatten wir in vielen Dingen sehr verschiedene Vorstellungen vom Leben. Da tat sich dann plötzlich ein Graben zwischen uns auf – und wir beide bemühten uns eifrig, ihn zuzuschütten oder so zu tun, als wenn wir ihn nicht bemerkten.

Wir waren jung, und begingen den Fehler vieler junger Leute: Wir waren davon überzeugt, daß wir den Partner würden ändern können, wenn wir erst mal verheiratet waren.

Claudia und ich hatten also beschlossen zu heiraten. Bei einem Ausflug ins Siebengebirge, einer ländlichen Gegend in der Nähe von Bonn, hatten wir eine kleine Kirche entdeckt, die uns gefiel. Ich kaufte mir den berühmten scheußlichen, himmelblau-violetten Smoking mit Rüschenhemd, Claudia ein herrliches weißes Brautkleid, und wir bestellten das Aufgebot.

Natürlich sollten meine Eltern kommen. Sie wollten die Europareise nutzen, um vorher meine Schwester Anne zu besuchen, die inzwischen in Southampton lebte.

Zwei Tage vor der Hochzeit klingelte bei uns das Telefon. Anne war am Apparat. Ihre Stimme kam von weit her:

»Howard, es ist furchtbar!«

»Was ist denn – fehlt dir was?«

»Nein, aber Dad ... Daddy liegt im Sterben ...«

Wir rasten zum Flughafen, nahmen die erste Maschine nach London, sprangen dort in ein Taxi. »Nach Southampton, schnell!« Der Taxifahrer strahlte. Diese weite Fahrt war für ihn wie ein Gottesgeschenk. Aber er spürte, daß wir es wirklich eilig hatten, und tat sein Bestes.

Drei Stunden lang rasten wir über verregnete englische Highways. Es war ein Wettrennen gegen die Zeit. Während der ganzen Fahrt sprach Claudia mit mir. Sie wußte, wie nahe mir der Tod meines Vaters gehen würde, und sie bereitete mich sanft und fast unmerklich auf die Situation vor.

Als wir im Krankenhaus ankamen, stand meine Schwester in der Eingangshalle und hielt Mum im Arm. Beiden rannen die Tränen herunter. Da wußten wir, daß wir das Wettrennen verloren hatten. Mein Vater war an einer Herzattacke gestorben. Und ich war zu spät gekommen, um ihm wenigstens noch danke zu sagen.

Ich ging rauf in sein Zimmer. Da lag er nun. Douglas M. Carpendale.

Er hat es nie leicht gehabt in seinem Leben. Als er jung war, hatte er geboxt. Er hatte es sogar zum Champion von Natal im Halbschwergewicht gebracht. Aber dann gab er meiner Mutter zuliebe das Boxen auf und fing an, Cricket zu spielen. Auch hier war er erfolgreich. Bald spielte er in der Natalauswahl. Er war durch und durch Sportsmann – aber leider kein großer Geschäftsmann. Er versuchte sein Glück als Konfektionsvertreter, aber die Geschäfte gingen schlecht. Als ich zehn Jahre alt war, mußten wir unser kleines Haus in der Ennisdale Drive aufgeben und in eine kleine Wohnung am Strand ziehen. Es war für mich herrlich, direkt am Strand zu leben – aber ich erinnere mich, daß zu Hause damals oft gedrückte Stimmung herrschte. Manchmal gab es auch Streit, den meine Eltern mühsam vor mir zu verbergen suchten.

Dann kam die große Wende. Nicht durch irgendein äußeres Ereignis, sondern einfach dadurch, daß meine Mutter die ganze Sache in die Hand nahm. Sie wurde Vaters Sekretärin, Chefin, Mitarbeiterin und Hilfskraft. Und mit ihrem praktischen angelsächsischen Verstand schaffte sie, was mein Vater alleine nie geschafft hätte: Die Geschäfte entwickelten sich, und mein Vater hatte sogar Zeit, sich wieder stärker um die Politik zu kümmern. Das war das, was er am liebsten tat: Er konnte sich für andere Menschen einsetzen. Gutes tun. Bald zog er als Abgeordneter der Oppositionspartei in den Landtag.

Schließlich wurde er »Strandkommissar«. Er war verantwortlich für die Organisation des Strandes von Durban. Inzwischen war er fünfzig Jahre alt geworden – und nun hatte er endlich seinen Platz in der Gesellschaft gefunden, den er ausfüllen konnte und auf dem er glücklich war. Er arbeitete inzwischen für eine englische Schiffahrtsfirma, sogar recht erfolgreich. Aber sein Herz gehörte der Kommunalpolitik. Er war für jeden Tag und Nacht da, kümmerte sich um seinen Strand und sorgte schließlich dafür, daß auf einer häßlichen freien Fläche hinter den Häusern am Strand ein großer Park angelegt wurde. Dieser Park war sein ganzer Stolz.

Er war wohl glücklich, in diesen letzten Jahren seines Lebens. Jeder in Durban kannte und achtete ihn. Nein: liebte ihn.

Wenn er durch die Stadt ging, grüßten ihn alle: »Hello Doug, how are you!« – »Hey, Douglas – alles in Ordnung?« »Good morning, Mr. Carpendale. Nice weather, isn't it?«

Und Doug war für alle da, blieb hin und wieder für ein paar Minuten stehen und unterhielt sich.

Ja, ich glaube, er war glücklich in diesen letzten Jahren. Schade, daß es nicht wenigstens noch ein paar Jahre länger dauern durfte.

Jetzt lag er hier in Southampton im englischen Nebel. Er, der die Sonne so sehr geliebt hatte.

Es ist seltsam. Ich hatte vorher nie darüber nachgedacht, was für eine Rolle mein Vater in meinem Leben gespielt hat. Jetzt, wo er tot war, wußte ich auf einmal, wie wichtig er für mich gewesen war.

Vieles, was ich unternommen habe – in der Schule, im Sport, im Beruf –, habe ich getan, um meinem Vater zu imponieren. Schon als Kind war das immer irgendwie in mir. Aber seltsam: Wenn ich dann irgendwo Erfolg hatte, dann lief ich nach Hause und berichtete es triumphierend meiner Mutter.

Wie ich da so stand, ging mir vieles durch den Kopf.

Ich dachte daran, wie ich einmal – ich muß so elf oder zwölf Jahre alt gewesen sein – nach Hause kam und davon erzählte, wie ich hundert Runs im Cricketmatch gemacht hatte. Mein Vater war sehr stolz auf mich und wollte mich küssen. Da drehte ich mich ab und sagte zu ihm: »Das ist jetzt vorbei. Laß die Küsserei – gib mir lieber die Hand!« – Ich erinnere mich noch heute an sein Gesicht: Erst war Erstaunen darin, dann ein amüsiertes Lachen und schließlich sogar so etwas wie Stolz. Er gab mir seine schwielige Hand, und sein fester Händedruck bekräftigte eine neue Phase in unserer Beziehung.

Ich dachte daran, wie ich ein paar Jahre später, als er für den Landtag kandidierte, als Wahlhelfer für ihn tagelang unterwegs war. Wie ich Plakate klebte und am Wahltag selber noch die Wähler animierte, zum Wahllokal zu gehen. Dann bekam er eine Morddrohung von irgendwelchen radikalen Rassisten, die ihm für den gleichen Abend noch seinen Tod androhten. Ich ließ ihn an diesem Abend keine Sekunde lang alleine und hielt mich ganz dicht an seiner Seite.

Ich dachte daran, wie er bei meinen ersten Auftritten immer dabei war. Ich sehe heute noch das Bild vor mir: Unten im Saal Hunderte von tanzenden Teenagern, und irgendwo dazwischen, breitbeinig auf einem Stuhl sitzend, war mein Vater und starrte unbewegt auf die Bühne. In der ersten Musikpause kam er dann für gewöhnlich zu uns hinter die Bühne und sagte der Band: »Ihr seid zu laut. Viel zu laut. Man hört Howard ja kaum...« Es war mir etwas peinlich. Aber zugleich fand ich es riesig.

Ich schaute ihn an, wie er da so lag.

»Du warst immer da, Dad«, sagte ich leise.

Mein Vater war zugleich mein Vorbild und mein

Konkurrent. Ich wollte immer, daß die Leute in Durban nicht mehr über mich sagten: »Das ist der Sohn von Doug!« – Sie sollten über meinen Vater sagen: »Das ist der Vater von Howard!«

Jetzt lag er hier in Southampton, und es war alles gleichgültig – ich war der Sohn von Doug, und er war der Vater von Howard. Es erschien auf einmal so unwichtig.

Ich nahm Abschied von meinem Vater. Ich sagte halblaut: »Danke, Doug!« und ging hinaus.

Draußen legte ich meiner Mutter den Arm um die Schulter und führte sie hinaus. Ich veranlaßte alles Notwendige und flog mit meiner Mutter und Claudia nach Deutschland. Mein Vater wurde nach Durban überführt und dort beerdigt. Der Magistrat benannte »seinen« Park nach ihm. Vor einiger Zeit war ich noch einmal da. Ein altes, verwittertes Schild steht da, auf dem zu lesen ist: »Douglas M. Carpendale Park«.

Wir hatten beschlossen, unsere Hochzeit nicht zu verlegen. Sie fand wie geplant in der kleinen Kapelle im Siebengebirge statt. Aber natürlich war die Stimmung nicht gerade heiter.

»Willst du, Claudia Herzfeld, diesen Mann zu deinem Ehemann nehmen und ihm treu sein – in guten wie in schlechten Zeiten?«

»Ja, ich will ...«

»Und willst du, Howard Victor Carpendale ...«

Der alte Geistliche lächelte gütig.

Unser Zusammenleben dauerte rund acht Jahre. Am Anfang war es ein Traum.

Gegen Ende wurde es zum Alptraum. Als wir uns trennten, war unsere Ehe unerträglich geworden. Aber es war nicht Claudias Schuld, und es war auch nicht meine Schuld.

Wir stritten uns über lächerliche Dinge. Aber natürlich ging es dabei nicht um diese Kleinigkeiten. Es ging darum, daß jeder den anderen verletzen und besiegen wollte. Zum Schluß blieben zwei Verlierer auf dem Schlachtfeld...

Zwischendurch kamen immer wieder Phasen, in denen wir versuchten, die Gräben zuzuschütten und die Wunden, die wir uns beigebracht hatten, verheilen zu lassen. Wir können uns nicht vorwerfen, daß wir es nicht immer wieder versucht haben. Aber es funktionierte nicht.

Heute wissen wir: Es konnte nicht funktionieren. Durch unsere Entwicklung, meinen Beruf waren wir in Rollen hineingewachsen, die ein Zusammenleben unmöglich machten. Und aus solchen Rollen kommt man nicht mehr raus.

In den wichtigsten Jahren meines Lebens hat Claudia mich geformt. Als die Zeit kam, in der ich ganz unten und ganz schwach war, ist sie es gewesen, die stark wurde. Sie übernahm die Führung in unserer Beziehung. Aber dieser Rollentausch konnte nur so lange gutgehen, bis ich selber wieder stark wurde. Von da ab wollte ich wieder derjenige sein, der ihr die Arme um die Schulter legt und sie beschützt, wie früher. Aber diese Claudia, die beschützt werden wollte, gab es nicht mehr.

Dadurch, daß Claudia mir half, groß zu werden, zerstörte sie – ohne es zu wollen – unsere Ehe.

Der Anfang vom Ende kam ganz beiläufig, wie zufällig. Ich war inzwischen ein bekannter Sänger geworden, es ging uns gut, wir bewohnten ein schönes Haus in Köln und ein Haus in Florida.

Wir waren an diesem Tag mit dem Wagen unterwegs – irgendwo in Florida. Ich saß am Steuer, Claudia neben mir. Unsere Unterhaltung war stockend, wie so oft in den letzten Wochen.

Nicht, als ob wir Krach gehabt hätten – im Gegenteil. Aber jeder von uns hing seinen eigenen Gedanken nach. Und jeder von uns hatte andere Gedanken, lebte in einem anderen kleinen Universum. Und so starrten wir nach vorne durch die Windschutzscheibe auf die Straße.

»Es scheint ein Unwetter zu geben«, sagte Claudia und sah vor sich hin, ohne den Kopf umzudrehen.

»Ja, ja«, murmelte ich und nahm etwas Gas weg. »Es scheint so.« Wieder schwiegen wir vor uns hin. Nicht feindlich, sondern viel schlimmer: gleichgültig.

Es schien wirklich ein Unwetter zu geben – ein Unwetter, wie es das nur in Florida gibt. Plötzlich beginnt es zu regnen, der Himmel wird dunkler, schwarz, unwirklich – und der Regen wird zum Wolkenbruch, wäscht den Staub von Bäumen und Häusern, verwandelt die Straßen in kleine Flüsse und die Plätze in kleine Seen.

Wir waren rechts auf einen Parkplatz gefahren, um das Ende des Unwetters abzuwarten. Ich hatte den Zündschlüssel umgedreht und sah mißmutig in den grauen Regen, der vom Sturm gegen die Scheibe getrieben wurde. Claudia hatte sich fröstelnd in ihren Trenchcoat gekuschelt und hielt die Augen geschlossen. Wir hörten den Regen auf das Wagendach trommeln.

Komisch, dachte ich, was hat sich nur geändert? Noch vor einem Jahr hätte sie sich an mich gelehnt.

Vielleicht gingen in Claudias Kopf ähnliche Gedanken herum. Auf einmal sagte sie, fast tonlos: »Ich glaube, wir sollten freier leben. Ich meine – jeder von uns sollte anfangen, sein eigenes Leben zu führen, so wie er es gerne möchte.«

Es war seltsam. Es traf mich nicht etwa wie ein Schock. Im Gegenteil. Es war so, als hätte Claudia nur einen Gedanken ausgesprochen, der schon lange vorher da war.

Er war zwischen uns, als wir uns im Wagen angeschwiegen hatten, er war schon wochenlang oder monatelang zwischen uns gewesen – während wir spazierengingen, frühstückten, vor dem Fernseher saßen oder uns liebten.

Als Claudia ihn aussprach, war es fast wie eine Erlösung. Es war wie der Gewitterregen, der uns nach der vorangegangenen Schwüle wieder freier atmen ließ.

Wir sahen uns in die Augen – zum ersten Mal wieder seit langer Zeit. »Wir wollen es versuchen«, sagte ich. Der Regen hatte nachgelassen. Ich startete den Motor und fädelte mich in den Verkehr ein, der wieder eingesetzt hatte.

Ich wußte nicht genau, was Claudia damit meinte,

wenn sie davon sprach, freier leben zu wollen. Und ich bin mir nicht sicher, ob sie es selber damals schon wußte.

Aber ich wußte: Das war der Anfang vom Ende. Wir wollten es uns nur beide noch nicht eingestehen.

Das endgültige Aus kam achtzehn Monate später. Wir waren nicht lange nach dem Regentag in Florida in unser Kölner Haus zurückgekehrt. Es hatte noch viele Diskussionen über das Thema »Freisein« gegeben. Es waren Diskussionen, die zwischen uns wieder eine Atmosphäre der Aufrichtigkeit hergestellt hatten, die uns aber nicht mehr einander nähergebracht hatten.

Wir hatten uns immer mehr auseinandergelebt. Und Claudia hatte es sich inzwischen zur Gewohnheit gemacht, hin und wieder alleine in Urlaub zu fahren – so auch diesmal. Sie hatte eines Tages ihre Koffer gepackt und mir beim Frühstück gesagt: »Ich fahre morgen früh für ein paar Tage nach Ibiza!« Wir hatten unser Agreement, und so nickte ich nur: »O. k.!«

Am nächsten Morgen war sie fort, nicht ohne auf dem Tisch einen ordentlichen Zettel zu hinterlassen, auf dem die Telefonnummer ihres Hotels stand.

Etwas später klingelte es an meiner Haustür. Ich machte auf, und vor mir stand Birgit, die beste Freundin von Claudia. Sie war eine großgewachsene, gut aussehende Blondine mit herrlichen blauen Augen, die immer gute Laune signalisierten. Heute allerdings, so schien mir, war die gute Laune etwas aus den Augen verschwunden, und es lag mehr so etwas wie Ratlosigkeit darin.

»Claudia ist nicht da«, sagte ich ihr. »Sie ist nach Ibiza geflogen. Hat sie dir nichts davon erzählt?«

»Doch, doch – ich weiß.« Sie stockte etwas und überlegte einen Augenblick. »Ich will auch nicht zu Claudia. Ich will zu dir!«

Ich grinste etwas. »Na, dann komm rein.«

Ich machte den Weg frei, und sie ging vor mir in den großen Wohnsalon. Sie kannte sich gut aus bei uns, sie setzte sich in den bequemsten Sessel des Hauses neben dem kleinen Glastisch und gegenüber vom Kamin, zog eine Zigarettenschachtel aus der Tasche und steckte sich eine Zigarette in den Mund. Ich schob ihr ein Streichholzheftchen zu und setzte mich in den Sessel gegenüber.

Irgend etwas lag in der Luft, ich konnte es nur noch nicht ganz greifen. In meinem Magen begannen ein paar Ameisen zu krabbeln. Mein Grinsen wurde etwas schief.

»Na, was gibt's denn Gutes?« versuchte ich es mit einem falsch jovialen Tonfall.

Etwas umständlich steckte sich Birgit die Zigarette an. Sie nahm einen tiefen Zug, sah zum dem Fenster hinaus und schnipste das Streichholz in den Kamin. Sie blies nachdenklich den Rauch aus und sagte, ohne mich anzusehen. »Ich finde es nicht richtig, was Claudia macht. Ich bin hier, um dir das zu sagen!«

Die Ameisen krabbelten heftiger. »Was meinst du damit?«

Sie drehte sich zu mir um, und ihre Augen hatten auch nicht mehr einen Schimmer von guter Laune.

»Claudia ist nicht alleine in Ibiza«, sagte sie mit

heiserer Stimme. »Sie ist zusammen mit Bernd dahingefahren. Und ich finde, das solltest du wissen. . .«

Die Ameisen hatten aufgehört zu krabbeln. Jetzt hatte ich an ihrer Stelle einen dicken Klumpen. Ich schluckte, und mein Versuch zu grinsen verunglückte kläglich.

»Claudia kann machen, was sie will. Wir haben uns gegenseitig völlige Freiheit gegeben.«

Birgit weinte jetzt hemmungslos. »Ich weiß, und ich fühle mich auch so schlecht gegenüber Claudia. Aber trotzdem: Sie hätte es dir sagen sollen. Ich konnte nicht anders, ich mußte zu dir kommen . . .«

Sie sprang auf, drückte ihre Zigarette im Aschenbecher aus und ging zur Haustür. Ich hörte die Tür hinter ihr ins Schloß fallen und saß da wie benommen.

Natürlich konnte Claudia tun und lassen, was sie wollte. Ich hatte mir auch keine Illusionen darüber gemacht, was das in letzter Konsequenz bedeuten würde.

Aber auf einmal war es keine abstrakte Vereinbarung mehr – es war ganz konkret. Ich saß hier in Köln neben dem kalten Kamin in meiner Wohnung, und Claudia war auf Ibiza mit einem anderen Mann.

Ich ging zum Telefon und sagte ein Interview ab, das ich hätte geben sollen. Dann ging ich in die Küche und nahm mir eine Cola aus dem Eisschrank. Ich nahm die Cola-Dose, setzte mich in den Sessel, in dem vorhin Birgit gesessen hatte, und wußte nicht, was ich tun sollte. In den nächsten Stunden machte ich eine ganze Skala von Gefühlen durch.

Ich war wütend, traurig, eifersüchtig und enttäuscht.

Dann rief ich Claudia an. Ihre Stimme klang müde.

»Hallo?«

»Ich bin es. Wie geht's dir?«

»Gut, ich bin heute mittag angekommen und habe mich gerade etwas hingelegt.«

Die Stimme klang immer noch müde, und sie erzählte von der Reise, vom Hotel, vom Essen. Und immer sprach sie nur in der Ich-Form. Dann fragte sie nach Wayne, nach dem Wetter in Deutschland, nach der Post. Und immer noch alles in der Ich-Form.

Ich sagte: »Ich wünsche dir einen schönen Urlaub. Und grüß Bernd von mir.«

Ich hörte sie tief atmen. Sie gab keine Antwort.

»Übrigens«, fuhr ich fort, »ich fliege für ein paar Wochen fort. Versuch nicht, mich zu erreichen. Ich bin nirgendwo...«

Ich legte ganz sanft den Hörer auf.

Ich war fast erleichtert. Ein Alptraum war zu Ende. Aber auch eine sehr schöne Zeit, eine herrliche Zeit – die ersten glücklichen Jahre unserer Ehe, für die ich Claudia immer dankbar sein werde.

Ich flog für ein paar Wochen in die USA. Als ich zurückkam, war alles anders. Ich suchte mir eine Wohnung nicht weit von unserem Haus und zog um. Ein neues Kapitel begann.

Und seltsam genug: Die Geschichte von Claudia und mir ging damit nicht zu Ende. Sie wird nie zu Ende gehen.

Als ich nach Deutschland zurückkam, wartete viel

Arbeit auf mich. Vor allem schrie die Schallplattenfirma wieder nach einer Single.

Also flog ich nach München zu Fred Jay. Ich kann es mir gar nicht vorstellen, daß Fred früher einmal Jura studiert hat und sich als Dr. Alfred Jacobsohn anschickte, Karriere als Jurist zu machen, bevor ihn das Schicksal in Gestalt der unseligen Nazis aus Wien vertrieb und in die USA verschlug. Ich könnte mir Fred etwa als Staatsanwalt gar nicht vorstellen – denn er war alles andere als aggressiv: Er war sanft, voller Weisheit und voller Verständnis für die Schwächen der Menschen. Aber vielleicht wäre er vielleicht gerade deshalb ein besonders guter Staatsanwalt geworden.

Statt dessen wurde er, der schon in seiner Jugend lyrische Gedichte geschrieben hatte, Texter. Und zwar nicht irgendeiner – sondern einer der besten Texter deutscher Sprache überhaupt. Er war ein echter Dichter und hat in den Jahren, in denen wir zusammenarbeiteten, unglaublich schöne Lieder für mich geschrieben. Eines der schönsten davon hatte er auf dem Tisch liegen, als ich an diesem Tag zu ihm kam.

Wir setzten uns in eine Clubecke seiner eleganten Schwabinger Altbauwohnung, seine Frau Muschka hatte uns etwas Gebäck und den unvermeidlichen Tee auf den Tisch gestellt.

»Ich brauche Texte ...«, sagte ich.

»Ich hab' was für dich«, sagte Fred und reichte mir ein Blatt Papier herüber. »Es ist so auf dich zugeschnitten – ich wüßte nicht, wer den Text sonst singen könnte.«

Ich lächelte etwas. Fred war ein Meistertexter, aber er war auch ein Meister in der Kunst, einem Künstler Texte schmackhaft zu machen.

»Laß mal sehen ...« Ich nahm das Blatt und las.

»Zusammen zu leben
Und doch frei zu sein:
Das wolltest du haben,
Und ich ging darauf ein.

So hat es begonnen –
Vor etwa einem Jahr.
Glaubst du noch immer,
Daß es richtig war?

Du hast dir einen neuen Kreis gefunden
Und bist mit fremden Menschen viele Stunden.
Du fragst mich nicht, wie ich die Zeit verbringe,
Und wenn du gehst, sagst du nicht wohin.
Du willst dich selber finden, dich entfalten.
Du willst dein eignes Leben selbst gestalten.
Jetzt zählen für dich nur noch diese Dinge –
Wie hat dann ein Zusammensein noch Sinn?«

Ich ließ das Blatt sinken. Ich starrte Fred an. »Das ist ja unglaublich«, sagte ich. »Woher wußtest du das?«

»Was?« fragte er zurück und lächelte.

»Diese Situation – wie kann ein anderer sie so genau fühlen und ausdrücken?«

»Lies weiter«, lächelte Fred. Und ich las:

»Wir sollten uns doch beide endlich fragen:
Was fangen wir nun an mit unsren Tagen,
Verlieren wir nicht mehr als wir gewinnen,
Indem wir unsre eignen Wege gehn?«

Normalerweise diskutierte ich immer lange mit Fred über jeden Text, bat ihn um Änderungen, tauschte Worte aus, kritisierte an diesem und jenem herum.

Dieser Text stimmte genau, bis auf den letzten Kommastrich. Da gab es nichts zu ändern, nichts zu verbessern.

Eine Woche später nahm ich das Lied auf.

Die Platte wurde ein großer Erfolg, und ich mußte das Lied oft im Fernsehen und auf der Bühne singen. Lange konnte ich es nicht, ohne daß ich dabei ein ganz eigenartiges Gefühl in der Magengrube hatte.

Eigentlich bis heute.

In den letzten Wochen war es draußen Vorweihnachtszeit geworden. Langsam erschienen mehr und mehr Weihnachtsmänner und Christbaumimitationen in den Schaufenstern. Überall breitete sich Lametta aus, und sogar beim Metzger war die Wurst mit Christbaumkugeln dekoriert. Donnice hatte einen rührenden Versuch gemacht, einen Adventskranz ins Wohnzimmer zu stellen – aber irgendwie nahm er sich verloren aus neben Stapeln von Schallplatten, Noten, Autogrammkarten und Zettelnotizen.

Ich selber war müde und kaputt. So kaputt, daß

ich einfach nicht mehr in der Lage war, überhaupt noch klar zu denken.

Ich hatte die sechs anstrengendsten Wochen meines Lebens hinter mir – eine Promotionreise, die mich in diesen Wochen rund fünfzehntausend Kilometer kreuz und quer durch Deutschland geführt hat – mit dem Wagen, dem Flugzeug, dem Hubschrauber. Ich gab Dutzende von Interviews bei Zeitungen, Zeitschriften und Radiostationen. Ich machte ein gutes Dutzend Fernsehsendungen, und ich aß mit wichtigen Schallplattendisponentinnen zu Abend.

Meistens war es ganz nett, sympathisch, interessant – aber in dieser Massierung kaum durchzuhalten. Ich hatte Tage, an denen ich um sechs Uhr nach drei Stunden Schlaf aufstehen mußte, um ein Flugzeug zu bekommen. Um neun Uhr war am Reiseziel schon eine Funksendung, um zwölf Uhr eine Telefonaktion bei einer Zeitung, um dreizehn Uhr ein Mittagessen mit drei Journalisten, um sechzehn Uhr Weiterfahrt in die nächste Stadt zu einer TV-Sendung, die bis spät in den Abend dauerte.

»Muß ich das wirklich alles machen?« fragte ich ein paarmal.

»Ja, es ist sehr wichtig für den Plattenverkauf«, sagten die Marketing-Leute der Schallplattenfirma.

»Ja, es ist sehr wichtig für den Konzertkartenverkauf«, sagte der Tourneeveranstalter.

Ich hoffe, sie haben recht und die ganze Schinderei war nicht umsonst. Ein paar der Termine hätte man ganz bestimmt ersatzlos streichen können, ohne Schaden zu erleiden, davon bin ich überzeugt.

So hatte ich vor zwei Wochen mit einer Journalistin zu Abend gegessen. Sie machte auf den ersten Blick einen recht intelligenten Eindruck und fragte mich im Auftrag einer großen Frauenzeitschrift über meine privaten Verhältnisse aus. Ich erzählte von Donnice, von Claudia und von Wayne. Und sie schien alles verstanden zu haben. Wir hatten ein richtig gutes, menschliches, interessantes Gespräch.

Heute morgen las ich den Artikel, den sie geschrieben hat. Er stand auf der ersten Seite und trug die Überschrift: »Die seltsame Ehe zu dritt des Howard Carpendale!«

Offenbar hatte sie überhaupt nichts von alledem verstanden, was ich ihr erzählt hatte. Oder aber sie wollte es gar nicht verstehen. Das ist sehr oft so: Ein Journalist hat eine bestimmte, vorgefaßte Meinung, und er kommt nur, um sich diese Meinung bestätigen zu lassen; und dann hört er immer nur das, was er hören will.

Und das hier war offenbar so ein typischer Fall.

Vielleicht war es auch anders: Sie hatte bewußt alles verdreht, weil die wahre Geschichte ihrer Meinung nach nicht genügend aufregend für den Leser war. »Seltsame Ehe zu dritt« – das war schon besser. Das klang nach Porno und nach aufregenden Szenen. Das konnte den Leser vielleicht zum Kauf animieren. Und ob die Tatsachen dann stimmten oder nicht – das war doch wohl nicht so wichtig.

Wie dem auch sei: Ich kann mir nicht vorstellen, daß dieser Artikel sehr wichtig für den Plattenverkauf war. Und ich kann mir auch nicht vorstellen, daß er sehr wichtig für den Konzertkartenverkauf war. Aber ich kann mir sehr gut vorstellen, daß ich an diesem Abend vor zwei Wochen etwas Besseres hätte tun können, als mit dieser Journalistin zu Abend essen.

Zum Beispiel schlafen gehen. Dann wäre ich heute vielleicht nicht ganz so verdammt müde.

Heute war der Donnerstag vor dem dritten Advent.

Ich saß in Bad Homburg in der »Mittwochs-Konferenz«. Dieter hatte die wöchentliche Besprechung mit unserem Tourneeveranstalter so getauft, weil normalerweise der Mittwoch der ideale Tag dafür war. Das hängt damit zusammen, daß der Samstag meistens der wichtigste Vorverkaufstag ist. Montags fragen daher die örtlichen Veranstalter bei ihren zwanzig oder dreißig oder mehr Vorverkaufsstellen die Kartenvorverkaufszahlen der letzten Woche ab. In der Nacht zum Dienstag tickern dann die Fernschreiber diese Zahlen ins Büro des Konzertveranstalters. Der gibt sie gesammelt weiter in Dieters Büro und Dieter sitzt dann stundenlang vor diesen Zahlen, um sich ein Bild zu machen und Promotionideen auszubrüten. Am nächsten Tag trifft er sich mit Fritz Rau zu seiner wöchentlichen Konferenz.

Meistens schenke ich mir dieses Treffen und überlasse das den Veranstaltern. Aber manchmal ist es auch ganz gut, wenn ich mit dabei bin und zu dem einen oder anderen meine Meinung sage.

So war ich auch heute wieder einmal mit dabei; immerhin war es die letzte Besprechung vor der Weihnachtspause.

Aber ich glaube, es hat nicht viel Sinn gehabt herzukommen, denn in meinem übermüdeten Kopf kommen keine fruchtbaren Gedanken zustande.

Fritz eröffnet die Sitzung: »Fangen wir mit Hamburg an. Das erste Konzert ist fast voll, das zweite hat diese Woche 174 Karten verkauft, und damit sind praktisch nur noch die schlechten Karten oben am Rang da. Jetzt das dritte Konzert: Da haben wir die stolze Zahl von 478 Karten diese Woche verkauft. Macht zusammen 1619 verkaufte Karten in einer Woche. . .«

Er lehnt sich zufrieden zurück. Wir sitzen um einen kleinen Clubtisch im Büro von Lippmann & Rau: Fritz, Dieter und ich.

Dieter kramt aus dem Papierstapel vor sich einen Zettel raus, auf dem er sich Notizen gemacht hat: »Ich habe da ein Problem: Wenn ich es recht sehe, wird in der nächsten Woche wieder plakatiert. Und es wäre Unsinn, wenn wir mit der neuen Plakatierungswelle nicht gleich unsere beiden nächsten Hamburger Wiederholungskonzerte ankündigen würden. Aber mit knapp zweitausend verkauften Karten ist das noch etwas früh!«

Fritz hat sich schon das Telefon geangelt und eine Nummer gewählt. Am anderen Ende ist unser Hamburger Veranstalter, ein alter Freund von uns allen.

Fritz schildert ihm das Problem und fragt dann: »Könnt ihr die Plakatierung eine Woche später machen und dann auf DIN A0 gehen?«

Er hört einen Moment zu, nickt dann und sagt: »Prima... dann veranlasse das. Und wenn... was?... Moment, Howard und Dieter sollen mithören!«

Er schaltet einen Mithörerlautsprecher ein und wir hören Hanswerners Stimme: »Hallo, ihr zwei! – Ich fände es gut, wenn Howard die Vorverkaufseröffnung für sein viertes und fünftes Hamburger Konzert selber ankündigen könnte. Soll ich mal versuchen, ob in der ›Schaubude‹ für Samstag in acht Tagen noch eine Möglichkeit besteht?« Die »Aktuelle Schaubude« ist eine große regionale TV-Sendung. Dieter blättert im Kalender: »Terminlich könnte es gehen...«

Die beiden schauen mich an. Ich nicke müde. Okay – ich würde also am Samstag nach Hamburg fliegen. Darauf kommt es jetzt auch nicht mehr an. Eigentlich wollte ich an diesem Tag mit Wayne Weihnachtseinkäufe machen. Aber das muß ich wohl verschieben.

Meine Augenlider sind schwer. Fritz hat inzwischen schon unser Okay durchgegeben und bespricht mit Hanswerner und Dieter noch ein paar Details über die Zeitungsanzeige. Über irgendein Preisausschreiben, von dem ich gar nichts weiß, und über ein paar Ehrenkarten für Fernsehleute, die zurückgelegt werden sollten. Dann legt Fritz auf und schreit mit einer Stimme wie Tarzan in seinen besten Jahren: »Uuudo!«

Als das Büro vor Jahren eingerichtet worden war, hatte ein wohlmeinender Elektriker eine Wechselsprechanlage eingebaut. Aber die ist wohl nur ein einziges Mal benutzt worden – als nämlich der Elektriker die Anlage ausprobiert und sein: »One-two-three-das ist ein Test!« hineingesprochen hat.

Fritz verläßt sich lieber auf seinen Tarzanschrei, der durch den Urwald der fünf Büros schallt: »Uuudo!« – Als Echo hört man eine Frauenstimme rufen: »Udo – der Chef ruft!« – so, als ob nicht jeder auf der Etage das gehört hätte.

Udo ist Fritzens Assistent und für alles zuständig, auch für die Plakate. Er kommt herein und setzt sich zu uns. Fritz sagt ihm: »Notier dir mal: Wir brauchen 900 DIN-A0-Plakate für Hamburg. Die müssen bis Ende der Woche da sein.«

Udo lacht: »Da wird sich unser Drucker freuen – der hat sowieso schon in dieser Woche eine Nachtschicht eingelegt...«

»Na fein«, sagt Fritz. »Dann kann er auch die Aufkleber drucken: Viertes und fünftes Konzert – Vorverkauf hat begonnen!«

Dieter hakt ein: »Darüber müssen wir noch mal sprechen, Udo. Die letzten Überkleber haben mir in der Typographie nicht gefallen. Die Dinger müssen auffallen, sonst sind sie nutzlos!«

Die beiden verabreden, daß der Grafiker einen neuen Entwurf macht und ihn per Telefax an Dieters Büro durchgibt.

Dann kommt die nächste Stadt an die Reihe. Dann die nächste und die nächste. Meine Augenlider werden immer schwerer. Nach vier Stunden ist der Raum verqualmt, überall liegen Notizzettel herum, und draußen laufen die Fernschreiber heiß. Und meine Augenlider wiegen inzwischen ein paar Zentner.

Als dann noch Lauti kommt und verkündet, er

habe ein Problem: das Lichtpult sei größer als angenommen und wir müßten pro Konzert in den meisten Städten noch sechs weitere Stühle rauswerfen – da verabschiede ich mich innerlich und schließe die Augen.

Nach einer weiteren Stunde – hin und wieder habe ich die Augen geöffnet und eine Bemerkung in die Debatte geworfen – war die Besprechung zu Ende. Gegen Schluß war Elmar noch dazugekommen, weil es ein paar organisatorische Fragen wegen der Instrumententransporte zu lösen gab.

Dieter stand auf und verabschiedete sich: »Also dann, schöne Weihnachten und Happy New Year. Und wenn was ist: Ich bin ab morgen abend in meiner Wohnung in der Bretagne zu erreichen. Wenn ich nicht gerade schlafe...«

Dieter hatte sich an der Atlantikküste eine Wohnung gekauft. Dahin zieht er sich manchmal zurück, wenn ihm der Trubel hier zuviel wird. Und da verbringt er mit seiner Familie normalerweise seine Ferien.

»Schöne Ferien«, sagte ich. Dann druckste ich noch ein wenig herum. »Da ist noch etwas: Meine Golfclique fährt Anfang Januar für vierzehn Tage nach Mexiko zu einem Turnier. Eigentlich könnte ich da doch mitfahren – oder spricht irgend etwas dagegen?«

Ich war mir wirklich unsicher. Einerseits hatte ich alle Vorbereitungen getroffen, und ein wenig Ausruhen würde mir guttun vor der Tournee. Und: Ich hatte einen Urlaub dringend nötig. Auf der anderen

Seite hatte ich Angst, hier irgend etwas Wichtiges zu versäumen.

Dieter zuckte mit den Schultern. »Warum eigentlich nicht? Vielleicht tut es dir ganz gut, und du kommst ausgeruht in die Tournee. Allerdings: Wenn hier irgend etwas zu entscheiden ist, müssen wir es ohne dich tun ...« Er dreht sich zu Elmar: »Was ist mit dir, Elmar? Brauchst du Howard vor Ende Januar bei den Proben oder so?«

Elmar winkte ab: »Nein, nein – ich habe genug mit den Arrangements und den Proben mit der Rhythmusgruppe zu tun. Und dann müssen wir die ganzen Keyboards programmieren ... Ich würde sagen: Vor dem 28. brauche ich Howard keinesfalls ...«

Es war also entschieden. Ich würde nach Acapulco fahren. Ein letztes Atemholen vor der Tournee.

Vorher aber wollte ich Weihnachten feiern: Morgen früh würde ich mit Wayne und Donnice in die Stadt fahren, um einen Weihnachts-Einkaufsbummel zu machen. Und anschließend würden wir uns Walt Disneys »Schneewittchen« ansehen oder irgendeinen Science-fiction-Film. Und dann in ein indisches Restaurant gehen und Curry-Huhn essen. Und, und, und – und alles andere als an die Tournee denken. Und viel schlafen.

Die erste Etappe war geschafft.

Ich saß auf der Terrasse des ›La Perla‹-Nachtclubs, trank eine Pinacolada und träumte vor mich hin. Es war noch recht warm, obwohl es schon früher

Abend war, und der eisgekühlte Drink tat mir gut. Gleich würden meine Golffreunde kommen, und noch später am Abend, wenn es dunkel war, würden sich hier von der Terasse aus die berühmten Felsspringer in die Schlucht stürzen.

Ich stand auf, trat an die Brüstung und schaute ins Meer. Die Felswand ging steil hinunter und war fünfundvierzig Meter tief – zumindest stand das in den Prospekten, die auf den Tischen lagen. Mir kam es noch tiefer vor – und unten lauerten gefährliche Klippen. Die Burschen, die da im Dunkeln mit den brennenden Fackeln in der Hand hinuntersprangen, mußten schon eiserne Nerven haben. Ich nahm mir vor, heute abend einen Dollar mehr in ihren Sammelteller zu werfen.

Ich war jetzt schon seit fast vierzehn Tagen hier in Mexiko. Es war der totalste Urlaub, den man sich vorstellen konnte, und ich hatte mich entsprechend gut erholt.

Wir faulenzten in der Sonne am Swimmingpool unseres Hotels oder fuhren hinüber zum Caleta-Strand. Und natürlich spielten wir reichlich Golf. Wir wohnten in dem herrlichen Pierre-Marqués-Hotel, das vor Jahren einmal von dem Milliardär Paul J. Getty erbaut worden war und alles bot, was ein Urlauber nur braucht: Swimmingpools, zwanzig Tennisplätze, Bars, Traumappartements und vor allem einen bildschönen 36-Loch-Golfplatz.

Unsere Gespräche drehten sich um Golf, um Essen und Trinken, noch mal um Golf – und manchmal um Frauen. Abends gingen wir ins La Perla, manchmal auch in Charlie's Chilli Bar and Dance Hall oder schlenderten auch schon mal durch die *zona roja.* Wir genossen das pulsierende Leben dieser Stadt, die noch vor sechzig Jahren ein Fischernest gewesen war, bis es von den amerikanischen Playboys als Spielwiese entdeckt wurde. Auch wir lebten hier für vierzehn Tage wie die amerikanischen Playboys. Ohne Sorgen, ohne Gedanken an Morgen. Konzert? Tournee?

Das alles war so weit weg wie in einer anderen Welt. Ich konnte mir gar nicht vorstellen, daß ich in einer Woche mit meinen Musikern proben und in noch einer weiteren Woche vor vielen tausend Menschen singen würde. Ich konnte mir gar nicht vorstellen, daß da drüben in Deutschland fünfzigtausend große Plakate mit meinem Kopf an den billboards hingen und irgendwo eine tonnenschwere Bühne zusammengeschweißt und zusammengezimmert wurde. Daß mit Air Cargo aus USA, England und was weiß ich von woher sonst noch Schweinwerferbatterien nach Deutschland geschickt wurden und Musiker und Roadies ihre Koffer packten, um auf die monatelange Tournee zu gehen.

Ich stand hier auf der Terrasse, die Pinacolada in meiner Hand, und war in einer anderen Welt. Im Augenblick konnte ich mir noch nicht einmal vorstellen, daß ich überhaupt Sänger war.

Ein einziges Mal in diesen beiden Wochen hatte ich Dieters Büro in München angerufen. Seine Mitarbeiterin war am Telefon.

»Hallo, Biggy. Howard hier. Ist Dieter da?«

Ihre Stimme klang weit weg: »Nein, der ist im Videostudio in Heidelberg, um die Einspielungen zu schneiden.«

Ach ja. Natürlich. Irgendwann war mal von Einspielungen die Rede gewesen, aber ich hatte das gar nicht so richtig aufgenommen. »Was – und da fährt er extra ins Studio?« fragte ich.

Ihre Stimme klang jetzt fast vorwurfsvoll, zumindest hatte ich den Eindruck: »Der ist seit gestern schon da und hat letzte Nacht bis drei Uhr geschnitten!«

Ich wartete einen Moment, ob sie noch hinzusetzen würde: »... während du dich in Mexiko herumtreibst!« Aber sie sagte nichts mehr.

»Ach ja, na grüß ihn schön. Sonst alles in Ordnung?«

Jetzt klang ihre Stimme sogar freundlich: »Ja, ja, machen Sie sich keine Sorgen. Alles läuft bestens. Und bei Ihnen?«

Ich sah oder hörte schon Gespenster. Denn in meinen Ohren hatte ihre Stimme fast so geklungen, als ob sie sagen wollte: »Na klar, glauben Sie, ohne Sie bleibt die Welt stehen?«

Aber ich tat ihr wohl unrecht.

»Alles bestens. Dann also bis bald. Und schönen Tag noch.«

Ich legte auf. Das Telefonat hatte mich irgendwie beunruhigt. Ich fühlte mich aus meiner eigenen Tournee ausgeschlossen. Da drüben taten sich Dinge, an denen ich nicht beteiligt war. Was mochte Dieter sich da wohl zusammenschneiden? Und die Musikproben hatten auch schon begonnen. Wer weiß, was die sich jetzt da zusammenspielten.

Ich beschloß, nicht mehr anzurufen. Bald würde ich da sein und alles wieder in die Hand nehmen.

Als ich in Deutschland ankam, stand Donnice am Flughafen und holte mich ab. Während des Fluges hatte ich mich innerlich programmiert, sofort nach meiner Ankunft voll in die Tourneevorbereitungen einzusteigen.

Ich nahm Donnice in die Arme und sagte zu ihr: »Jetzt frühstücken wir zwei in Ruhe. Und dann fahre ich zu den Proben!« Wir hatten in Köln ein kleines Probenlokal gemietet, nicht allzuweit von meiner Wohnung.

»Heute ist keine Probe«, sagte Donnice. »Die müssen die Keyboards noch programmieren oder irgend so was. Aber da ist ein Plan für dich zu Hause. Ich glaube, du mußt heute ein Foto machen für die dpa. Und außerdem müssen wir die Bühnenkleidung anprobieren.«

»Ist Dieter in Köln?«

»Nein, der kommt morgen. Der hat heute eine technische Besprechung mit Lauti wegen dem Vorhangprospekt, und dann trifft er sich noch mit dem Stuttgarter Veranstalter. Und ich glaube, er hat noch Probleme mit einer Chorsängerin.«

Ich spürte Ärger in mir aufsteigen. Wir fuhren durch einen Düsseldorfer Vorort. Ein paar große

DIN-Ao-Plakate mit meinem überdimensionalen Kopf darauf grüßten herüber. Verdammt noch mal, ich war es doch schließlich, der da auf der Bühne stehen mußte. Nicht irgendein Vorhang oder ein Keyboard.

Natürlich mußte das alles sein. Und ich hatte auch nicht damit gerechnet, daß ich mit ›großem Bahnhof‹ am Flughafen abgeholt werden würde. Aber zumindestens hatte ich mir vorgestellt, daß alle auf mich warteten und darauf, daß ich nun mit Energie in die Proben einsteigen würde. Ich fuhr nach Hause und versuchte, meinen beginnenden Ärger oder meine Enttäuschung runterzuschlucken.

Am nächsten Tag war Probe. Einen Teil der Musiker kannte ich: Garcia, Knibbel und Angelika und ein paar von den anderen. Ein Teil war neu: der kanadische Gitarrist, die Keyboarder.

Ich hörte mir an, was sie bisher geprobt hatten, verbesserte hier und da etwas, probierte ein wenig herum und versuchte, mich einzusingen. Dieter hatte kurz hereingeschaut, ein paar Komplimente über mein Aussehen gemacht und sich dann ins Produktionsbüro nebenan zurückgezogen, wo er pausenlos telefonierte.

So ging es zwei Tage lang: Ich probte mit meinen Musikern – und fing langsam an, das Programm in den Griff zu bekommen. Zumindest bildete ich mir das ein.

Dann kam die Abfahrt nach Kaunitz.

Kaunitz ist ein kleines Städtchen in Ostwestfalen. Es hat eine große Viehversteigerungshalle, die man billig für eine Woche mieten und in einen Konzertsaal verwandeln kann. Im Nachbarort gibt es ein gemütliches kleines Hotel, und außerdem ist das Ganze so weit weg von allem, daß man in Ruhe und ungestört da arbeiten kann. Irgend jemand hatte dieses Kaunitz einmal entdeckt, und jetzt beginnen viele Tourneen von Künstlern dort.

Wir wollten mittags abfahren. Um zehn Uhr war Alfredo mit unserem Reisebus vorgefahren – Alfredo, der immer gut gelaunt ist, jede Straße in Deutschland kennt, außerdem jeden Bühneneingang, jedes Hotel und jedes gute Restaurant, und ohne den eine Tournee gar nicht denkbar wäre.

Der Bus war neu ausgestattet – da war hinten meine Clubecke, eine kleine Schlafkoje, Küche, Garderobe und eine neue Fernsehanlage. Und natürlich ein Telefon. Alfredo strahlte, als er mir das alles vorführte.

Am Morgen waren auch Dieter und Fritz eingetroffen. Sie machten sorgenvolle Gesichter. »Ist irgend etwas?« fragte ich. »Nein«, strahlten mich beide wie auf Kommando an. »Alles bestens...«

Nach und nach kamen immer neue Gesichter dazu.

»Darf ich dir vorstellen, Howard: Das ist Gerd, unser Tourneeleiter!« Gerd? Unser alter Kumpel Siggi sollte doch wieder Tourneeleiter sein!

»Wir wollten dich nicht damit belasten. Siggi hat eine plötzliche Herzoperation in Houston hinter sich. Ist aber alles wieder in Ordnung – wir haben eben mit ihm telefoniert...«

Na schön. Vielleicht hätte man das doch mit mir besprechen sollen. Aber ich war ja in Acapulco.

»Darf ich dir vorstellen, Howard: Das ist unser Lichtmann!«

»Aber...«

»Nein, nein – unser Spezialist für die Computerlights. Wir fahren mit zwei Lichtpulten.«

Aha. Wenigstens war er ein Landsmann aus Südafrika, und ich fühlte mich etwas weniger fremd.

»Darf ich dir vorstellen, Howard: Das ist Greg, unser Choreograph!«

»Aha.«

Ich schüttelte Greg die Hand. Er war ein sympathischer Amerikaner. Gestern hatte ich noch gefragt, wer denn mit dem Chor das staging erarbeiten würde, also die Schritte und die Bewegungen. »Ich weiß noch nicht«, hatte Dieter gesagt. »Vielleicht mach' ich's selber. Mal sehen...«

Wo zum Teufel hatte er Greg auf einmal aufgetrieben?

Ein paar Kurierwagen brachten Kisten, Kästen und Pakete. Die sollten wir alle noch mitnehmen.

Ich hatte mich auf die schöne Fahrt im neuen Luxusbus mit meinen Musikern gefreut. Es sollte gewissermaßen für uns der Tourneestart sein. Ich hatte mir vorgenommen, vor der Abfahrt ein paar nette Worte zu sagen, dann in bester Stimmung nach Kaunitz zu gondeln und mit den Proben auf der Bühne anzufangen.

Jetzt saßen wir glücklich mit einer Stunde Verspätung in einem Bus, der voller fremder Gesichter war.

Um zu unseren Sitzen zu gelangen, mußten wir über Kisten und Koffer klettern. Und zu allem Überfluß hatte es auch noch angefangen zu schneien, und jemand kam mit der Nachricht, daß auf der Strecke Glatteis sei.

»Aber so können wir unmöglich um fünfzehn Uhr mit der Probe anfangen!« sagte ich entsetzt.

»Macht nichts«, sagte Dieter. »Die sind ohnehin mit der Bühne nicht ganz fertig – vor achtzehn Uhr wird's wohl nichts werden...«

Es fing also wieder an.

Als ich um achtzehn Uhr in die Kaunitzer Halle kam, sah es dort aus wie in einer Fabrikhalle.

Dieter hatte mir immer gesagt: »Diesmal bekommst du die größte Produktion, die je ein deutscher Künstler gehabt hat!«

Jetzt sah ich, was er damit meinte: Überall wurde geschweißt, gesägt, gehämmert. Da standen Container herum und Dutzende von Flightcases, Stapel von Vorhängen und Hunderte von Scheinwerfern, Türme von Lautsprechern und eine Menge Dinge, die ich noch nicht genau definieren konnte – Nebelmaschinen, Hebebühnen und all so was. Dieter stand neben mir. Triumphierend sagte er: »Na, was sagst du dazu? Wir schleppen jeden Tag ein mittleres Stadttheater mit!«

Lauti kam auf uns zu: »Tut mir leid, Howard. Aber wir hatten ein Problem: Stromausfall. Wir haben jetzt einen eigenen Generator kommen lassen. Aber das hat uns praktisch einen ganzen Tag gekostet. Vor morgen früh sehe ich keine Möglichkeit, fertig zu werden...«

Ich resignierte langsam: »Okay, um elf Uhr fange ich an zu proben.«

Wir hatten noch vier Tage bis zur Vorpremiere. Sie vergingen wie ein Traum. Wir probten wie besessen, wann immer es die Technik zuließ. Morgens, nachmittags, nachts. Und wenn ich nachts um drei Uhr die Musiker nach Hause schickte, dann fing Dieter mit den Beleuchtern an zu arbeiten. Patrick war inzwischen eingetroffen und zauberte immer mehr neue Lichtkompositionen. Lauti trieb seine Mannschaft bis zur Erschöpfung an – und sie machte mit, weil sie sah, daß er sich selber auch nicht schonte.

Dieter war in diesen Tagen wie eine Dampfwalze, die alles niederwalzte. Er hatte seine Idee von der Produktion, und die wollte er durchsetzen. Er machte keine Kompromisse.

Das Intro geht aus technischen Gründen nur mit einer Tonbandeinspielung zu machen, meinte Elmar. – Na schön, dann wird eben eins produziert. – Wann? – Diese Nacht. – Aber hier gibt es kein Studio. – Aber ein Auto, das uns nach Hannover bringt oder sonstwohin. (Am Morgen war das Tonband fertig.)

Die Videoeinspielung ist zu lang. Wir müssen sie wohl weglassen. – Weglassen? Nein, kürzen! – Aber das können wir nur im Studio, und das ist fünfhundert Kilometer weit weg. – Na und – ist die Autobahn gesperrt? (Das Video wurde gekürzt.)

Der Chor hat für einen Song das staging nicht mehr geschafft. Wann sollen sie es noch schaffen? – Diese Nacht! – Aber die sind todmüde. – Soll ich aufs Plakat drucken: Normalerweise sind sie besser, aber heute sind sie müde? (Das staging wurde nachts um zwei Uhr erarbeitet.)

Für mich waren diese Tage ein Wettrennen mit der Zeit und ein Kampf gegen die Technik. Ich mußte mein Timing darauf abstellen und meine Gänge.

»Wenn du diese Ansage machst, bleib bitte im Lichtkegel stehen!«

»Du kannst bei diesem Licht nicht nach oben gehen, weil wir hinten Dunkelheit brauchen – da wird in der Zeit umgebaut!«

»Bitte dreh dich erst im 8. Takt um, denn genau dann fällt der Kabuki-Vorhang!«

Es war nicht auszuhalten. Ich fühlte mich wie ein Statist in meiner eigenen Show. Alles schien wichtig zu sein – nur ich selber nicht. Am zweiten Tag war ich es leid: Ich ließ mir ein Probenlokal besorgen, um wenigstens in Ruhe mit meinen Musikern proben zu können.

Aber trotzdem: Meine Stimmung sank auf den Nullpunkt. Ich fühlte mich übergangen; man nahm mir die Dinge einfach aus der Hand. Ignorierte meine Gefühle. Dabei konnte ich noch nicht einmal Krach schlagen. Denn nach außen hin wurde jedem kleinsten Wunsch Rechnung getragen: Ich hatte eine herrliche Suite, der Koch kochte meine Lieblingsspeisen, und damit ich morgens besser schlafen konnte, war in meinem Schlafzimmer sogar ein lichtundurchlässiger Vorhang montiert worden. Jeder Wunsch wurde mir von den Augen abgelesen – nur nicht dieser eine Wunsch: daran zu denken, daß ich nicht für diese

Show arbeitete, sondern diese verdammte Show und diese Technik mit ihrem ganzen Krimskrams doch für mich arbeiten sollten!

Die Vorpremiere selber habe ich kaum noch in Erinnerung. Ich war müde, ausgelaugt und ich hangelte mich von Lied zu Lied. Aber: Das Publikum war begeistert, und nachher kamen alle in meine Garderobe, um mir zu gratulieren. Und Fritz und Dieter hatten das ganze Team zur Feier des Abends zu einem Essen eingeladen. Alle schienen zufrieden zu sein.

Aber ich wußte es besser: Ich hatte den Kampf noch nicht gewonnen – es stand bestenfalls unentschieden. Ich ging zurück ins Hotel und war wütend.

Auf Dieter, der mir diese Wahnsinnsmaschinerie eingebrockt hatte und zu stur war, Kompromisse einzugehen. Auf die Techniker, die ein übers andere Mal gepatzt hatten. Auf die Musiker, die zu viele Fehler gemacht hatten.

Und auf mich selber, am meisten auf mich selber. Ich hätte nicht nach Mexiko gehen sollen, ich hätte mich mehr durchsetzen müssen, ich hätte... ich hätte so vieles. Was nutzte es...

Ich stieg unter die Dusche. Meine Gedanken wurden klarer. Ich schrie laut, um die Dusche zu übertönen: »Scheiße!«, und dann leiser: »Ich werd's schaffen!«

Donnice war inzwischen ins Zimmer gekommen. Sie war in den letzten Tagen immer an meiner Seite gewesen, still, unaufdringlich, und hatte mit mir gelitten. »Woran hast du gerade gedacht?« fragte sie, als ich aus der Dusche kam und mich abtrocknete.

»An den Roten«, sagte ich. »Er hat gerade wieder ein Tuch in die Kuhle gelegt...«

»Ich versteh' gar nichts!« Sie sah mich verständnislos an.

»Macht nix«, sagte ich. Ich lachte und küßte sie auf die Nasenspitze. »Ich erzähl' dir's später mal. Jetzt gehen wir Abendessen. Die anderen warten schon...«

Eine kleine Kugel aus Metall hat mein Leben wahrscheinlich mehr beeinflußt, als ich selber ahne. Durch sie habe ich gelernt, was harte Arbeit ist. Sie hat mir beigebracht, daß man im Leben fast alles erreichen kann, wenn man es wirklich will – aber nur fast. Und daß der größte Sieg oft dicht neben der Niederlage liegt. Oder umgekehrt.

Sie war ungefähr zehn Zentimeter im Durchmesser – oder besser gesagt: rund vier inches, denn damals war ich dreizehn Jahre alt, lebte noch in Südafrika und damit in dem Teil der Welt, der mit feet und inches und miles und libs rechnete und der Überzeugung war, nur diese Maße seien nützlich und praktisch und gottgewollt.

Wir fuhren damals hin und wieder zum Wochenende zu meiner älteren Schwester Jean. Sie hatte ein paar Jahre vorher geheiratet. Ihr Mann war ein junger Farmer; der Zufall hatte ihn für kurze Zeit nach Durban verschlagen, wo er meine Schwester kennengelernt hatte. Aber er war ein Junge vom Lande – er liebte das Land, und er konnte sich nicht vorstellen, jemals etwas anderes zu tun, als eine Farm zu haben und abends auf der Terrasse zu sitzen und über das weite afrikanische Land zu schauen. Und so waren die beiden nach der Hochzeit nach Darnall gezogen, einem Dorf etwa hundertfünfzig Meilen nördlich von Durban, und bewirtschafteten dort eine Farm.

Ich mochte meinen Schwager sehr. Als er noch in Durban war, hatte ich ihn oft zum Cricketspielen verführt, und meine Schwester war immer wütend gewesen, weil sie den Nachmittag lieber mit ihm anders verbracht hätte. Aber trotz aller Sympathie für meinen Schwager waren die Wochenenden auf dem Lande für mich recht langweilig, denn ich habe nie Geschmack am Landleben gefunden.

So war es auch an jenem Wochenende, als die kleine Metallkugel in mein Leben trat. Ich streunte etwas gelangweilt im Hof der Farm rum und suchte nach Beschäftigung. Da fand ich in einer verstaubten Ecke die Kugel. Sie lag da nur so herum, und ich weiß bis heute nicht, welchem Zweck sie einmal gedient haben mochte. Ich nahm sie in die Hand und stellte fest, daß sie ziemlich schwer war. Ich stellte mir eine leere Bierflasche in fünfzig Fuß Entfernung auf, rollte die Kugel wie eine Kegelkugel über den unebenen Boden und versuchte, die Flasche zu treffen.

Als mir das langweilig wurde, versuchte ich etwas anderes: Ich nahm die Kugel in die Hand und warf sie so weit es ging. Ich war selber überrascht, wie gut ich das konnte. Also hielt ich sie mit der rechten Hand an die Schulter, die linke Hand zeigte in die

Luft. Dann machte ich ein paar kleine Schritte, stieß die Kugel nach vorne – so wie ich es ein paarmal auf dem Sportplatz gesehen hatte.

Das Ergebnis war verblüffend: Die Kugel flog so weit, daß ich es gar nicht glauben wollte.

Jetzt wurde ich ganz aufgeregt: Ich ging ins Haus und besorgte mir einen Zollstock. Dann maß ich die Strecke, die die Kugel geflogen war. Und auf einer alten Küchenwaage wog ich die Kugel. Das Ergebnis: ich hatte eine Kugel von 11 lbs rund 40 Fuß weit geworfen. Ich hatte keine Ahnung, was das bedeutete – aber mir schien es sehr weit zu sein.

Abends fuhren wir nach Durban zurück, und am nächsten Morgen war ich schon früh in der Schule. Ich lauerte unserem Sportlehrer auf. Als er durch die Eingangstür kam, schoß ich auf ihn zu: »Good morning, Sir.«

»Morning, Howy – everything okay?«

»Ja, ja«, sagte ich. »Ich wollte Sie etwas fragen!«

»Schieß los!«

»Wie schwer ist eine Kugel zum Kugelstoßen?«

Er lachte. »Zwölf Pfund«, sagte er. »Willst du jetzt Kugelstoßen?«

»Danke«, sagte ich. »Ja, vielleicht. Mal sehen.«

Ich schlenderte hinüber in unsere Schulaula. Eine Tür war unverschlossen, und ich schlich mich hinein. An der Rückwand war eine große Tafel angebracht, auf der alle sportlichen Schulrekorde verzeichnet waren.

Ich brauchte nicht lange zu suchen, da stand es: KUGELSTOSSEN – 45 Fuß 3 inches. Und dahinter das Datum, an dem dieser Rekord gestoßen wurde, und der Name des Schülers.

Ich konnte es kaum glauben, obwohl ich es gestern schon instinktiv gefühlt hatte: Mit meiner etwas leichteren Kugel hatte ich nur fünf Fuß weniger geworfen. Das war nicht wenig – aber es war zu schaffen.

Ich starrte noch einen Moment lang auf die Tafel. Vor meinen Augen sah ich meinen Namen da stehen. Ich wußte, das würde ich schaffen.

Am nächsten Tag fing ich mit dem Training an. Ich hatte mir eine Kugel aus der Schule geliehen und ging damit nach dem Mittagessen in den kleinen städtischen Park hinter unserem Haus – eben jenen Park, der heute den Namen meines Vaters trägt. Wenn man einen Stadtplan von Durban zur Hand nimmt, kann man nachsehen, wo er liegt.

Dahin ging ich also und fing an, den Schulrekord anzugreifen.

In den nächsten Tagen und Wochen wurde es zu einer wahren Besessenheit: Stunde um Stunde stieß ich die Kugel, hob sie auf, stieß wieder, hob sie wieder auf – und so immer weiter, bis ich eine Runde um den großen Platz im Zentrum des Parks gemacht hatte. Dann sagte ich mir: »Jetzt noch eine Runde!« Und dann: noch eine, noch eine.

In den ersten Tagen meines besessenen Trainings sah mir von einem Balkon im 8. Stock des Nachbarhauses hin und wieder ein Mann zu.

Mich störte das nicht – im Gegenteil. Ich war stolz darauf, Publikum zu haben. Und hin und wieder schielte ich rauf, ob er auch da war. Man konnte ihn gut von weitem sehen: Er hatte rotes Haar, das in der Sonne leuchtete.

Ein paar Tage später – ich drehte gerade meine zweite »Wurfrunde« – kam er zu mir. Ich sah ihn heranschlendern und erkannte ihn sofort an seinen roten Haaren. Ich unterbrach meine Runde und sah ihn an. Er war ein Riese von Gestalt, ein Muskelkoloß, dessen Brust und Arme fast das blaue Polohemd sprengten, das er trug.

»Hallo, mein Junge.«

»Hello«, sagte ich.

»Wofür trainierst du?«

»Nur so«, sagte ich.

»Hmm... nicht schlecht. Wie alt bist du?«

»Dreizehn«, sagte ich.

»Hmm – nicht schlecht für dreizehn Jahre. Aber du hast eine falsche Technik!«

Natürlich hatte ich keine besondere Technik. Ich hatte die Kugel einfach so gestoßen, wie sie meiner Meinung nach am weitesten flog, und so, wie ich es den Sportlern abgeguckt hatte.

Ich zuckte die Schulter. »Ja?« fragte ich und versuchte, gleichgültig zu klingen. »Ich arbeite ja noch dran!« – »Hmm – wenn du willst, helfe ich dir etwas. Weißt du, früher habe ich das auch mal gemacht – und ich weiß noch, wie es geht...«

Natürlich wollte ich, und so hatte ich also jetzt einen richtigen Trainer.

Der rothaarige Riese war einer von Südafrikas besten Kugelstoßern gewesen. Er hatte es nie ganz geschafft – er war Champion der Ostprovinzen gewesen, aber auf nationaler Ebene war immer der eine oder andere besser als er. Jetzt sah er in mir jemanden, der seinen Traum realisieren könnte.

Der Rote war ein brutaler Trainer. Er schindete mich, verlangte das letzte von mir, kannte kein Pardon. In der ersten Zeit war ich nach dem Training oft so fertig, daß ich mich vor Schwäche übergeben mußte. Aber ich hielt durch. Ich wollte es schaffen.

Mein Vater war von dieser Entwicklung nicht begeistert: »Warum ausgerechnet Kugelstoßen? Das ist ein Sport, der immer in einer Ecke stattfindet. Such dir einen Sport, der im Mittelpunkt steht!«

Heute weiß ich, daß mein Vater recht hatte. Kugelstoßen ist eine Sportart, die ich keinem empfehlen würde. Denn zum Sport gehört auch die Anerkennung durch andere, und die fällt hier recht mager aus.

Aber damals reizte mich der Widerspruch meines Vaters nur zu noch mehr Anstrengung. Ich wollte es ihm zeigen. Und den Roten wollte ich auch überholen.

Nach und nach führte die Quälerei zum Erfolg. Ich bekam Muskeln, meine Bewegungen wurden flüssiger, und bald stand ich auf der Tafel in unserer Schulaula. Ich hatte den jahrealten Rekord überboten. Aber zu diesem Zeitpunkt war das schon gar nicht mehr mein Ziel – es war nur eine Etappe. Ich wollte mehr. Ich wollte der Beste sein, nicht nur in der Schule, nicht nur in meiner Stadt. Mein Ehrgeiz ging bis zur Landesebene, und meine Träume gingen noch weiter...

Ein paar Jahre nach meinen ersten Wurfversuchen auf der Farm meiner Schwester war ich einer der besten Junioren-Kugelstoßer in Südafrika. Ich genoß diese Rolle. Damals begann ich, den Sport als Showbusiness zu genießen. Bei Sportfesten kam ich lässig auf den Platz geschlendert, nahm lächelnd die Kugel in die Hand und stieß sie dann mit Absicht nicht sonderlich weit. Ich wollte, daß die Zuschauer neugierig wurden, daß sie sich enttäuscht fragen sollten: »Was – das soll der große Carpendale sein?« Dann, zum zweiten Wurf, zog ich mir theatralisch den Pullover aus, mein Lächeln wich einer harten, entschlossenen Miene, ich kniff die Augen zusammen und stieß so weit ich konnte. Und ich konnte das »Aah!« der Zuschauer spüren – mein Auftritt war gelungen.

Ich quälte mich im Training ab, und der Rote trieb meinen Ehrgeiz noch mehr an. Ich wollte ganz nach oben.

Aber da war ein Hindernis, mit dem ich nicht gerechnet hatte. Es hieß Hendrik Botha.

Dieser Afrikaander mit dem Namen Hendrik Botha war einen Kopf kleiner als ich, dafür aber doppelt so breit. Und er war genauso besessen wie ich – nur leider immer um ein bis zwei inches besser.

Außerdem wohnte er unglücklicherweise auch noch in Natal, also in der gleichen Provinz wie ich. So hatte ich also die Konkurrenz gewissermaßen im eigenen Hinterhof. Ich hatte ja nichts gegen ihn persönlich. Aber konnte er nicht zum Teufel noch mal in Kapstadt wohnen oder in Johannesburg oder irgendwo, wo der Pfeffer wächst?

Auf jedem Sportfest, auf jedem Turnier, bei jeder Meisterschaft – wann immer ich antrat, war auch Hendrik Botha da und nahm mir den Sieg weg. Mein Trophäenschrank füllte sich in diesen Jahren mehr und mehr. Aber fast alle Pokale und Medaillen waren nur versilbert. Das Gold stand in Hendrik Bothas Schrank.

Mein Kampf um höhere Leistung, mein verbissenes Training galt langsam nur noch einem Ziel: Ich wollte diesen Hendrik Botha schlagen. Ich wollte sehen, wie seine arrogante Fresse reagierte, wenn er merkte: Er hatte verloren.

Ich wußte im Innern, auch wenn ich es nicht wahrhaben wollte: Er war besser als ich. Aber einmal, ein einziges Mal wollte ich ihn schlagen. Dafür ackerte ich wie ein Verrückter, schindete mich im Training. Davon träumte ich.

Dann, an einem Sonntag im Juli, kam der Tag. Es war auf einem großen Sportfest im Durban Stadium. Als ich eintraf, saß Hendrik Botha schon da. Wir nickten uns nur kurz zu. Er war mein einziger ernsthafter Gegner, und er wußte, daß ich sein einziger Gegner war.

Aber heute war ich in Topform, und ich wußte es. Ich war durchtrainiert wie nie. Heute würde ich sehen, wie seine Augen mich zuerst ungläubig anstarren und dann deprimiert auf den Boden schauen würden, wie er mit einer müden Bewegung den Pullover über die Schultern werfen und mit hängenden Schultern das Stadion verlassen würde, so wie ich das alles schon ein Dutzend mal in meinen Tagträumen vor mir gesehen hatte.

Heute also.

Der Schiedsrichter rief mich auf. Ich warf meine Kugel locker auf sechsundvierzig Fuß. Nicht schlecht für einen ersten Versuch.

Es waren noch rund zehn andere Wettkämpfer dabei. Aber der eigentliche Wettkampf war der zwischen Hendrik und mir. Deshalb achtete ich gar nicht darauf, was die drei oder vier anderen machten, die jetzt aufgerufen wurden. Ich wartete auf Hendrik.

Als er dann an der Reihe war, ging er langsam in den Wurfkreis und vermied es, mich dabei anzusehen.

Er konzentrierte sich, nahm tief Atem und dann schnellte er nach vorne. Die Kugel flog hoch nach oben – etwas zu steil, wie mir schien. Aber als sie auf dem Boden ankam, wußte ich, daß ich geschlagen war: »49 Fuß 6 inches!« verkündete der Schiedsrichter.

49 Fuß 6 inches – ich spürte, daß ich das nicht überbieten konnte. Ein einziges Mal hatte ich diese Weite geschafft – aber das war im Training, nicht im Wettkampf. Ich war geschlagen.

In diesem Augenblick kam der Rote auf mich zu. Er hatte mich zu diesem Wettkampf begleitet und das Geschehen bisher von der Tribüne aus beobachtet. Er stellte sich breitbeinig vor mich und holte ein Taschentuch aus der Tasche.

»Siehst du dieses Taschentuch?«

Ich nickte.

»Gut. Ich lege es jetzt an die Stelle, wo Hendriks Kugel gelandet ist. Und du wirst weiter stoßen, verdammt noch mal, sonst trete ich dich in die Eier, daß dir Hören und Sehen vergeht!«

Dann ging er langsam auf die Stelle zu, deponierte das Taschentuch und ging weg, ohne sich umzudrehen.

Der Schiedsrichter rief meinen Namen auf. Ich hob die Kugel vom Boden auf. Ich glaube, ich war noch nie so wütend. Auf Hendrik, auf den Roten und auf mich selber, weil ich schon aufgegeben hatte. Ich konzentrierte mich. Auf einmal dachte ich nicht mehr an meinen Gegner. Er war mir gleichgültig geworden. Nicht mehr er war es, den ich besiegen wollte. Ich mußte mich selber besiegen. Da waren nur noch ich und diese schwere Eisenkugel in meiner Hand, die jetzt immer leichter wurde und die ich gleich bis ans Ende der Welt schleudern würde. Dann explodierte ich. Und als die Kugel meine Fingerspitzen verließ, wußte ich, daß ich es geschafft hatte. Mein Triumphschrei kam, noch bevor die Kugel am Boden landete. Der Schiedsrichter gab das Ergebnis bekannt. 51 Fuß 2 inches – südafrikanischer Rekord!

Der Rote kam und haute mir seine Pranke auf die Schulter. Hendrik gab mir die Hand, schaute mich an und sagte mit seinem afrikaansen Akzent: »Congrratulations!« Sein Mund lächelte, aber seine Augen waren stahlhart und lächelten nicht.

Wieder kamen noch drei andere Konkurrenten an die Reihe. Aber sie waren nur noch Komparsen. Ich stand da und sah zu Hendrik hinüber. Er saß auf einer Bank und starrte auf einen imaginären Punkt irgendwo am Himmel. Sein Gesichtsausdruck war wie versteinert, aber voller Entschlossenheit.

Als der Schiedsrichter ihn endlich aufrief, stand er ganz langsam auf, um den Mund wieder dieses kalte Lächeln.

Ich wußte, jetzt würde irgend etwas passieren. Hendrik ging in den Wurfkreis und nahm die Kugel an seine Schulter. Er stand so einen kurzen Moment lang, dann explodierte er. Man redet bei Kugelstoßern oft von »Explosion«, wenn man versucht zu beschreiben, was da vor sich geht. Dieser Wurf von Hendrik war mehr – es war ein Vulkanausbruch. Ich habe nie vorher und nie mehr nachher so etwas gesehen.

Als die Kugel gelandet war, drehte er sich um, ging zu seiner Bank zurück und zog sich seine Trainingsjacke an. Er war wie in Trance.

Der Schiedsrichter gab das Ergebnis bekannt: 54 Fuß 7 inches.

Hendrik hatte die Kugel rund einen Meter weiter gestoßen als ich.

Mein Rekord hatte genau elf Minuten lang bestanden.

Aber ich war nicht deprimiert. Ich hatte immer gewußt, daß er besser war als ich. Ich hatte mein Ziel erreicht. Und zwar in dem Augenblick, als ich gelernt hatte, daß ich gegen mich selber kämpfen mußte und nicht gegen ihn. Auf einmal war er nicht mehr mein Feind gewesen. Ich gratulierte Hendrik. Wir sahen uns an. Zum ersten Mal, seit wir Konkurrenten waren, sahen wir uns wirklich in die Augen. Und wir lächelten beide. »Gratuliere«, sagte ich. »Du hast es verdient!«

Und er antwortete: »Ein Stück von meinem Rekord gehört auch dir. Danke...« Ich ging nach Hause, nahm meine Übungskugel und legte sie in den Schrank. Ich habe nie mehr eine Kugel gestoßen.

Zwei Jahre später kam ein sechzehnjähriger Riese und überbot Hendriks Rekord – und zwar gleich um rund neun Fuß, das sind fast drei Meter. Es war Jan van Reenen, der später einer der besten Diskuswerfer der Welt wurde.

Am Morgen nach der Vorpremiere mußten wir alle früh aufstehen, obwohl es nachts noch sehr spät geworden war.

Dieter hatte die Show vom Vorabend auf Video aufzeichnen lassen, und um zehn Uhr morgens, direkt nach dem Frühstück, saßen wir im Konferenzraum des Hotels um einen kleinen Bildschirm und sahen uns alles noch einmal an.

Lauti saß da mit Ossi, dem Chefroadie, der ab jetzt für den reibungslosen technischen Ablauf verantwortlich war. Patrick und unsere beiden Lichtingenieure waren da. Und Elmar. Und Greg. Und noch ein paar von den Technikern. Und natürlich unsere Musiker.

Ich setzte mich dazu und sagte nichts.

Alle hatten einen Block in der Hand und machten sich eifrig Notizen: Jeder kleine Fehler wurde registriert. Und davon gab es genug – und ein paar ganz große noch dazu.

Pausenlos machten sich alle gegenseitig darauf aufmerksam, wenn etwas nicht stimmte.

»Hier dürft ihr Howard nicht so lange hängen lassen«, sagte jemand. »Mit seiner Handbewegung muß die Musik einsetzen!«

Und Dieter murmelte zu unserem südafrikanischen Lichtmann: »Und du mußt im selben Moment die varilites kommen lassen!«

Dann Lauti: »Ossi – irgendwie mußt du's schaffen, bis dahin hinten umgebaut zu haben!« – »Ich weiß nicht, wie ich das in zwei Minuten schaffen soll...« – »Lassen wir's noch mal durchgehen, nachher«, antwortete Lauti. »Sonst kriegst du da eben noch einen Mann dazu!«

»Mann, wo bleibt denn da der Nebel?« schrie Dieter eine Minute später. Lauti grinste: »Morgen hast du deinen Nebel, ich schwör's dir...« Hin und wieder, wenn ein besonders großer Fehler vorlag, ließ Dieter das Band anhalten. Da gab es dann hitzige Diskussionen. Manchmal versuchte jemand, eine Vereinfachung vorzuschlagen, auf irgendeinen Effekt zu verzichten. Aber da schaltete Dieter auf stur – er tat so, als ob er den Vorschlag gar nicht hörte, oder er bügelte ihn mit einem kurzen Satz ab. Offenbar wollte er durch die Wand.

Nach rund drei Stunden war die Besprechung zu Ende. Ich hatte immer noch kaum etwas gesagt. Dieter drehte sich um zu mir und sagte:

»Was meinst du, sollen wir jetzt allen einen freien Tag geben?«

Ich sagte: »Einen freien Tag? Nein. Um sechzehn Uhr ist Probe. Wir haben noch viel Arbeit vor uns...«

Ich nahm die Herausforderung an. Jetzt wollte auch ich durch die Wand.

Das weiße Tuch lag noch in der Kuhle.

Die Amerikaner haben »Murphys Gesetz« erfunden. Man weiß nicht genau, von wem es stammt, aber wahrscheinlich war es ein Offizier der Air Force namens Murphy, der es zuerst formuliert hat. Es sagt ungefähr: Wenn etwas die Möglichkeit hat schiefzugehen, dann geht es schief – entgegen jeder Wahrscheinlichkeit.

Heute war so ein Tag, an dem Murphys Gesetz voll durchschlug. Dabei sollte es eigentlich ein Konzert sein, bei dem langsam Ruhe in den Ablauf kommen sollte.

Wir hatten noch zwei Tage bis Hamburg.

Aber schon morgens ging es bei mir los. Die Telefonzentrale im Hotel weckte mich um acht Uhr früh: »Ihre Frau ist am Telefon und muß Sie unbedingt sprechen!«

Natürlich war es nicht meine Frau, sondern irgendeine Verrückte, die sich diesen Trick ausgedacht hatte, um mit mir zu sprechen. Ich warf den Hörer auf die Gabel.

Dieser Trick, sich mit »Frau Carpendale« zu melden, ist nicht neu. Aber eben deshalb wird der Telefonzentrale immer wieder eingehämmert, keine Telefonate, von wem auch immer, direkt zu mir durchzustellen, sondern zu unserem Produktionssekretär. Aber das Mädchen von der Frühschicht wußte offenbar nichts davon, und so war ich jetzt, um acht Uhr morgens, hellwach und konnte nicht mehr schlafen.

Ich war wütend. Verdammt noch mal, ich mußte heute abend ein Konzert geben und wollte frisch und ausgeschlafen sein.

Ich bestellte Frühstück, das auch schon nach einer halben Stunde kam. Und natürlich fehlte der Orangensaft, den ich bestellt hatte.

Es ist eigenartig: Wenn man den Morgen mit negativen Gefühlen beginnt, dann ist oft der ganze Tag schlecht bestrahlt. Man nimmt auch nur noch alle negativen Dinge wahr, die einem begegnen; die positiven übersieht man.

»Selektive Wahrnehmung« nennen die Psychologen das, hatte mir Dieter einmal erklärt. Das ist wie bei Vorurteilen: Man nimmt nur noch die Dinge wahr, die das einmal gefaßte Vorurteil bestätigen. Und Dieter hat mir auch gleich ein Rezept verraten, wie man diesen psychologischen Mechanismus ausnutzen kann, um immer in blendender Laune zu sein: Man muß sich einfach morgens, wenn man wach wird, gleich irgendeine positive Motivation schaffen.

Also zum Beispiel: Der Wecker klingelt, und man schreckt hoch. Es hat gar keinen Sinn, sich jetzt zu ärgern. Denn ob man sich ärgert oder nicht – man muß trotzdem aufstehen.

Also überlistet man jetzt die Psyche und denkt an etwas Schönes. Man sagt sich zum Beispiel: »Herrlich, in zehn Minuten werde ich ein schönes, knuspriges Brötchen mit rohem Schinken oder mit Erdnußbutter essen – und dazu gibt es eine Tasse dampfenden Tee...«

Schon ist man gut gelaunt – und dank des Mechanismus der »selektiven Wahrnehmung« sieht man nun nur noch schöne Dinge, und der Tag ist gerettet.

Mir leuchtet das ein. Aber irgendwo scheint da wohl doch ein Fehler im System zu sein.

Heute jedenfalls fiel mir beim besten Willen nichts Positives ein, oder ich hatte einfach den Moment verpaßt, an Brötchen mit Erdnußbutter zu denken...

Jedenfalls: An diesem Tag ging alles schief, was nur schiefgehen konnte. Murphy hätte seine Freude daran gehabt. Und so war ich schon vor dem Konzert in miserabler Stimmung. Als Lauti dann noch zu mir kam und mir eröffnete, daß heute der Kabuki-Vorhang kaputt sei, war das nur noch das kleine i-Tüpfelchen auf dem Bild des Tages.

Normalerweise fällt all das, was mich am Tag bewegt, in dem Augenblick von mir ab, in dem ich die Bühne betrete.

Aber diesmal war es anders. Während der ersten Lieder spürte ich, daß ich verkrampft war. Und natürlich klang heute auch die Monitoranlage beschissen. Ich konnte meine Stimme kaum hören, und sie klang blechern und elektronisch. Ich sang mit aller Gewalt gegen den Monitorsound an und spürte, wie ich langsam heiser wurde.

Daß das auch gerade heute passieren mußte. Heute war Claudia zum ersten Mal in der Vorstellung, und ihr Urteil über mein Konzert ist mir immer noch ungeheuer wichtig.

Ich hatte den Eindruck, als ob auch das Publikum nicht so begeistert mitzog wie sonst. Und ich fing an, den Fehler eines Anfängers zu machen: Ich versuchte, den Erfolg zu erzwingen. Meine Ansagen wurden plump, meine Crescendos zu laut, meine Bewegungen theatralisch.

In der Pause ging ich wütend in meine Garderobe. Meine Laune übertrug sich auf die ganze Truppe. Hinter der Bühne war eine Stimmung wie auf einer mittleren Beerdigung.

»Na ja – es ist nicht gerade ein Super-Konzert; aber so schlecht ist es nun auch wieder nicht«, sagte Detlew zu mir.

»Red keinen Unsinn!« fuhr ich ihn an. Er drehte sich um und fing an, irgend etwas im Garderobencase zu sortieren, um Beschäftigung vorzutäuschen.

Claudia und Donnice kamen herein.

Ich fragte nicht nach ihrer Meinung. Aber Claudia sagte sie auch ungefragt: »Tut mir leid, Howard. Aber du bist heute abend miserabel!«

»Das brauchst du mir nicht zu sagen. Das spüre ich selber!« gab ich zur Antwort.

Donnice versuchte, die Situation zu retten: »Du kannst es sicher in der zweiten Hälfte noch rausreißen. Und so schlimm war es auch nicht, wie Claudia sagt.«

Claudia wurde wütend, daß ihr Donnice so in den Rücken fiel. Denn wahrscheinlich wollte sie mich bewußt schocken, damit ich nach der Pause mit neuer

Energie loslegte. Jetzt drehte sie sich zu Donnice um und warf ihr an den Kopf: »Es wäre leichter für ihn, wenn er besser angezogen wäre. Sein Kostüm für die erste Hälfte ist eine Katastrophe!«

Da war sie wieder, die alte Rivalität.

Donnice bekam Tränen in die Augen und ging langsam hinaus. Claudia sagte zu mir: »Vielleicht reißt du dich ja wirklich für die zweite Hälfte etwas zusammen«, und ging ebenfalls.

In der Türe prallte sie fast mit Dieter zusammen, der hereinkam. Es war wie in einer gut inszenierten Boulevard-Komödie.

»Was ist denn hier los? Feiert ihr eine Beerdigung?« fragte Dieter.

»Ja«, fuhr ich ihn an. »Ich weiß nicht, wo du dich rumgedrückt hast. Aber wenn du die Vorstellung gesehen hättest, dann wüßtest du auch, warum!«

Auch Dieter schien heute mit dem linken Fuß aufgestanden zu sein, oder er hatte sein Brötchen-mit-Erdnußbutter-Rezept vergessen. Jedenfalls schrie er plötzlich: »Das darf doch wohl nicht wahr sein! Was haben die Weiber hier zu suchen? Ich will nicht, daß irgendwelche Arschlöcher hier einbrechen und die Stimmung verderben!«

Unwillkürlich ballte sich meine rechte Hand zur Faust. Um ein Haar hätte ich sie Dieter ins Gesicht geschlagen.

Die Stimmung in der Garderobe war eisig. Detlew in der Ecke packte sinnlos ein paar Sachen in einen Koffer und holte sie wieder heraus. Er tat so, als ob ihn das alles nichts anging.

Meine Faust lockerte sich. Ich versuchte, ruhig zu werden. Mit etwas heiserer Stimme sagte ich: »Hör zu! Diese beiden sind die wichtigsten Menschen in meinem Leben, und ich lasse nicht zu, daß irgend jemand sie als ›Arschlöcher‹ bezeichnet. Und jetzt laß mich in Ruhe!«

Er hätte sich jetzt entschuldigen sollen. Aber er drehte sich wortlos um, ging hinaus und knallte die Tür zu.

Detlew packte zum dritten Mal das gleiche Paar Socken aus. Der Roadmanager klopfte an die Türe und rief: » Wir läuten die zweite Hälfte ein!«

Noch zwei Tage bis Hamburg, dachte ich. Wie soll ich das schaffen?

Ich ging mit Wut im Bauch auf die Bühne. Es wurde nicht gerade ein glanzvolles Konzert, aber am Schluß hatte ich es, glaube ich, wieder einigermaßen gepackt.

Dieter war nicht mehr zu sehen. Ich fragte im Hotel nach ihm, und der Portier sagte mir: »Ich glaube, er ist abgereist...«

Am nächsten Tag kam er zum Soundcheck. Über unseren Krach, den einzigen wirklichen Krach in unserer Zusammenarbeit, haben wir nie mehr gesprochen.

Wir arbeiten jetzt seit zehn Jahren zusammen.

Als wir uns das erste Mal sahen, war das, als ich frisch nach Deutschland kam. Und das ist, auch wenn ich es kaum glauben will, inzwischen zwanzig Jahre her.

Es ist schon eigenartig, wie das Schicksal manchmal eine Weiche stellt – ganz leise, ohne irgendein verräterisches Geräusch. Eine Weiche, die dann vielleicht dein ganzes Leben verändert. Und du merkst es nicht einmal. Oder erst viele Jahre später.

In meiner Londoner Zeit kaufte ich regelmäßig am Kiosk unten an der Underground-Station zwei Fachzeitschriften: Das »Cricket Journal« und den »Melody Maker«.

Ich wußte eigentlich selber nicht genau, warum ich das tat – aber irgendwie hatte ich damit das Gefühl dazuzugehören; wobei ich allerdings selber noch nicht wußte, wozu genau ich gehören wollte – zu den Sportlern oder zu den Musikern.

Jedenfalls setzte ich mich gerne in die Clubräume meines Cricket-Clubs, las die Musikfachzeitschrift und genoß das Gefühl, daß vielleicht der eine oder andere bei sich dachte: »Da drüben der, der ist in Wirklichkeit ein großer Rocksänger!«

Böse Zungen sagen heute noch über mich, daß mich die Golfer für einen guten Sänger und die Musiker für einen guten Golfer halten.

An einem dieser nebligen Londoner Tage, denen man nicht anmerkte, daß sie im Frühjahr stattfanden, saß ich wieder einmal im Club und blätterte im »Melody Maker«. Es war früh am Morgen. Ich saß noch alleine im Club, abgesehen von der Bedienung – einer Mittvierzigerin mit Lockenwicklern im Haar und einer Zigarette im Mund.

Etwas gelangweilt las ich die Nachrichten über die neuesten Ereignisse in Englands Musikbusiness. Drei von vier Artikeln handelten immer noch von den »Beatles« und dem, was in ihrem Dunstkreis alles so geschah. Die vier Pilzköpfe hatten schon Bewegung in die Szenen gebracht, das muß man ihnen lassen. Auch die anderen Brian-Epstein-Schützlinge machten sich prächtig: »Gerry and the Pacemakers« oder Billy J. Kramer zum Beispiel. Und natürlich war da nach wie vor Cliff Richard. Unglaublich, wie lange der sich hielt.

Ich hatte ihn schon in Südafrika gesehen. Als ich so um die Dreizehn war und meine ersten Gehversuche als Sänger in der Schulband machte, war er zu einem Gastspiel in die Durban City Hall gekommen. Ich mußte mir Geld sparen, um mir eine Eintrittskarte zu kaufen, und als ich das Geld zusammenhatte, waren keine Karten mehr da. Also drückte ich mir am Auftrittsabend die Nase an einer Fensterscheibe platt, um Cliff zu sehen und wenigstens etwas zu hören. Jetzt, fünf oder sechs Jahre später, war er immer noch ein großer Star und hatte gerade hier in London mit der Weihnachtspantomime von »Ali Baba und seinen vierzig Räubern« im Palladium Furore gemacht.

Ich blätterte weiter zu den Anzeigen und studierte sie – eine nach der anderen. Dabei mußte ich über mich selber lachen – denn es war wohl kaum anzunehmen, daß da eine Anzeige drin stand etwa in der Art wie »Topband sucht blonden Leadsinger, möglichst Südafrikaner, mit Rockerfahrung, Starkarriere garantiert«.

Ich wollte die Zeitschrift schon zur Seite legen, da

fiel mein Blick auf eine kleine, billige Zweizeilen-Annonce: »Popgruppe sucht Sänger. Melden unter...« Darunter eine Londoner Telefonnummer.

Ich las noch einmal, zuckte die Schultern und legte die Zeitung weg. Das war doch Unsinn. Wer würde sich schon auf so eine Anzeige melden. Außerdem: Für mich kam so etwas sowieso nicht in Frage. Sicher – ich träumte immer noch den Traum vom großen Sänger. Aber im Augenblick war ich ja auf dem Weg zu anderem Ruhm, ich war auf dem Weg zum Crikket-Star.

Ich nahm den »Melody Maker« noch einmal zur Hand und notierte mir die Telefonnummer auf einem Streichholzheftchen.

Mehr amüsiert als ernsthaft ging ich zum Telefon an der Theke und wählte die Nummer. »Ich bin doch mal neugierig, wer eine solche Anzeige aufgibt«, dachte ich.

In diesem Augenblick, an diesem nebligen Londoner Frühlingstag, wurde eine solche Weiche für mich gestellt. Und es machte noch nicht einmal »klick«...

Eine angenehme, fröhlich klingende Mädchenstimme meldete sich am Telefon: »Hello.«

»Hier ist Howard Carpendale«, sagte ich und machte eine kleine Pause, um den Namen wirken zu lassen. Dann fügte ich hinzu: »Ich habe gerade eure Anzeige im MM gelesen...« Ich sagte mit Absicht nicht Melody Maker, sondern benutzte die Abkürzung, weil ich hoffte, das würde professioneller klingen.

Die Stimme am anderen Ende der Leitung lachte

leise. Sie war offenbar nicht wahnsinnig beeindruckt von mir, und sie sagte auch keinesfalls: »Was – Sie sind der Howard Carpendale aus Durban, der seit ein paar Monaten in London herumlungert, obwohl er doch ein Genie ist?«

Aber sie sagte immerhin: »Okay. Wenn dich das interessiert, dann komm doch gleich mal vorbei, und wir reden drüber.« Und sie gab mir ihre Adresse.

»Heute schaffe ich es nicht mehr, ich hab' ein paar Termine«, log ich. »Aber morgen früh könnte ich kommen. So gegen elf!«

»Okay, Howard«, sagte die fröhliche Stimme. »Dann bis morgen um elf!«

Es klickte leise, als sie das Telefon auflegte.

»Na ja«, dachte ich bei mir. »Warum nicht. Wäre vielleicht auch mal schön, wieder zu singen. Nur für ein paar Monate – bis meine Arbeitserlaubnis hier durch ist und ich mich bei einem Club bewerben kann.«

Es klickte wieder leise – aber das hörte ich nicht.

Die Weiche war gerade endgültig umgelegt worden...

Am nächsten Morgen, kurz nach elf, schellte ich an der angegebenen Adresse. Es war ein etwas vernachlässigtes Haus in nicht gerade der besten Gegend von London. Ein junger Farbiger in einem grauen Flanell, roter Krawatte mit großen gelben Punkten und einem überdimensional großen Siegelring am kleinen Finger der linken Hand machte mir die Tür auf.

»Du bist Howard!« stellte er fest. »Ich bin Jim, der Agent.«

Er machte die Tür frei und nickte mit dem Kopf in Richtung auf ein Zimmer. »Kathy erwartet dich schon.«

Es stellte sich heraus, daß die Popband, von der in der Anzeige die Rede war, bisher nur aus Kathy bestand. Sie war einundzwanzig Jahre alt, leidlich hübsch und spielte Gitarre – noch nicht einmal schlecht, wie sich später herausstellen sollte. Die anderen Musiker gab es nicht mehr oder hatte es nie gegeben, genau bin ich nie dahintergekommen.

Aber wenn sie auch keine Musiker hatte – sie hatte dafür etwas anderes. Nämlich einen Job in Germany. Genauer gesagt: In einer Stadt namens Dusseldorf oder so. Jim, der Agent, war Kathys Freund und hatte diesen Job besorgt. Englische Beatbands waren im Zeitalter der Beatles in Deutschland gesucht. Jetzt reizte mich die Sache.

Gemeinsam mit Kathy trommelte ich in wenigen Tagen die Musiker zusammen – noch zwei Gitarristen, einen Bassisten, einen Schlagzeuger.

Wir übten einen Monat lang. Dann hatten wir ein Drei-Stunden-Programm drauf. Und es klang recht ordentlich.

Am Tag, bevor das Engagement in Düsseldorf beginnen sollte, ging die Fahrt los. In einen eilig gekauften Kombiwagen packten wir alle Instrumente und uns selber ein und brausten los – Dover, die Fähre, Ostende. Ich war der Fahrer.

Als wir in Ostende an Land gingen, gab ich Gas, denn am gleichen Abend wollten wir in Düsseldorf sein.

Nach ein paar hundert Metern Fahrt merkte ich, daß irgend etwas nicht stimmte: Entgegenkommende Autos hupten wie verrückt, blinkten mich an, schrien aus offenen Wagenfenstern auf mich ein. Als schließlich ein PKW links vor mir schräg auf den Bürgersteig schoß, um mir auszuweichen, kam mir die rettende Erkenntnis: In Belgien war offenbar kein Linksverkehr – und ich war natürlich links gefahren, wie ich es von Südafrika und England her kannte.

In Düsseldorf, das sich zu meinem Erstaunen mit zwei Pünktchen auf dem »u« schrieb, lebten wir das typische Leben der englischen Beatmusiker in diesen Tagen: Wir spielten jede Nacht sechs, sieben, am Wochenende sogar neun Stunden lang mit voller Lautstärke. Gegen Morgen fielen wir in unsere Betten in dem kleinen Zimmerchen, das wir in der Nähe des Musikschuppens zur Verfügung gestellt bekommen hatten. Am frühen Nachmittag krochen wir aus den Kissen hervor, aßen ein paar Currywürstchen – und bald war der Tag dann auch schon wieder rum. Dafür bekamen wir vierzig Mark täglich, und das war damals nicht schlecht.

Wir hatten bei unserem Publikum einigen Erfolg und bald schon richtige Fans und Groupies, wie sich das für eine Beatgruppe gehörte. Vier Wochen lang spielten wir in Düsseldorf, dann besorgte uns Jim einen Vier-Wochen-Gig in Norddeich, ganz oben im hohen Norden. Und als wir da zu Ende gespielt hatten, ging es nach Oberhausen.

Wahrscheinlich wäre das so noch jahrelang weitergegangen, denn Jim war ein recht rühriger und guter

Agent. Aber mit unserer Gruppe lief plötzlich etwas schief.

Eines Abends kamen wir in den Laden, in dem wir spielten, und stellten fest, daß unser Gitarrist verschwunden war. Er war einfach nicht mehr da – und seinen einzigen Pappkoffer hatte er auch mitgenommen.

Nun wäre das an sich nicht weiter schlimm gewesen, denn auch ohne ihn war unsere Musik noch laut genug. Aber viel schlimmer war: Er hatte auch unsere Tonanlage mitgehen lassen. Damit war unser Engagement natürlich geplatzt.

Das Allerschlimmste aber an der Geschichte war die Tatsache, daß diese Tonanlage mir persönlich gehörte. Ich hatte sie in London von meinem fast letzten Geld gekauft; sie war mein Beitrag für die Etablierung der Gruppe gewesen (Kathy hatte zum Beispiel den alten Kombi gekauft, der aber auch inzwischen kurz davor war, seinen Geist aufzugeben).

Nach diesem Schicksalsschlag lief unsere Gruppe auseinander. Der Schlagzeuger versuchte es bei einer anderen Gruppe, der Bassist ebenfalls, und Kathy fuhr mit dem Kombi und dem einen Gitarristen zurück nach England. Vermutlich hat sie dort wieder eine Anzeige im Melody Maker aufgegeben. Oder sie hat Jim geheiratet und ist Hausfrau geworden. Ich weiß es nicht.

Ich selber war stocksauer.

Vor allem wollte ich meine Anlage wiederhaben. Ich hatte schon immer einen sehr stark ausgeprägten Gerechtigkeitssinn – und der Gedanke, daß der Dieb jetzt irgendwo mit den geklauten Verstärkern fröhlich musizierte, verdarb mir die Laune. Außerdem – Gerechtigkeit hin, Gerechtigkeit her – diese Anlage war mein ganzes Vermögen. Über achthundert Deutsche Mark hatte ich in London umgerechnet dafür gezahlt.

Über seine Freundin aus Düsseldorf mit »ü«, einem unserer Fans, bekam ich heraus, wo der verschwundene Gitarrist war: Er war in Emden.

Ich trampte rauf. Am nächsten Tag stand ich vor seiner Tür. Ich klopfte – und als er mir die Türe aufmachte, hatte er schon meine Faust im Gesicht. Ich hatte meine ganze Wut in diesen Schlag gelegt. Aber offenbar war diese Wut doch noch nicht groß genug, oder er war ein härterer Brocken, als ich dachte. Denn er kippte nicht um, sondern schlug eine Gerade zurück, die auch nicht schlecht war.

Was dann folgte, war filmreif. Wenn uns Charles Bronson oder Silvester Stallone gesehen hätten, sie wären neidisch geworden.

Nach zehn Minuten waren ein Stuhl, ein Tisch, ein Fenster und das Radio stark beschädigt und wir beide ziemlich angeschlagen. Glücklicherweise war er etwas angeschlagener als ich – und so unterschrieb er mir schließlich einen Wisch, daß ich für ihn die Anlage in Empfang nehmen durfte. Bei der Aufbewahrungstelle im Duisburger Hauptbahnhof.

Die nächsten Monate waren recht hart: Es gelang mir zwar, die Tonanlage, die ich tatsächlich wiederbekam, für fünfzehnhundert Mark weit über dem Preis zu verkaufen, den ich dafür bezahlt hatte; aber das

(linke Seite)
Carpendale in Siegerpose mit zweieinhalb Jahren

(oben)
Carpendale im Alter von sieben Jahren mit seinen älteren Schwestern Anne und Jane

(links)
Auch hier schon nachdenklich – im Alter von fünf Jahren

(linke Seite)
Carpendale 1964 – als Soldat

(oben)
Am 26. Juli 1963 wird den beiden Siegern des »Elvis Presley Talent Contest« in der Durban City Hall der Siegercup überreicht

(links)
Carpendale als Kugelstoß-champion – 1962

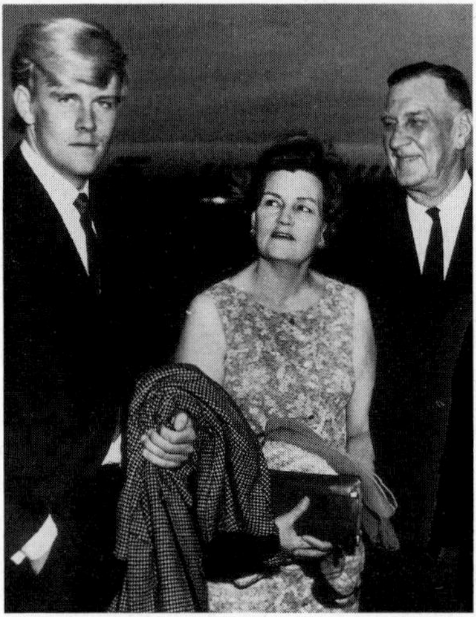

(oben)
1970: Zum »Deutschen Schlager-festival« hat Carpendale seine Eltern nach Deutschland eingeladen …

(rechts)
… und stolz zeigt er seiner Mutter das Ergebnis der Auszählung: 177 Stimmen für sein Lied, 53 für den nächsten Konkurrenten

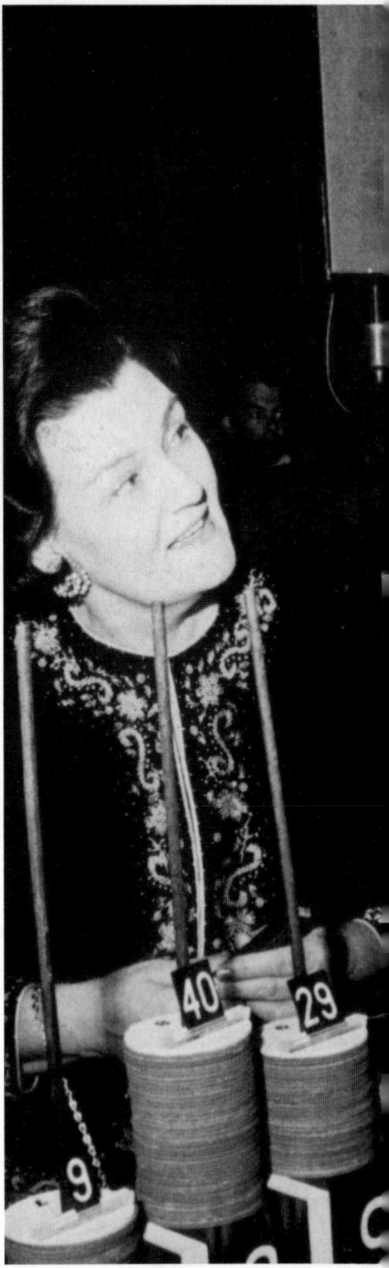

177
53
10
11
12

(linke Seite)
Die Hochzeit mit Claudia, 1972

(oben)
Mit Claudia und Sohn Wayne in der Wohnung in
Fort Lauderdale/ Florida, 1979

(nächste Seite)
Ein phantastischer Golfer findet überall einen Golfplatz –
so wie Carpendale und sein Kollege Sigi Rauch mitten in der Wüste
während einer Drehpause des Films »Niemand weint für immer«

(oben)
Carpendale wächst langsam in die Musikszene hinein – hier ein »Cheers« mit dem Kollegen Ringo Starr, 1972

(rechts)
So wollte ihn seine Schallplattenfirma 1970 sehen – und wahrscheinlich auch das Publikum von damals . . .

(nächste Doppelseite)
. . . und so lernte ihn das Publikum ein paar Jahre später kennen – als Entertainer auf der Konzertbühne

(linke Seite)
»Es gibt drei Festtage im Leben eines Blumenhändlers: Valentinstag, Muttertag und Carpendale-Konzerte«, schrieb einmal eine Zeitung

(oben)
Bei der »Mittwochs-Besprechung«, dem wöchentlichen Planungs-
meeting während der Tourneevorbereitungen: Howard Carpendale, Promoter Fritz Rau und Manager Dieter Weidenfeld, der Mitautor dieses Buches

(links)
Die harte Arbeit hinter den Kulissen – Carpendale als Producer am Mischpult im Tonstudio

(oben)
Mit »Blacky« Fuchsberger
nach einer Talkshow

(linke Seite)
Mit den beiden Filmpartnerinnen
Elke Sommer und Zoli Marki

(links)
In der Garderobe von
Muhammad Ali-Bezwinger
Joe Frazier

(linke Seite)
So kennt das Publikum Howard Carpendale heute

(oben)
Es geht auch ohne Howard – Claudia auf dem Titelbild der Neuen Revue

(nächste Doppelseite)
Carpendale mit Sohn Cass

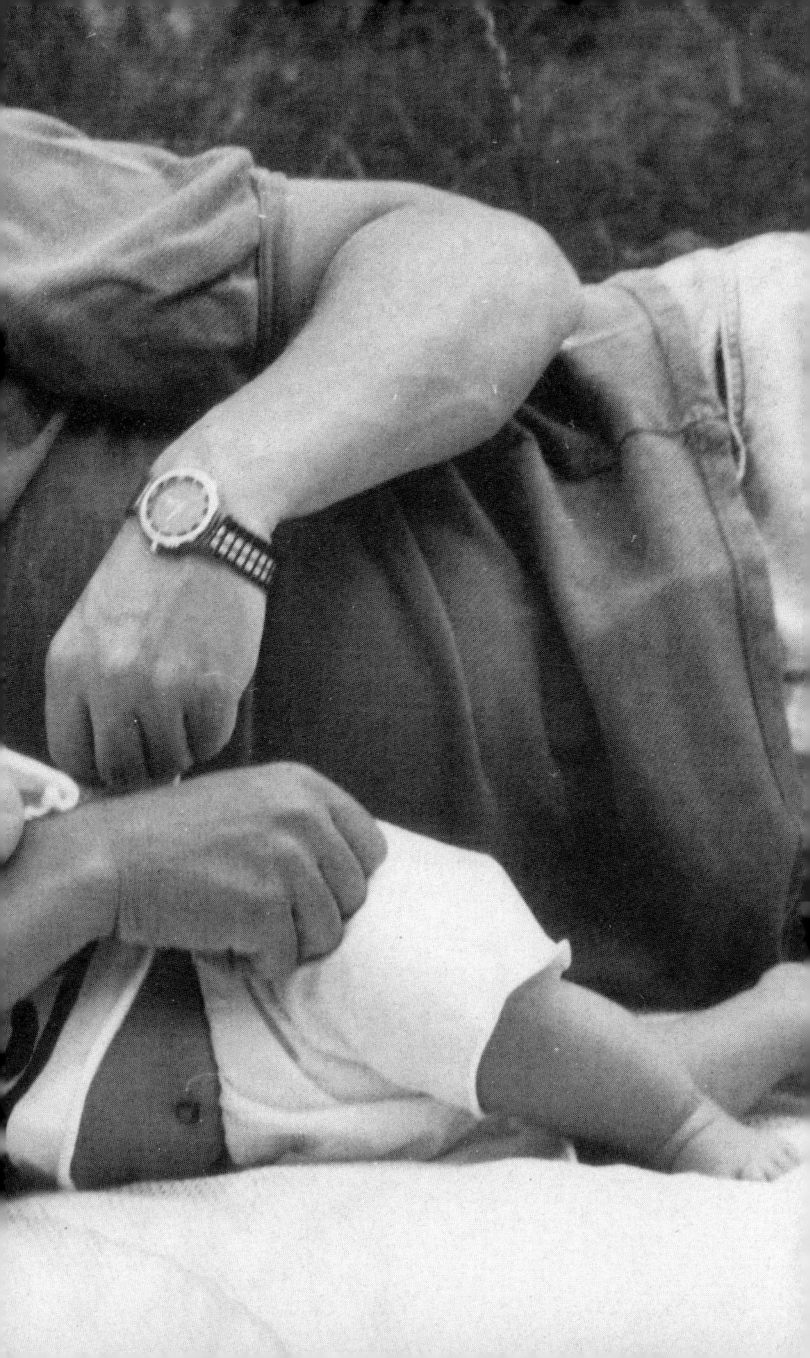

(linke Seite)
Donnice . . .

(oben)
Trotz Trennung Freunde: Carpendale mit Donnice, Ehefrau Claudia mit Freund

(links)
Donnice und Claudia

Carpendale als Formel-3-Rennfahrer

waren dann auch für längere Zeit meine einzigen Einnahmen.

Und selbst mit diesem wenigen Geld machte ich noch Dummheiten.

Damals lebte ich mehr oder weniger mit Claire zusammen. Claire aus Südafrika, die mir nachgereist war.

Als ich die Anlage verkauft hatte, raste ich zu ihr in die billige Pension, die wir damals bewohnten:

»Claire – rat mal, was ich für meine Verstärker bekommen habe!«

Ich holte das Geld aus der Hosentasche und breitete es malerisch auf der Bettdecke aus. »Fünfzehnhundert-Mark!« Ich ließ die Worte im Munde zergehen wie ein besonders gut gelungenes Mousse au chocolat.

Claire konnte es kaum fassen: »Dann sind wir ja richtig reich! Und was machen wir jetzt mit dem vielen Geld?«

Ich lachte: »Wir ziehen ins Savoy Hotel und leben wie die Fürsten! Komm, pack deine Koffer!«

Claire protestierte, während sie aber schon ihre drei Blusen, zwei Röcke und fünf Slips in den kleinen Koffer schmiß, mit dem sie angekommen war.

»Du bist verrückt, Howard!«

»Vielleicht. Let's go!«

Für drei Tage zogen wir in das Luxushotel. Dann war unser Geld bis auf ein paar hundert Mark weggeschmolzen, und wir suchten uns ein kleines möbliertes Zimmer.

In den kommenden Wochen lebten wir von trockenem Brot und Erdnüssen, die ich zerquetschte, um die Illusion der von mir so geliebten, aber zu teuren Erdnußbutter zu haben.

Hin und wieder bekam ich ein paar Jobs – ich putzte Büros, verlud Schiffe am Hafen oder bewachte Baustellen.

Jeden Morgen ging ich zur Post am Bahnhof und fragte, ob ein Brief für mich da sei. Ich hatte überallhin Bewerbungen geschickt und hoffte immer noch auf Antwort.

Der Schalterbeamte kannte mich bald schon. Meistens schüttelte er schon von weitem den Kopf, wenn er mich in die Schalterhalle kommen sah.

Eines Abends, als ich von einem Job als Teppichklopfer noch kurz vor Schalterschluß bei ihm reinschaute, strahlte er mich an: »Ich hab' was für Sie, Mister Kappendahle!«

Er reichte mir einen Brief durchs Schalterfenster.

Es war ein Brief von der englischen Schallplattenfirma EMI mit dem Rat, mich doch mal unter Berufung auf sie bei der deutschen Electrola in Köln zu melden.

Am nächsten Morgen stand ich frisch gewaschen und voller Optimismus vor dem Geländekomplex der Schallplattenfirma. Ich hatte mir eigentlich vorgestellt, daß das ein kleines gepflegtes Büro wäre. Statt dessen stand ich vor einer großen Industrieanlage mit roten Backsteinbauten, rauchenden Kaminen und einem Portier in Uniform, der als erstes sagte:

»Sie dürfen hier nicht rein! Was wollen Sie denn überhaupt?«

Ich reichte ihm mein Empfehlungsschreiben: »Ich möchte zum Geschäftsführer Ihres Hauses«, machte ich ihm in meinem sehr dürftigen Deutsch klar.

Er sah mich etwas erstaunt an. Ich gebe zu: Ich war mit meinem abgelatschten Schuhen, meinem verwaschenen Hemd, den ausgebleichten Jeans und der schon speckig gewordenen billigen Lederjacke nicht gerade ein Typ, der normalerweise vom Generaldirektor zum Tee eingeladen wird. Und meine damalige Frisur war die Krönung des Ganzen, denn ich hatte seit rund einem halben Jahr keinen Friseurladen mehr von innen gesehen.

Der Portier nahm mir den Brief aus der Hand und murmelte irgend etwas. Dann las er ihn durch und murmelte noch etwas. Er schien zu überlegen, ob er mich gleich rauswerfen sollte oder erst später.

Aber offenbar hatte er heute seinen sozialen Tag.

Jedenfalls sagte er zu mir: »Okay. You wait! Understand?«

Er ging in seine Portiersloge und fing an zu telefonieren. Ich ging draußen auf und ab, wartete auf das Urteil, und mein Optimismus sank auf den Nullpunkt.

Endlich, nach endlosen fünf oder zehn oder fünfzehn Minuten kam er wieder heraus. Er reichte mir den Brief zurück und zeigte mit einer großen Armbewegung auf eines der roten Backsteingebäude: «Sehen Sie die rote Türe da?«

Ich nickte.

»Gut. Gehen Sie da rein, erste Etage, letztes Büro!

Melden Sie sich bei der Sekretärin von Herrn Weidenfeld.«

Ich wiederholte brav: »Erste Etage. Mister Weidenfeld ...«

Zehn Minuten später (so lange hatte mich die Sekretärin schmoren lassen!) saß ich vor dem Schreibtisch von Dieter Weidenfeld – dem Mann, der später für meine Karriere eine so große Bedeutung bekommen sollte.

Aber zu meiner Schande – oder zu seiner? – muß ich gestehen, daß er damals gar keinen besonderen Eindruck auf mich gemacht hat.

Er war einfach einer von diesen gepflegten Herren im blauen Blazer, die mit etwas herablassend-uninteressiertem Gesicht zu mir hinuntersahen. Ich hatte in den letzten Monaten viele von dieser Sorte kennengelernt, und meistens endeten die Unterhaltungen dann mit einem freundlichen Händedruck und einem unverbindlichen: »Don't call us, we'll call you!« – »Sie brauchen sich nicht zu melden, wir kommen auf Sie zu.«

Was zu deutsch heißt: Tut uns leid, aber wir können nichts für Sie tun ...

Ich hatte eine alte, verkratzte Schallplatte mitgebracht, die ich in Südafrika aufgenommen hatte, als ich damals dort den »Elvis-Presley-Wettbewerb« gewonnen hatte. »Endless Sleep« hieß der Song, und es war ein furchtbarer Schmachtfetzen. Aber dem Publikum in Südafrika hatte es gefallen, denn es war ein kleiner Hit geworden da unten.

Jetzt hörten wir uns gemeinsam die Platte an –

und auch dieser Mister Wiedenfeld (oder wie er hieß) schien Gefallen daran zu finden. Zumindest sah ich mit Befriedigung, daß seine Füße im Takt wippten – und das ist immer ein gutes Zeichen.

Als das Lied zu Ende war, drehte sich Mister Winefeld (oder wie?) zu mir herum. Unwillkürlich zupfte ich an den Ärmeln meiner Lederjacke; er brauchte ja nicht zu sehen, daß die Manschetten vom Hemd schon reichlich durchgescheuert waren. Meine Beine hatte ich schon vorher etwas gerade gestellt, damit man nicht die Löcher in den Schuhsohlen sah.

Alles in allem fühlte ich mich nicht gerade besonders behaglich.

»Was tun Sie im Augenblick?« fragte mich Wiedenpeep, dessen Name mir zunehmend Schwierigkeiten machte. Warum konnten sich die Deutschen nicht angewöhnen, sich bei allem Respekt mit dem Vornamen anzureden?

Ich stotterte ein bißchen: »Na ja – ich war hier mit einer Beatband. Im Augenblick, eh, ich meine – ich bekomme bald wieder ein Engagement ...«

»Wo – in Deutschland?«

Die Ausfragerei ging mir langsam auf die Nerven. »Vielleicht. Sonst in England. Warum ist das so wichtig?«

Mein Gegenüber mit dem komplizierten Namen dachte laut nach: »Ich hab' da so eine Idee ... Ich würde ganz gerne mal eine Platte mit Ihnen versuchen ... Aber ... das ist natürlich nicht einfach ...«

»Wo liegt das Problem?«

Er sah mich jetzt an, als ob er zu einem Entschluß gekommen wäre:

»Gut. Ich mache eine Platte mit Ihnen. Aber ich sage Ihnen schon jetzt: Davon können Sie nicht leben – und Sie sollten sich keine Hoffnung machen, daß Sie damit automatisch ein Star werden. Die meisten machen eine Platte, die mehr oder weniger gut läuft, und dann verschwinden sie wieder in der Versenkung. Ist Ihnen das klar?«

Das war mir klar. Ich nickte.

»Gut – aber die Platte wird frühestens in zwei Monaten aufgenommen werden. Wovon wollen Sie bis dahin leben? Ich könnte Ihnen höchstens ein Arbeitshonorar von zweihundertfünfzig Mark vorab geben ...«

Ich sagte: »Machen Sie sich keine Gedanken darüber. Wenn ich weiß, daß es einen Sinn hat, dann schlage ich mich schon durch ...«

Er stand auf und reichte mir die Hand. Diese Händeschüttelei war auch etwas, an das ich mich hier in Deutschland erst noch gewöhnen mußte. Ebenso wie an den undisziplinierten Straßenverkehr und die Tatsache, daß so viele Frauen ihre Haare in den Achselhöhlen nicht abrasierten.

»O. k. – dann rufen Sie mich nächste Woche an, und wir machen einen Vertrag!«

Ich schwebte wie auf Wolken. Endlich war irgendwo wieder ein Lichtblick, endlich etwas anderes in Sicht als Teppichklopfen oder Schiffe beladen ...

In einer Woche rief ich wieder bei Electrola an: »Kann ich Mister Weidenfeld sprechen?« Diesmal las ich den Namen sorgfältig von einer Visitenkarte ab, die mir seine Sekretärin zum Abschied in die Hand gedrückt hatte.

»Tut uns leid, aber Herr Weidenfeld ist nicht mehr hier. Er hat die Firma verlassen.«

In meinem Magen krabbelten jetzt ein paar Ameisen herum.

»Ist sein Nachfolger denn da?«

»Ich versuche, Sie zu verbinden. Wie ist Ihr Name?«

»Howard Carpendale...«

Ich blieb in der Leitung. Es rauschte, und alle dreißig Sekunden machte es ganz leise »klick« und es waren wieder zwanzig Pfennig fällig. Und das war für mich der Gegenwert von einer Semmel. Oder von fünf Minuten Teppichklopfen, wie man's nimmt.

Nach ein paarmal »Klick« hörte ich eine freundliche Männerstimme: »Hallo, Mr. Carpendale. Tut mir leid, daß Sie warten mußten. Herr Weidenfeld hat mir Ihre Unterlagen auf den Tisch gelegt, bevor er ging. Können Sie morgen mal bei mir vorbeikommen?«

Sechs Wochen später sang ich im Studio, und wieder sechs Wochen später kam meine erste Platte in Deutschland auf den Markt – »Lebenslänglich«.

Wieder ein paar Wochen später kam meine erste kleine Fernsehsendung. Am Tag vorher schleppte mich eine Betreuungsdame von der Schallplattenfirma in ein Modegeschäft, und wir kauften eine Glitzerjacke.

Sie lächelte: »Ich weiß, sie ist etwas auffällig. Aber für das Fernsehen genau richtig!«

Dann gingen wir zum Friseur, der mir meine Haare zu einer Art von James-Dean-Verschnitt-Frisur vergewaltigte und sie bei dieser Gelegenheit strohblond einfärbte.

Die Betreuungsdame lächelte wieder: »Ich weiß, es ist etwas ungewohnt für Sie. Aber für unser Publikum genau richtig...«

Wir kauften noch ein paar spitze Schuhe und ein kanariengelbes Hemd, dann war der Showstar perfekt. Am nächsten Tag kam ich wie ein bunter Papagei zum Fernsehen.

Aber es schien allen zu gefallen – auch dem Publikum.

Meine Platte wurde ein Achtungserfolg, und plötzlich bekam ich laufend Angebote, in Diskotheken aufzutreten. Ich sang zum Playback – erst die A-Seite meiner Platte, dann die B-Seite. Und wenn ich dann nach einer Stunde noch einmal auftreten mußte, dann machte ich es umgekehrt: Erst die B-Seite, dann die A-Seite. Denn mehr Playback-Bänder hatte ich damals noch nicht.

Trotzdem: Für so einen »Auftritt« bekam ich das kleine Vermögen von zweihundert Mark!

Plötzlich hatte ich Geld.

Ich nahm mir eine Wohnung in Köln. Dann flog ich nach Südafrika zu meinen Eltern und sagte ihnen: »Ich hab's geschafft!«

Meine Eltern strahlten und päppelten mich drei Wochen lang wieder auf. Denn ich war in den letzten Monaten mit Hilfe meiner Trockene-Erdnuß-Semmeln-Diät auf 68 Kilo abgemagert.

Nach drei Wochen kehrte ich dann um zehn Kilo schwerer und braungebrannt nach Deutschland zurück.

Ich war Popsänger geworden.

Cricket? Ach ja – schade. Aber vielleicht singe ich nur für ein, zwei Jahre und fange dann als Cricketspieler an. Ich bin ja noch so jung ...

Ich machte eine Reihe von Platten mit ziemlichen Erfolg.

Dann, zwei Jahre später, schien es, als ob ich den Durchbruch an die Spitze des Showbusiness geschafft hätte.

Ich rief meine Mutter an. Ihre Stimme klang so nahe, als ob ich nicht von Köln nach Durban telefonierte, sondern nur nach Köln-Nippes.

»Ich verstehe nicht genau«, sagte sie. »Was hast du gewonnen?«

»Also paß auf, Mum, ich erkläre es dir noch einmal genau«, sagte ich. In meiner jugendlichen Begeisterung hatte ich das vorhin vielleicht auch etwas zu durcheinander erzählt. »Also: In Deutschland gibt es jedes Jahr ein Schlagerfestival. Und in diesem Jahr nehme ich daran teil. Und weil ich gewinne, möchte ich euch dabeihaben und nach Deutschland einladen.«

»Was sagst du da?« Die Stimme meiner Mutter klang richtig aufgeregt. »Du hast ein Festival gewonnen? Davon habe ich ja gar nichts gehört ...«

»Nein, Mum. Ich habe es noch nicht gewonnen; aber ich werde es gewinnen ...«

Es war vielleicht wirklich etwas schwierig, das einem Außenstehenden zu erklären. Aber in meinen Gedanken hatte ich das Festival schon gewonnen, noch bevor es überhaupt stattfand.

Wir hatten einen fröhlichen Schlager aufgenommen. Wie immer wurde ich ins Studio bestellt, als das Playback schon fertig war. Wenn ich dann ankam, drückte mir jemand den Text in die Hand, sang kurz die Melodie vor – und ich sang drauf los. Einmal, zweimal, öfter – bis der Produzent sagte: »Das war's!«

Heute lächle ich etwas über diese nicht gerade künstlerische Art der Produktion. Aber immerhin waren damals auf diese Weise schon eine Reihe kleinerer Hits mit mir entstanden, und ich galt als recht erfolgreicher und noch mehr Erfolg versprechender junger Schlagersänger.

Diesmal sang ich die Geschichte von dem jungen Mann, der sich in das Titelbild eines Versandhauskataloges verliebt hat und nun dieses Mädchen beim Versandhaus bestellen will – «Das schöne Mädchen von Seite 1«. Eine hübsche Idee, hübsch in Töne gesetzt – so recht nach dem etwas naiven Geschmack der damaligen deutschsprachigen Lieder.

Offenbar hatte ich dabei auch noch einen guten Tag erwischt. Denn als ich zu Ende gesungen hatte, waren alle voll Begeisterung. »Das wird ein Superhit!« freute sich der Produzent, und der Tonmeister nickte mit dem Kopf und sagte: »Gratuliere!«

Ich kenne das, diese Studio-Euphorie. Wenn man ein Lied ein paar Stunden oder Tage lang ununterbrochen in voller Lautstärke gehört hat, verliert man den Abstand dazu. Von irgendeinem Punkt an findet man dann jedes Lied gut.

Wenn jemand eine Tonleiter singt mit dem Text der Wettervorhersage – irgendwann würden es alle im Studio gut finden. Man muß es nur oft und laut genug hören...

Nach ein paar Tagen kommt dann oft die Ernüchterung, und man stellt fest, daß der Song gar nicht so unheimlich stark ist, wie man gedacht hat.

Beim »Schönen Mädchen« war das anders. Als ich die Musteranpressung nach vierzehn Tagen bekam und sie mir anhörte, war ich begeistert. Ich fuhr zur Schallplattenfirma, stürmte in das Büro des A&R-Chefs und sagte: »Ich will dir etwas verraten: Wir haben einen Riesenhit!«

Er lächelte und sagte: »Ich muß dir sogar recht geben. Das Lied ist hervorragend. Und deshalb haben wir es als Beitrag für das Schlagerfestival eingereicht. Du mußt da teilnehmen!«

»Ich werde teilnehmen«, sagte ich. »Und ich werde gewinnen, keine Frage!«

Der A&R-Mann lachte: »Nur mal langsam – ein Platz unter den ersten Fünf würde mir schon reichen...«

»Aber mir nicht«, sagte ich. »Ich werde Erster...«

Und dasselbe sagte ich noch einmal, als ich ein paar Wochen später die Lieder meiner Konkurrenten hörte. Keine Frage. Ich hatte das bessere Lied, den witzigsten Text – und vor allem: Ich war der beste Künstler!

So kam es also auch, daß ich meine Eltern zur Siegesfeier einlud, noch bevor der Wettbewerb überhaupt stattgefunden hatte.

Mein Optimismus steckte mein ganzes Team an und übertrug sich offenbar auch auf die Jury. Denn am Abend des Wettbewerbs gewann ich mit der größten Stimmenzahl, die je ein Teilnehmer dieses Festivals bekommen hatte. Ich hatte rund doppelt so viele Stimmen wie der zweite Sieger.

Meine Mutter kam strahlend auf mich zu: »Du hast wirklich recht gehabt!«

»Natürlich habe ich recht gehabt!« lachte ich und bestellte Champagner.

Ich war der Größte. Ich hatte es geschafft. Ich war Deutschlands Nr. 1. Am nächsten Tag meldete die Schallplattenfirma den Verkauf von achtzigtausend Platten an einem Tag, und ich bestellte einen weißen Mach 1 Mustang, mit dem ich wie ein Prinz aus einem Kitschfilm durch Köln fuhr. Ich fing an unpünktlich zu werden. Ich war schließlich ein Star, und es ist gut, wenn man auf einen Star warten muß.

Ich wurde launisch. Vor allem konnte ich es nicht leiden, wenn jemand mich nicht als Star akzeptierte.

Mit anderen Worten: Ich wurde nach meinem Sieg im »Deutschen Schlagerfestival« ein ausgesprochener Idiot. Aber: Ich verdiente eine Menge Geld. Ich tingelte von Diskothek zu Diskothek und sang mein »Schönes Mädchen« – manchmal fünfundzwanzig Tage im Monat. Damals legte ich den Grundstein für einen bescheidenen Reichtum.

Ich war ungeheuer fleißig. Und ungeheuer blöd.

Wir kamen nach Hamburg. Das erste von inzwischen sechs angesetzten Konzerten. Das Konzert, bei dem ich spätestens alles im Griff haben wollte.

Wir hatten seit unserer Vorpremiere vier Konzerte hinter uns gebracht. Jedesmal lief es etwas besser, wenn man von dem Konzert vor zwei Tagen absieht, das ich ohnehin vergessen wollte.

Wir bekamen die Sache langsam in den Griff: die Techniker ihre Technik, der Tonmeister den Ton, die Beleuchter das Licht, die Musiker die Feinheiten der Musik.

Und ich – ich fing an, den inneren Rhythmus des Konzertes zu fühlen. Zu fühlen, nicht nur mit meinem Verstand zu erfassen. Das hatte ich schon getan, als ich das Programm zusammenstellte. Da kannte ich schon jede Nuance, jede Stimmung.

Aber jetzt fing ich an, das alles auch zu fühlen. Langsam drang es von meinem Bewußtsein her in mein Unterbewußtsein ein, in jede Nervenfaser meines Körpers.

Und sprang von da aus über ins Publikum.

Ich spürte, ich war kurz davor, es zu meinem Konzert zu machen.

Hamburg ist eine wichtige Konzertstadt. Es hat einen herrlichen Saal, es ist Deutschlands größte Pressestadt, die Stadt mit den meisten Schallplattenfirmen und vielen Fernseh- und Theaterleuten. Und es hat ein waches Publikum: kritisch, aber begeisterungsfähig.

Als ich diesmal auf die Bühne kam und meinen ersten Ton sang – nein, eigentlich schon Sekunden vorher –, da wußte ich: Heute hatte ich es geschafft. Ich sang, moderierte, spielte mit dem Publikum, und ich spürte, wie das »timing« stimmte – jenes Geheimnis des Showbusiness, das man so schlecht erklären kann. Eben jener innere Rhythmus. Ich steigerte mich von Song zu Song.

Die Pause kam. Ich ging von der Bühne und dachte nach: Es war bis jetzt ein gutes Konzert gewesen und mehr als das. Hoffentlich kam es unten auch so an, wie ich es oben spürte. Dieter kam angestürmt. Er hatte im Zuschauerraum gesessen. »Es ist das beste Konzert, das du je gegeben hast!« – »Na, also ...«

Die zweite Hälfte war ein Traum: Das Timing stimmte immer noch; das Publikum und ich, wir schaukelten uns in eine noch nie dagewesene Stimmung hoch. Die Musiker spielten sich das Herz aus dem Leibe – und die ganze geballte Technik um mich herum, die Spots und die Breitstrahler, die Farbwechsler und die varilites, die Nebelmaschinen und die Videobeams – sie alle waren Sklaven, sie gehorchten mir, sie waren nur noch dazu da, mich zu unterstützen. Ich sah rauf in das Rigg: »Ich habe euch besiegt!« Ich fühlte mich wie ein Hexenmeister, der die Welt nach seinen magischen Beschwörungen tanzen ließ.

Am Schluß gab es »standing ovations«. Nach der dritten Zugabe sagte ich zum Publikum: »Ich möchte jetzt einen Mann auf die Bühne holen, der sonst immer nur hinter den Kulissen steht: meinen Manager und Producer dieser Show!« Er stand in der Gasse seitlich von der Bühne, und ich rief ihm zu: »Komm raus, Dieter! Du hast wieder einmal recht gehabt!«

Während er sich neben mir etwas verlegen verbeugte, sagte ich in Gedanken: Danke euch allen. Danke Lauti und Ossi und euch Musikern. Danke, ihr Techniker und Roadies.

Und. Danke, Roter. Du kannst das Taschentuch jetzt wegnehmen.

Am Tag nach diesem Konzert schrieb ein Kritiker: »Carpendale hat sich mit Hunderten von Scheinwerfern und einem großen technischen Aufwand die Sache etwas zu leicht gemacht.«

Umgekehrt wird ein Schuh draus, mein Lieber. Umgekehrt...

An diesem Abend konnte ich lange nicht einschlafen. Zu viele Gedanken, zu viele Bilder waren in meinem Kopf.

Ich rief Claudia an, um ihr von dem Konzert zu erzählen.

Sie sagte: »Ich freue mich.«

Wahrscheinlich dachte sie in diesem Augenblick genauso wie ich an diesen Sommertag vor fünfzehn Jahren in Lauderdale. Als ich dort am Strand neben ihr in der Sonne lag, in den blauen Himmel starrte und sagte: »Ich gehe nicht zurück nach Deutschland. Und ich werde nicht mehr singen. Ich bleibe hier!«

Lauderdale hat herrliche Strände – einer schöner als der andere. Aber wir hatten uns ausgerechnet den einzig häßlichen ausgesucht, um baden zu gehen. Den von Fort Pierce.

Aber dieser häßliche Strand paßte genau zu unserer Stimmung. Seit einer guten Woche waren wir hier, und seit einer guten Woche versuchte Claudia, mich etwas aufzumöbeln. Aber es half nichts: Meine Moral war auf dem Tiefpunkt.

Kein Wunder: Seit meinem Höhenflug beim »Deutschen Schlagerfestival« ging es mit mir nur bergab. Mein schneller Ruhm war schnell verblaßt, und mein großkotziges Benehmen in der Öffentlichkeit hatte die Talfahrt beschleunigt. Okay – ich verdiente noch immer ganz gut Geld mit Diskotheken-Tingeleien. Aber meine Platten verkauften sich nicht gerade wie warme Semmeln. Um ehrlich zu sein: Sie verkauften sich überhaupt nicht. Sie lagen wie Blei in den Regalen.

Dabei hatte die Schallplattenfirma noch vor einem guten Jahr einen Traumvertrag mit mir abgeschlossen. Es war der bis dahin langfristigste Vertrag in der deutschen Plattenbranche. Er lief über zehn Jahre. Jahr für Jahr mußten sie mir einen Garantievorschuß von hundertfünfzigtausend Mark hinblättern, und für die damaligen Zeiten war das verdammt viel Geld – sogar für einen Künstler, der sich gut verkaufte. Um so mehr für mich, dessen Karriere ganz offenbar zu Ende war.

Ich fühlte mich elend. Ich hatte das Vertrauen der Schallplattenfirma nicht gerechtfertigt. Und die Firma ließ es mich merken. Sie behandelten mich auf einmal wie einen lästigen Verwandten, den man durchfüttern mußte. Eines Tages bekam ich einen Brief, in dem man mich bat, den Vertrag aufzulösen – »in gegenseitigem Einvernehmen«. Und man bot mir eine lächerliche Summe als »Abfindung«.

Der Brief war eine Unverschämtheit – aber ich war psychisch so weit unten, daß ich den Vorschlag fast annehmen wollte. Ich wollte niemandem zur Last fallen, ich wollte keine Almosen. Wenn Claudia nicht gewesen wäre – ich hätte damals wahrscheinlich aufgegeben.

Unsere Reise nach Lauderdale, unserem gewohnten Urlaubsort, war eine Flucht. Am Tag vor der Abreise hatte ich noch eine Auseinandersetzung mit Claudia – mitten auf dem Kölner Ring.

Ich hatte wieder einmal genörgelt. Plötzlich sagte sie: »Ich will dir etwas sagen: Du bist ein großer Großkotz. Und ich will dir noch etwas sagen: Du bist ein Versager und wirst es nie schaffen. Ich habe es immer gewußt!«

Einen Augenblick lang war ich sprachlos. Dann nahm ich in ohnmächtiger Wut meinen Schlüsselbund und warf ihn nach ihr. Das war das einzige, was ich als Wurfgeschoß zur Hand hatte. Er verfehlte sie und traf voll einen vorüberfahrenden Wagen. Der Fahrer drehte sich wütend nach mir um, und ich sah durch die geschlossenen Scheiben hindurch an seinem Gesicht und seinen Mundbewegungen, daß er mir nicht gerade ein paar Höflichkeiten an den Kopf warf.

Ich drehte mich um und lief weg. Zu Hause setzte ich mich in einen Sessel – und weinte. Weinte, wie ich es zum letzten Male als Acht- oder Neunjähriger getan hatte.

Am nächsten Tag flogen wir nach Lauderdale in den traurigsten Urlaub meines Lebens. Vierzehn Tage lang hatten wir das heikle Thema vermieden. Jetzt war der letzte Tag vor der Abreise zurück nach Deutschland. Und wir lagen am häßlichsten Strand der Stadt, und ich starrte in den blauen Himmel und sagte: »Ich gehe nicht zurück nach Deutschland. Und ich werde nicht mehr singen. Ich bleibe hier.«

Claudia blieb ruhig: »Das geht nicht. Du hast drüben deine Arbeit. Und du hast einen Millionenvertrag!«

»Ja«, schrie ich lauter, als ich eigentlich wollte. »Einen Millionenvertrag in der Tasche und keine Hits mehr!«

»Richtig. Und deswegen mußt du jetzt kämpfen. Du kannst nicht vor deiner Verantwortung davonlaufen!«

Ich wurde immer lauter. »Ich scheiße auf die Verantwortung! Und ich scheiße auf die Plattenfirma! Und ich scheiße auf deine klugen Sprüche!«

Nebenan lag eine amerikanische Familie unter einem blauen Sonnenschirm. Ein übergewichtiges Paar mit drei kleinen, vorlauten Kindern. Sie unterbrachen ihre Unterhaltung und starrten neugierig zu uns herüber.

Claudia blieb ruhig.

Aber ich war nicht mehr zu bremsen: »Ich brauche überhaupt nicht mehr zu singen, wenn mich niemand mehr hören will. Ich habe zwei gesunde Hände und kann jede Art von Arbeit annehmen. Ich habe es nicht nötig, wohltätige Gaben anzunehmen. Am allerwenigsten von meiner Schallplattenfirma.

Ich werde meinetwegen Nachtwächter oder Journalist oder Bauarbeiter oder sonst irgend etwas. Aber ich schwöre dir: Singen werde ich nicht mehr – keinen Ton!«

Claudia blieb immer noch ruhig.

Wenn ich heute an diese Minuten zurückdenke, dann weiß ich, daß sich damals auch das Schicksal unserer Ehe entschied. In diesem Augenblick, als ich ganz unten war, nahm Claudia mein Leben endgültig in ihre Hand. Sie wuchs in eine Rolle hinein, die nicht mehr nur die meiner Frau war. Sie zeigte mir den Weg, den ich gehen sollte, und baute meine Persönlichkeit neu auf. Damals legte sie den Grundstein für alles, was ich bis heute geworden bin. Aber sie legte damit auch den Grundstein für das Scheitern unserer Ehe.

Denn man lebt nicht ewig mit einer Frau zusammen, die so dominant ist – irgendwann nabelt man sich ab, emanzipiert man sich.

Nach meinem Ausbruch lag ich ruhig da und starrte in den blauen Himmel. Ich hatte alles hinausgeschrien, was ich auf dem Herzen hatte, und fühlte mich jetzt leer und ausgepumpt. Die Enttäuschungen der letzten Monate, die Demütigungen, wenn ich in den Gängen meiner Schallplattenfirma entlangschlich in der Hoffnung, niemand würde mich ansprechen – all das hatte mich gezeichnet, ausgelaugt. Ich schloß die Augen.

Die Familie nebenan hatte ihr Interesse an uns verloren und wandte sich wieder der eigenen, lautstarken Unterhaltung zu.

Claudia begann zu sprechen. Ihre Stimme hatte einen ganz neuen Klang – wenigstens schien es mir so. Sie klang bestimmend, aber ohne Aggression. Eindringlich, aber ohne Schärfe. Stark, aber ohne Härte.

Ich hielt meine Augen geschlossen, und als sie zu mir sprach, war es fast, als ob sie mich hypnotisierte, und ich nahm jedes Wort in meinen leeren Kopf auf.

»Du wirst nicht davonlaufen. Und du wirst es den anderen nicht zu leicht machen. Du brauchst weder als Nachtwächter zu arbeiten noch als Hilfsarbeiter. Du hast einen Millionenvertrag als Sänger. Und du hast ihn zu Recht, denn du bist ein guter Sänger. Du wirst ihn erfüllen und dafür sorgen, daß die anderen ihn auch erfüllen. Wir fliegen morgen zurück, und wir werden anfangen zu kämpfen. Und du wirst sehen – wir werden es schaffen. Wir werden es jetzt allen zeigen!«

Am nächsten Tag flogen wir zurück, und wieder einen Tag später stand ich vor dem Chef meiner Schallplattenfirma. Diesmal war ich nicht an den Wänden der Flure entlanggeschlichen. Ich war mit strammen Schritten in das Vorzimmer gestürmt und hatte gesagt: »Ich will den Chef sprechen!«

Jetzt saß ich vor ihm in einem tiefen Sessel und rauchte eine Zigarette. Er hatte sich in den letzten Monaten einen herablassend-mitleidigen Tonfall mir gegenüber angewöhnt, den ich eine Zeitlang für väterlich gehalten hatte.

Aber von diesem Tonfall war nichts mehr übriggeblieben, nachdem er meine ersten Sätze gehört hatte. Plötzlich saß da ein harter Geschäftsmann vor mir, der Manager einer großen Schallplattenfirma, und ich hatte den Eindruck, als ob in seinem Gesicht fast so etwas wie Respekt vor mir zu sehen war.

»Ich komme gerade von einem kleinen Urlaub in den Staaten zurück«, so hatte ich ihm erklärt. »Ich habe Zeit gehabt, über meine Situation nachzudenken. Und ich bin zu einem Entschluß gekommen.«

»Und was wollen Sie tun?« Seine Augen sahen mich prüfend an.

Vielleicht hoffte er doch noch, ich würde seine unanständigen Vorschläge annehmen und sang- und klanglos aussteigen.

»Ich mache Ihnen einen Vorschlag: Ich versuche es jetzt selber noch einmal!«

Er war überrascht: »Wie meinen Sie das?«

»Ich werde mich selber produzieren.«

Er versuchte es wieder mit der herablassenden Tour.

»Lieber Howard, Ihr guter Wille in allen Ehren – aber noch nicht mal Frank Sinatra produziert sich selber. Außerdem: Wer soll denn die Lieder komponieren?«

Ich sah ihm in die Augen: »Ich!«

Er sah mich fassungslos an: Das war jetzt keine Verhandlungsmasche mehr – er war wirklich fassungslos: »Sie haben noch nie im Studio produziert –

und jetzt wollen Sie sich selber produzieren. Na gut. Aber Sie haben noch nie ein Lied komponiert – und Sie glauben, Sie könnten besser komponieren als die besten deutschen Komponisten, die bisher für Sie gearbeitet haben? – Nein, das mache ich nicht mit!«

Aber er war schon auf der Verliererstraße. Er hatte keine andere Wahl. Ich wußte es – und er wußte es auch.

Ich schob noch einen Satz nach, den ich gar nicht hätte sagen sollen und gar nicht hätte zu sagen brauchen. Aber ich wollte fair bleiben: »Ich machen Ihnen einen Vorschlag: Sie lassen mich ein paar Monate arbeiten und finanzieren meine Produktionen und lassen mir völlig freie Hand. Und wenn es dann nicht klappt, lösen wir den Vertrag!«

Jetzt grinste er. Vielleicht imponierte ihm meine Art. Vielleicht sah er auch seine Chance, mich auf diese Weise loszuwerden. Wahrscheinlich beides ein bißchen. Jedenfalls reichte er mir die Hand über den Chefschreibtisch und sagte: »It's a deal!«

In den folgenden Monaten arbeitete ich wie besessen. Ich komponierte ein paar Lieder. Aber weil meine Gitarrenkenntnisse sehr dürftig waren und ich auch keine Noten schreiben konnte, sang ich die Lieder auf eine Kassette und bat einen Freund, sie aufzuschreiben. Ich ließ die Texte schreiben und kritisierte so lange herum, bis jedes Wort stimmte. Ich buchte Studios, Musiker, Techniker. Dann fing ich an zu produzieren.

Ich hatte den Eindruck, alle ließen sich von meiner Aktivität anstecken, alle arbeiteten wie verrückt, um das beste Ergebnis herauszuholen. Um jeden Ton, um jeden Sound wurde gekämpft.

Abends kam ich nach Hause und erzählte Claudia von meiner Arbeit, spielte ihr die Bänder vor. Sie saß da mit leuchtenden Augen, hörte zu, lobte, kritisierte. Wir waren zwei Kämpfer geworden – wir wollten es allen zeigen.

Ein paar Monate nach meinem Gespräch mit dem Big Boß war meine erste Eigenproduktion fertig: vier Lieder – drei schnelle Songs und eine Ballade als B-Seite.

Ich stapfte in die Chefetage, um die Bänder vorzuspielen. Der Big Boß war nicht da – er war nach London zu seinem Big Boss geflogen. Vielleicht mußte er da Rechenschaft darüber ablegen, wieso er schon wieder hundertfünfzigtausend Mark Garantie an den Versager Carpendale auszahlen mußte und ihm außerdem noch eine teure Produktion finanzierte. Ich lächelte etwas bei dem Gedanken, daß jeder Big Boss immer noch einen big, big Boss über sich hat, vor dem er zittert. Das Bild der russischen Puppen kam mir in Erinnerung, wo eine Puppe sich jeweils in einer anderen verbirgt.

Sein Stellvertreter hörte sich die Bänder an. Ruhig, aufmerksam. Er war ein Mann mit großer Sachkenntnis, und seine Meinung war mir sehr wichtig. Er legte das Band auf das Abspielgerät in seinem Büro und drehte auf volle Lautstärke. Als die Musik einsetzte, wagte ich nicht mehr, ihm ins Gesicht zu sehen. Ich war nervös und hatte Angst vor seinem Urteil. So muß es den Gladiatoren zumute gewesen sein, die aus der Arena in die Kaiserloge starrten, um zu sehen, ob der Daumen nach oben oder nach unten zeigte.

Ich starrte auf den Boden, während mein erster Song in voller Lautstärke von den Wänden dröhnte. Nach einer halben Minute sah ich, wie der Fuß meines Gegenübers anfing, den Takt mitzuschlagen.

Jetzt schaute ich doch vorsichtig nach oben in sein Gesicht. Ich atmete tief auf: Er lächelte wohlwollend.

Als er alle vier Lieder abgehört hatte, stand er auf, ging zum Abspielgerät und ließ sorgfältig das Band zurücklaufen. Einen Augenblick hörte man nichts als das Zurückspulen des Bandes. Ich saß da und wartete. Würde der Daumen nach oben zeigen?

Er lächelte. »Die Songs sind gut. Und die Ballade ist sogar sehr gut! Ich gratuliere...«

»Die Ballade?« Ich verstand nicht. »Aber die ist als B-Seite gedacht!«

»Nein – das wird die A-Seite. Und du wirst sehen – sie wird ein Hit!«

Ich beugte mich seiner Erfahrung. Glücklicherweise. Wochen später kam die Ballade auf den Markt. Ihr Titel war: »Da nahm er seine Gitarre«.

Ich fuhr nach Spanien in Urlaub. Ich konnte ohnehin nichts mehr tun. Ich hatte alles getan, was möglich war, und meine ganze Energie in diese Platte gesteckt. Jetzt mußte das Schicksal entscheiden. Und wenn nicht das Schicksal persönlich, dann zumindest die Discjokkeys, die Fernsehredakteure, die Plattenkäufer. Ich konnte jetzt nicht mehr tun als warten – und in meiner Wohnung fiel mir die Decke auf den Kopf.

So saß ich also am Strand von Marbella und wartete, was passierte. Hin und wieder rief ich die Schallplattenfirma an, aber Genaues konnte mir keiner sagen: »Wir müssen abwarten«, hieß es. Ich verstand das, denn der erste Impuls mußte vom Publikum kommen. Der Schallplattenhandel war nicht mehr geneigt, auf meinen Namen hin viele Platten zu bestellen. Im Gegenteil: Die schlugen langsam die Hände über dem Kopf zusammen, wenn der Vertreter eine neue Carpendale-Platte auf den Ladentisch legte.

Unser Hotel war direkt am Strand gelegen. Eines Tages, wir hatten uns schon seit früh morgens in der Sonne geaalt, ging ich zurück ins Hotel, um eine Kleinigkeit zu Mittag zu essen. Claudia hatte keinen Hunger und sagte: »Bring mir nur was zu trinken mit, wenn du wiederkommst!«

Ich bewunderte sie. Während ich von Tag zu Tag nervöser wurde, war sie die Ruhe selber. Sie schien keine Nerven zu haben, keine Gefühle. Da war nur in ihrem Blick eine eiskalte Stärke, wenn wir über meinen Beruf sprachen. Wenn ich selbst auch hin und wieder an meinem Erfolg zweifelte – ich wagte es nicht, mit ihr darüber zu sprechen.

Ich kam auf meinem Weg ins Restaurant an der Rezeption vorbei. Der Portier, ein kleiner weißhaariger Spanier mit einem alten Gesicht und jungen, lustigen Augen, machte mir ein Zeichen mit der Hand. Ich blieb stehen.

»Señor, da ist eben ein Telegramm gekommen für Sie, aus Alemaña!« Er holte aus meinem Schlüssel-

fach einen Umschlag und reichte ihn mir herüber. Ich nahm ihn mit einer nervösen Bewegung und riß ihn auf.
Dann las ich, was im Telegramm stand. »sofortige rückkehr erforderlich stop gitarre in zdf-hitparade am samstag stop herzlichen glückwunsch emi-electrola.«

Ich drehte mich um und lief zum Strand zurück. Claudia lag in der Sonne, und als ich näher kam und mein Schatten auf sie fiel, blinzelte sie mich mit einem Auge an. »Hast du was zu trinken mitgebracht?« fragte sie.

»Nein – aber das hier!« Ich hielt ihr das Telegramm hin.

Sie sprang auf, nahm mir das Telegramm aus der Hand. Langsam las sie den Text. Ich wartete auf ihre Reaktion.

Sie reagierte überhaupt nicht. Sie starrte auf das Telegramm, als ob sie den Text nicht verstehen könnte. In ihrem Gesicht war weder Überraschung noch Freude.

Ich nahm sie mit beiden Händen an den Schultern und schüttelte sie. »Weißt du, was das heißt? Das heißt: Wir haben es geschafft. Wir haben gewonnen!«

Sie ließ das Telegramm zu Boden fallen, und ihre Schultern fielen etwas nach vorne. Sie sank in sich zusammen, legte den Kopf an meine nackte Brust und fing an zu weinen. Ich spürte, wie die Tränen auf meiner Haut herunterliefen wie zwei kleine Bäche.

»Warum weinst du?« fragte ich.

Und sie sagte so leise, daß ich es kaum verstehen konnte: »Ich bin glücklich. Und ich liebe dich ...«

Ein paar Jahre später fing die Zusammenarbeit mit Dieter an.

Die Electrola hatte mir die neuesten Presseausschnitte über mich zugeschickt. Ich blätterte sie durch und ärgerte mich. Es war wieder eine Menge über mich erschienen – aber warum schrieben alle in diesem Von-oben-herab-Ton über mich, so als ob ich ein Schuljunge wäre?

Immerhin hatte ich seit meiner ersten eigenen Produktion rund ein Dutzend Hits hintereinander gehabt und war so etwas wie ein Star.

»Der blonde Riese aus Südafrika«, »Deutschlands blonder Softie«, »Howie mit der sanften Stimme« ... wieso beschrieben sie meine Haarfarbe statt meine Musik, wieso nannten mich alle bei diesem lächerlichen Kosenamen »Howie«? Seit ein paar Monaten schlug ich mich schon mit diesen Fragen herum. Es konnte nicht nur an den Journalisten liegen. Es mußte auch mit mir selber zusammenhängen. Mit der Art, wie ich in der Öffentlichkeit präsentiert wurde.

Ich brauchte einen PR-Mann. Jemanden, der meine künstlerische Persönlichkeit richtig verkaufte. Vielleicht auch jemanden, der mich in große Fernsehsendungen brachte. Denn bis dahin war ich zwar der meistvertretene Künstler in der Hitparaden-Fernsehsendung, aber noch nie hatte ich ein Angebot für eine der großen Abendsendungen bekommen.

In meiner Schallplattenfirma hatte ich die Frage schon ein paarmal besprochen, und es waren auch verschiedene Namen gefallen. Namen von bekannten, buntschillernden Managern aus der Showszene. Und irgendwann fiel dann auch der Name eines Außenseiters: Dieter Weidenfeld.

Ich hatte Dieter in den Jahren seit unserer ersten, kurzen Begegnung einige Male wiedergesehen. Er war inzwischen in München gelandet und war da irgendsowas wie ein Geschäftsführer in einem großen Musikverlag. Hin und wieder tauchte er bei Show-Anlässen in Begleitung von Künstlern auf, mit denen er damals arbeitete: Gilbert Bécaud etwa oder Udo Jürgens. Irgendwann las ich dann von ihm, daß er sich selbständig gemacht habe.

Wir haben uns, glaube ich, in den ganzen Jahren nie richtig gesprochen. Wir nickten uns zu und sagten manchmal zueinander so etwas in der Art wie »Hallo! Wie geht's?« oder »Na, alles klar?« oder ähnliche bedeutsame Sachen.

Er war ein wenig ein Außenseiter, der auch immer etwas unbeteiligt wirkte; so als ob ihn die Showbranche eigentlich gar nicht so recht interessierte. Nach den Veranstaltungen verschwand er mit seinen Künstlern meistens sehr schnell, und ich sah ihn auch nie bis in die frühen Morgenstunden an der Bar stehen, wenn sich dort die Macher der Branche trafen. Aber das lag vielleicht auch daran, daß ich da selber nie auftauchte.

Ich möchte nicht sagen, daß ich ihn unbedingt mochte; aber immerhin schien er zu wissen, was er wollte.

Als dann sein Name in den Gesprächen bei der Schallplattenfirma auftauchte, sagte ich: »Ich werde mich mal mit ihm unterhalten . . .«

Jetzt legte ich die Presseausschnitte zur Seite, fuhr zur Electrola, ließ mir Weidenfelds Telefonnumer geben und rief an.

»Hallo – hier spricht Howard Carpendale.« Ich tat sehr förmlich.

»Guten Tag, Herr Carpendale. Was gibt's?« Die Antwort kam ebenso förmlich.

»Ich weiß nicht, ob Sie verfolgt haben, was ich inzwischen tue«, sagte ich, und Herr Weidenfeld gab höflich zur Antwort: »Oh, natürlich! Ich nehme sehr Anteil an Ihrer Karriere!«

Ich holte etwas Luft, um langsam zum Thema meines Anrufes zu kommen. Ich wollte irgend so etwas sagen wie: »Ich würde mich gerne mal mit Ihnen unterhalten« oder so.

Statt dessen wurde, ohne daß ich es eigentlich wollte, eine lange Rede daraus.

Ich sagte: »Gut. Dann wissen Sie ja wohl auch, daß ich inzwischen Deutschlands erfolgreichster Teenagersänger geworden bin. Aber irgendwie habe ich das Gefühl, daß ich jetzt an einem Punkt angekommen bin, wo ich mich entscheiden muß, welchen Weg ich weitergehen will.

Natürlich – ich kann einfach so weitermachen wie bisher, und ich werde damit sicher auch noch für ein paar Jahre Erfolg haben. Aber mit jeder Falte, die in mein Gesicht kommt, werde ich ein paar Plattenkäufer verlieren, und wenn ich vierzig bin, dann bin ich am Ende meiner Karriere. Ich werde vielleicht Millionär sein – und dann kann ich Frührentner spielen oder ein Immobilienbüro in Florida aufmachen. Ich glaube nicht, daß mir das Spaß machen würde.

Die Alternative dazu ist, daß ich anfange, meinen Beruf ernst zu nehmen. Und genau das ist es, was ich möchte. Nur: Dazu brauche ich jemand, der mir hilft. Können wir uns sehen?«

Ich hörte auf zu reden. Das alles war einfach so aus mir herausgekommen. Noch nie vorher hatte ich meine Situation auch mir selber gegenüber so klar analysiert und definiert. In der Parapsychologie erzählt man sich von Fällen, in denen Medien automatisch schreiben. Ihre Hände bewegen den Kugelschreiber, ohne daß sie genau wissen, was sie da niederschreiben – und am Ende ist das Ganze irgendeine Prophezeiung oder sonst eine Wahrheit. Das eben war fast ein Fall von »automatischem Sprechen«.

Weidenfeld schien sehr beeindruckt von meiner Tirade zu sein. Eine Ewigkeit lang sagte er nichts. Oder sollte er schon eingeschlafen sein?

Dann hörte ich: »Hmmm ... das klingt interessant.« Er schien nachzudenken. Dann setzte er etwas lebhafter hinzu: »Sehr interessant sogar. Wir sollten uns sehen. Wie sieht es morgen abend aus? Ich käme nach Köln geflogen ...«

So leicht wollte ich es ihm jetzt auch wieder nicht machen. Mir tat es ohnehin schon fast leid, daß ich mich ihm gegenüber so offengelegt hatte.

»Morgen kann ich nicht. Hab' 'ne wichtige Besprechung. Aber übermorgen ginge. Übermorgen abend...«

»Okay. Also dann übermorgen ...«

Wir trafen uns in einem Dachgarten-Restaurant mit Blick auf Köln zum Abendessen.

Weidenfeld hatte sich eigentlich kaum verändert, seit wir uns das erste Mal gesehen hatten – wenn man davon absieht, daß er jetzt etwas mehr Falten und weniger Haare hatte als damals.

Ich hatte angenommen, daß wir gleich zur Sache kommen würden. Denn mir war noch nie passiert, daß man in der Showbranche über was anderes sprach als über die Showbranche. Oder bestenfalls über Frauen.

Aber Weidenfeld ließ sich damit Zeit. Erst studierte er ausgiebig die Speisekarte und erzählte mir dabei, daß er leidenschaftlich gerne koche und gerade dabei sei, ein Kochbuch über die französische Küche zu schreiben.

Nachdem der Ober die Bestellung entgegengenommen hatte, sprach er von einer Tournee, die er gerade mit dem weltberühmten Hypnotiseur Martin St. James vorbereitete, und über seine psychologischen, wissenschaftlichen Experimente, die er mit ihm zusammen machte. Er erwähnte, daß er von Haus aus Soziologe sei und sich im Augenblick sehr mit Problemen der Sozialpsychologie beschäftige.

An dieser Stelle der Unterhaltung begann ich zu zweifeln, ob ich da den richtigen Partner in Augenschein nahm. Denn offenbar war er an allem anderen interessiert, nur nicht am Showbusiness.

Bei der Suppe redete er über Politik, beim Hüftsteak über die Unzuverlässigkeit von Wirtschaftsprognosen und beim Roquefort Papillon über die Psychologie im Sport.

Ich spielte sein Spiel mit, und eine gute Stunde diskutierten wir eifrig. Vielleicht kommt für meinen Beruf nicht viel dabei raus, dachte ich, aber es war sicher ein ganz anregender Abend. Und das ist ja auch nicht das Schlimmste ...

Sollte er aber darauf lauern, daß ich von mir aus das Thema einer Zusammenarbeit anschneiden würde, dann hatte er sich getäuscht. Da konnte er lange warten.

Beim Dessert dann, einer Tarte Tatin, kam er plötzlich zum Thema. Ohne jeden Übergang fing er an, mich auszufragen. Präzise, klar, ohne Umschweife. Ich ärgerte mich fast ein wenig über die inquisitorische Art der Fragerei, aber auf der anderen Seite gefiel mir die distanzierte, sachliche Art. Es war genau die Art, wie ich selber auch die Dinge betrachtete.

Er war sicherlich nicht jemand, der zuviele Schmeicheleinheiten verteilte. Aber er schien zu wissen, wovon er sprach, und so gab ich bereitwillig auf alles Antwort.

Eine Viertelstunde später lag mein ganzes Berufsleben offen vor uns. Und es war auch für mich interessant gewesen, einmal in dieser Form Bilanz zu ziehen.

Schließlich sagte Weidenfeld: »Ich würde Sie gerne mal live auf der Bühne sehen. Wann kann ich das?«

Eine Woche später kam er zu einem Bühnenauftritt in Aachen. Ich trat da mit meiner kleinen Band in einem Saaltheater auf.

Nach der Show kam Weidenfeld in meiner Garderobe auf mich zu und sagte: »Prima. Gratuliere! Ich würde gerne mit Ihnen arbeiten!«

Ich lachte und sagte: »Ja, ich glaube, es war ein gutes Konzert!«

Weidenfeld grinste mich an. Er sah mir in die Augen und sagte: »Als Show war es gut – aber als Konzert war es beschissen, und Sie selber machen noch so ziemlich alles falsch, was man falsch machen kann. Und trotzdem haben Sie diesen Erfolg! Das zeigt, daß Sie das haben, was man Charisma nennt, und das ist das Wichtigste!«

Sein Grinsen wurde breiter, als er sagte: »Was denken Sie, wie Ihr Erfolg erst sein wird, wenn Sie alles richtig machen!«

Jetzt grinste ich zurück: »Wir können's ja mal versuchen.«

An diesem Abend begann unsere Zusammenarbeit. Und sie ist sicherlich die erfolgreichste und langfristigste geworden, die es in der deutschen Showszene zwischen Künstler und Manager gab.

Übrigens: Wir haben bis heute keinen schriftlichen Vertrag miteinander gemacht...

Die richtige Zusammenarbeit mit Dieter fing allerdings dann anders an, als ich es gedacht hatte. Irgendwie hatte ich mir vorgestellt, daß jetzt plötzlich frischer Wind in mein Leben käme, daß er mit Verträgen fürs Fernsehen anrückte und mit Journalisten, die große Artikel über mich schrieben.

Aber nichts von alledem passierte.

Hin und wieder tauchte er auf, diskutierte mit mir über alles mögliche, sah mir bei Auftritten zu und verschwand wieder.

»Nicht, daß ich ungeduldig bin«, sagte ich ihm eines Tages, als er im Studio bei Plattenaufnahmen zuhörte. »Aber wann geht eigentlich unsere Zusammenarbeit los?«

Er zuckte die Schultern und lachte etwas verlegen. »Sie ist schon in vollem Gange – Sie merken es nur noch nicht...«, sagte er. Ich sah ihn fragend an.

»Wie soll ich Ihnen das erklären? – Ich muß mir erst ein Bild von Ihnen machen. Ich muß erst eine Vorstellung davon haben, worauf wir zielen. Und um das Ziel zu sehen, muß ich die Augen schließen und nachdenken...«

Ich war mir nicht ganz sicher, ob er mich foppen wollte oder ob er es ernst meinte. Vorsichtig fragte ich: »Aber wäre es nicht sinnvoller, sich vielleicht schon mal um ein paar Verträge oder so was zu kümmern?«

Ärgerlich machte er eine verächtliche Handbewegung und schaute aus dem Fenster: »Verträge! Was sind schon Verträge! – Nein, wir erreichen unser Ziel nicht durch Cleverness, sondern indem wir die Augen zumachen und nachdenken.« Er drehte sich abrupt zu mir um: »Kennen Sie das Buch ›Zen in der Kunst des Bogenschießens‹? Die Zen-Meister treffen ihr Ziel, ohne es anzuvisieren. Weil sie das Ziel internalisiert haben, weil es in ihrem Kopf ist, weil sie schon getroffen haben, bevor der Pfeil den Bogen verläßt...«

Ich mußte innerlich ein wenig lachen. Ich dachte an den glatzköpfigen, blinden Zen-Meister in David Carradines Kung-Fu-Serie im Fernsehen. Immerhin beschloß ich, mir »Zen in der Kunst des Bogenschießens« zu kaufen.

Wir waren schon mitten in unserer Zusammenarbeit – ich hatte es nur noch nicht gemerkt...

Wenn ich heute nach zehn Jahren auf diese Jahre der Zusammenarbeit zurückblicke, dann stelle ich fest, daß wir weitaus mehr über Psychologie als über Bühnenkleidung, mehr über Philosophie als über Verstärkeranlagen, mehr über Taoismus als über Verträge diskutiert haben.

»Es ist wie die Sache mit dem HB-Männchen!« sagte Dieter oft.

Damals lief diese Zigarettenreklame immer in den Kinos. Ein kleines Zeichentrickmännchen verhaspelte sich mehr und mehr in irgendeine praktische Tätigkeit, bei der alles schieflief. Er wurde nervöser und nervöser, bis es schließlich im wahrsten Sinne des Wortes vor Wut in die Luft gehen wollte. Aber in diesem Moment hielt es ein Märchenprinz zurück und steckte ihm eine Zigarette in den Mund. Dazu sagte eine tiefe, beruhigende Stimme:

»Aber, mein Freund, wer wird denn gleich in die Luft gehen? Greife lieber zur HB, dann geht alles wie von selbst!« – In diesem Moment ertönte harmonische Musik, das Männchen rauchte – und wie durch

Zauberhand ordnete sich alles Chaos wieder.

»Es ist wie die Sache mit dem HB-Männchen«, sagte er zu mir. »Wenn wir die richtigen Rahmenbedingungen schaffen, dann geht alles andere wie von selbst. Wir müssen in unserem Kopf die Ordnung schaffen, dann kommt die äußere Ordnung von alleine…«

Zu Anfang war mir das alles noch ein wenig unheimlich. Manchmal hatte ich den Eindruck, als ob Dieter sich zu sehr mit Parapsychologie und solchen Dingen beschäftigt habe. Aber seltsam: Es schien zu funktionieren. Denn vom Tag unserer Zusammenarbeit an ging es langsam, aber unaufhaltsam aufwärts.

Manchmal ging es mir nicht schnell genug. Aber dann hatte er immer irgendeinen Spruch parat wie: »Man muß am Ufer sitzen und warten, bis das Glücksschiff vorbeikommt. Erst dann kann man es besteigen. Das ist eine alte Tao-Weisheit, und im Augenblick sitzen wir noch am Ufer und warten…«

Ich glaube immer noch, daß seine Tao-Sprüche oft nur eine Ausrede waren, wenn er irgend etwas vergessen hatte zu tun. Aber genau werde ich es wohl nie wissen, denn auch dafür hatte er eine Ausrede: »Natürlich habe ich das vergessen«, sagte er dann. »Weil mein Unterbewußtsein es vergessen wollte. Und mein Unterbewußtsein hat recht…«

Nach ein paar Monaten begannen wir, an einem Konzertprogramm zu arbeiten.

»Dein Auftritt ist nicht gut«, sagte Dieter. »Bis du anfängst zu singen, weiß ich nicht, ob du der Star der

Show bist oder nur ein Bühnenarbeiter, der das Mikrofon zurechtrückt!«

»Na schön«, gab ich zur Antwort, »was soll ich tun: soll ich langsamer gehen oder später herauskommen, oder was stellst du dir vor?«

»Zerbrich dir darüber nicht den Kopf. Du sollst nicht deinen Gang ändern, sondern deine Einstellung. Wenn du selber weißt, daß du der Star bist, dann werden es die anderen auch wissen. Hämmere dir in den Kopf ein, daß die Zuschauer unten im Saal nur für diesen Augenblick leben und sehnsüchtig darauf warten, daß du endlich auftrittst! Und dann stelle es dir bildhaft vor, wie die Leute toben werden, wenn du erscheinst. Stell es dir vor – visualisiere es! Und du wirst feststellen: Die Leute werden wirklich toben.«

»Und wenn nicht?«

»Dann hast du es dir nicht genügend vorgestellt! Du hast mir erzählt, wie du damals das ›Deutsche Schlagerfestival‹ gewonnen hast. Warum hast du es gewonnen? Etwa, weil dein Song so genial war? – Er war gut, aber es haben schon bessere Lieder nicht gewonnen. Nein, nein – der Grund ist ein ganz anderer: Du hattest schon gewonnen, bevor du auf die Bühne kamst. Wie der Zen-Meister das Ziel schon vorher trifft, bevor der Pfeil den Bogen verläßt...«

Ich sog all diese Dinge auf wie ein trockener Schwamm das Wasser. Denn plötzlich bekam mein Beruf eine ganz neue Dimension.

Vieles von dem, was wir diskutierten, hatte ich schon immer unbewußt getan – jetzt wurde es mir bewußt. Da war zum Beispiel die Sache mit dem »Visualisieren«, der bildlichen Vorwegnahme des Ziels.

Meine Mutter hatte einmal in einem Interview über mich gesagt: »Howard wird immer Erfolg haben, und er hätte auch in jedem anderen Beruf Erfolg gehabt. Das wußte ich schon, als er noch ein kleiner Junge war.«

Ich war ärgerlich geworden, als ich dieses Interview las, und wollte zuerst mit meiner Mutter schimpfen. Aber dann dachte ich nach und kam dahinter: Wahrscheinlich hatte sie gar nicht so unrecht. Aber nicht deshalb, weil ich ein so toller Kerl bin, sondern weil ich von der Natur aus diese Fähigkeit geerbt habe, mich im Geist immer als Sieger zu sehen. Schon als Dreizehnjähriger sah ich mich in Gedanken schon immer im Sport auf dem Siegerpodest stehen. Und wenn man mich fragte, was ich werden wollte, sagte ich nie: »Cricketspieler«. Ich sagte: »Cricket-Star«.

Ich habe kürzlich ein Interview mit der Navratilova gelesen. Sie hatte in einem wichtigen Match mit 4:6/3:5 zurückgelegen und dann plötzlich dieses schon fast verlorene Spiel herumgerissen und für sich entschieden.

»Frau Navratilova«, wurde sie vom Reporter gefragt. »Als Sie schon hoffnungslos zurücklagen, verwandelten Sie sich plötzlich in eine neue Spielerin. Sie waren nicht mehr wiederzuerkennen. Was ist da in Ihnen vorgegangen?«

Und die Navratilova hat gesagt: »Ich war schon auf der Verliererstraße. Ich hatte Angst bei jedem

Ball. Dann aber habe ich mich besonnen und angefangen, mir das Ende des Spiels vorzustellen – das Ende als Siegerin. Ich sah mich in Gedanken zum Netz gehen, die Gegnerin gratulierte mir, ich winkte zum Publikum, ich sah in Gedanken, wie ich den Pokal entgegennahm. Und von diesem Augenblick an spielte ich wieder wie eine Siegerin.«

Das alles waren Dinge, die ich schon seit Jahren fühlte, aber die mir nicht bewußt geworden waren. Es waren Gedankengänge, die mir immer wieder in anderen Zusammenhängen begegnet waren. Langsam wuchsen sie zu einem einheitlichen Gebäude zusammen.

Ich stürzte mich mit neuem Eifer auf meinem Beruf. Er war wieder eine Herausforderung für mich geworden. Ich glaube, in diesen Monaten des Aufbruchs bin ich Künstler geworden. Vorher war ich jemand, der mit Singen Geld verdiente ...

Ich hatte vor Jahren mein Haus in Florida vermietet und mir eine kleine Wohnung in einer Wohnanlage direkt am Atlantikstrand gekauft. Es war eine hübsche Anlage mit Swimmingpools, vielen Palmen, nur zweigeschossigen Flachbauten und Bungalows und einem schwerbewaffneten, uniformierten Security-Mann an der Einfahrtsschranke.

Als ich den Vertrag unterschreiben wollte, bat mich die Verwaltung zu einem kurzen persönlichen Besuch.

»Bringen Sie doch bitte Ihre Familie mit, das ist

hier bei uns so üblich. Ich meine ... alle Familienangehörigen, auch den kleinen Sohn«, sagte mir der Herr am Telefon.

Ich zerbrach mir nicht den Kopf darüber und ging mit Claudia und Wayne hin. Das Gespräch dauerte nur wenige Minuten. Der Chef der Verwaltung sagte zu uns: »Nett, daß Sie gekommen sind. Herzlich willkommen in unserem Park!« Dann kamen noch ein paar Floskeln über das Wetter, und wir gingen wieder.

Abends klärte mich Tom, mein Rechtsanwalt, auf: »Aber das ist doch hier so üblich. Die wollten nur sehen, ob in deiner Familie nicht jemand zufällig eine schwarze Hautfarbe hat!«

Ich war wie vor den Kopf geschlagen. An diese Möglichkeit hatte ich gar nicht gedacht. In meiner Heimat Südafrika ja. Aber doch nicht hier, im freiesten Land der Welt!

Ich dachte auf einmal an die Cricketspieler aus London, an Sammy Davis jr. und Sugar Ray Robinson.

Ich dachte an Sarah, und das gab mir einen kleinen Stich.

Und ich dachte an den guten, alten Samson.

Es war an meinem achten Geburtstag. Ich war am Vorabend voller Erwartung eingeschlafen. Ich hatte meine Eltern immer wieder tuscheln gehört, und dabei warfen sie dann bedeutungsvolle Seitenblicke auf mich. Und einmal am Nachmittag waren sie unter einem Vorwand weggefahren. Als sie nach einer Stunde wiederkamen, beschäftigte mich meine Mutter in der

Küche, während mein Vater sich irgendwo draußen zu schaffen machte. Natürlich wußte ich, daß das alles mit meinem Geburtstagsgeschenk zu tun hatte, und deshalb tat ich so, als ob mir das alles nicht auffiele, und spielte das Spiel mit.

Jetzt war früher Morgen. Ich war wach geworden, weil mir die Sonne ins Gesicht schien. Vielleicht auch, weil mich ein Geräusch geweckt hatte. Ja, sicher – im Halbschlaf hatte ich leise Schritte an meinem Bett gehört.

Ich öffnete die Augen und sah auf der Bettdecke einen Zettel liegen. Ich nahm ihn in die Hand. Meine Mutter hatte mit großen Druckbuchstaben draufgemalt: »Happy birthday! Schau mal am Telefon nach!«

Ich sprang aus dem Bett und rannte zum Telefon im Wohnzimmer. Da lag wieder ein Zettel: »Schau mal unters Bett!« – Ich raste zurück ins Schlafzimmer. Meine Eltern waren aus ihrem Zimmer gekommen, mein Vater hatte den Arm um die Schultern meiner Mutter gelegt und beide lachten. Ich legte mich auf den Boden vor mein Bett und sah wieder einen Zettel. »Nicht hier... schau ins Bad!«

Ich raste durchs Haus: »Schau in den Eisschrank!« – »Schau auf den Küchentisch!« – »Schau in die Diele!«

Nach einem guten Dutzend Zetteln kam ich atemlos in die Garage. Da stand mein Geburtstagsgeschenk: ein großes, buntes, glänzendes Fahrrad. Ich konnte es kaum fassen.

Ich schlang schnell mein Frühstück herunter,

schmiß meinen Pyjama in die Ecke, zog mir ein paar Shorts an und radelte los. Die Sonne schien, es war ein herrlicher Sommermorgen; während ich die Straße rauf und runter fuhr, machte ich meine Pläne. In den Ferien würde ich eine Rundfahrt durch ganz Südafrika machen, mit einem oder zwei Freunden. Oder auch allein.

Ich überquerte die Straße, um zu unserem Haus zurückzufahren, und da passierte es: Meine nackten Füße rutschten vom Pedal ab, mein rechter Fuß verfing sich zwischen Zahnrad und Antriebskette. Ich stürzte auf die Straße, Autobremsen quietschten, ich hörte ein paar erschrockene Ausrufe von Passanten, ein Autokühler tauchte neben mir auf.

Ich lag auf der Straße, mein Fuß tat mir weh und blutete, mein Bein war verklemmt, und bei der kleinsten Bewegung drückte sich eine Zahnspitze des Antriebsrads immer tiefer in meinen Fuß.

Ich hatte Schmerzen und fühlte mich hilflos und schrie um Hilfe. Meine Mutter kam aus dem Haus gerannt. Ihr sonst so braungebranntes Gesicht war weiß, ihr Mund halb offen vor Schreck und Hilflosigkeit.

Da tauchte plötzlich über mir eine große schwarze Gestalt auf und beugte sich über mich. Es war Samson.

Samson war ein schwarzer Diener im Nachbarhaus. Wir Kinder mochten ihn gut leiden. Er war immer freundlich zu uns – und vor allem bewunderten wir ihn wegen seiner imponierenden Figur: Er war ein Riese an Gestalt mit Muskelpaketen, die Supermann vor Neid hätten erblassen lassen. Eigentlich hatte er irgendeinen Bantu-Namen – N'Gumba oder so. Aber irgendein Junge aus unserer Clique hatte ihn Samson getauft, und dabei blieb es dann.

Samson sah auf mich runter. Mit einem Blick erfaßte er die Situation. Er diskutierte nicht lange: Er nahm einfach die Fahrradkette mit seinen Riesenhänden, seine Muskelberge schwollen einen Moment lang an – dann knackte es und mein Fuß war frei. Samson hatte die Kette zerrissen. Einfach so, als ob es ein Stück morscher Bindfaden gewesen wäre.

Behutsam nahm er mich in die Arme und trug mich ins Haus. Er deponierte mich auf meinem Bett, lachte mir beruhigend zu und verschwand wieder.

Mein Fuß tat mir bald nicht mehr weh. In dem Alter verheilen Wunden schnell.

Ich aber mußte immer wieder an diese Geschichte denken. Immer wieder sah ich den großen Schatten von Samson über mir wie ein Schutzschild. Ich sah seine Hände, wie sie die Kette griffen und sie auseinanderrissen.

Es ist komisch: Aber je länger diese Geschichte her ist, um so bedeutungsvoller erscheint sie mir. Sie ist für mich eine Art von Schlüsselerlebnis geworden.

Vielleicht deshalb, weil Samson in diesem Moment etwas getan hat, was ihm sonst nie in den Sinn gekommen wäre. Denn ein Schwarzer berührt normalerweise einen weißen Jungen nicht, und er geht auch nicht einfach so ohne weiteres in ein weißes Haus.

Aber dieser Samson hat in diesen fünf Minuten

die Apartheid einfach übersprungen. Da war einfach ein Junge in Not – und schwarz oder weiß oder gelb oder rot spielte auf einmal keine Rolle mehr. Da war nur noch ein Mensch, der einem anderen Menschen half. Das ist jetzt schon vierunddreißig Jahre her, aber jede Einzelheit dieser Geschichte ist mir noch im Gedächtnis.

Heute, vor der Abfahrt in die nächste Tourneestadt, mußte ich wieder an Samson denken. Ich lag noch im Bett und stand gerade vor der schweren Wahl, entweder noch einmal die Augen zuzumachen und noch eine Viertelstunde zu schlafen oder aber in einem mannhaften Entschluß aufzustehen, unter die Dusche zu gehen und den Tag zu beginnen.

Ich glaube, ich hätte mich für das erste entschieden, aber genau werde ich das nie mehr wissen. Denn in genau diesem Moment klingelte das Telefon. Na schön.

Ich angelte den Hörer und murmelte in die Sprechmuschel ein freundliches »Hello«. Dabei schaute ich auf meine Uhr. Neun Uhr fünfunddreißig. Na also, ich mußte eh bald aufstehen.

»Hallo, spreche ich mit Herrn Carpendale?«

»Wer ist denn da?« fragte ich etwas unhöflicher, als ich es wollte.

»Guten Tag, Herr Carpendale. Verzeihen Sie, daß ich störe. Aber ich habe ein Anliegen an Sie . . .«

Seine Stimme klang sanft, sehr höflich. Und wenn er mir seinen Namen nicht gesagt hatte, dann war es wahrscheinlich keine Unhöflichkeit.

»Wer spricht denn da?« fragte ich also noch einmal.

Endlich nannte er seinen Namen und fuhr dann fort. »Ich bin Geistlicher und arbeite hier in einem Komitee gegen die Apartheid mit. Und wir wollten Sie bitten, Ihre Unterschrift unter einen Boykottaufruf zu setzen, der in allen großen Zeitungen und Zeitschriften veröffentlicht wird.«

»Tut mir leid«, sagte ich. »Aber da sind Sie bei mir an der falschen Adresse.«

»Aber ich spreche doch mit Howard Carpendale?« In der Stimme klang jetzt fassungsloses Staunen. »Sie sind doch auch ein Gegner der Apartheid!«

Natürlich bin ich das. Jeder vernünftige Mensch ist das. Aber ich glaube nicht, daß Boykott der richtige Weg ist, das Problem zu lösen. Boykott ist ein Kampf, und ich bin gegen Kampf. Außerdem muß man versuchen, möglichst viel zu erreichen. Und durch Boykott und Sanktionen werden die Verteidiger der Rassentrennung nur noch sturer.

Ich kenne meine südafrikanischen Landsleute. Sie können unglaublich stur sein. Dann sind sie bereit, gegen die ganze Welt zu kämpfen. Dann entdeckt jeder von ihnen in sich so einen kleinen Ohm Krüger. Diese Wagenburg-Mentalität hat das Land in den Pionierzeiten groß gemacht, heute kann sie das Land vielleicht ins Verderben stürzen.

Ich versuchte, meinen Standpunkt dem Geistlichen klarzumachen. Ich glaube nicht, daß er mich verstanden hat.

Der Kampf gegen Rassismus ist ein Kampf, der

nicht auf dem Schlachtfeld stattfinden darf, sondern in unseren Köpfen. Wir alle sind immer noch Rassisten, auch wenn wir es nicht zugeben wollen. Unsere Neger sind Türken oder Polen oder Russen oder die von der anderen politischen Partei. Wir alle müssen noch viel lernen.

Wir diskutierten fast eine halbe Stunde am Telefon miteinander. Dann, sagte ich: »Okay, ich glaube, ich muß Schluß machen. Ich habe zu tun...«

»Vielen Dank, Herr Carpendale«, sagte er. »Ich glaube nicht, daß Sie recht haben, aber ich respektiere Ihre Meinung!«

»Ich weiß auch nicht, ob ich recht habe«, gab ich zur Antwort und hängte ein.

Heute war wieder einmal eines von den Konzerten, an die ich lange denken werde.

Als mich Detlew gegen halb acht zum Bühneneingang fuhr, war ich in Superform. Ich hatte heute morgen lange geschlafen, ein reichliches Frühstück im Bett zu mir genommen und dabei im Kabel-Fernsehen einen Teil eines Cricket-Matches angesehen.

Es war die hundert-ich-weiß-nicht-wievielte Neuauflage des Derbys Westindien gegen England. Und aus irgendeinem Grund fiebert jedesmal wieder die ganze angelsächsische Welt mit, wie es wohl diesmal ausgehen wird. Der Kampf dauert jedesmal drei Tage – und drei Tage lang spricht man in England von nichts anderem.

Du steigst in ein Taxi, und der Taxifahrer fragt

dich zuerst nicht nach dem Weg, sondern nach dem vorläufigen Resultat des Spiels. Du kommst in ein Restaurant, und der Kellner dreht sich nicht nach dir um, sondern starrt auf das TV- Gerät in der Ecke. Du rufst einen Freund an und seine Frau ist am Telefon und sagt: »Ist es wichtig? Joe schaut sich gerade das Match an...« Man muß wohl Angelsachse sein, um das zu verstehen.

Gegen Mittag kam Detlew ins Zimmer, zog die Vorhänge auf, räumte meine Sachen in den Schrankkoffer, ließ das Badewasser einlaufen und murmelte irgend etwas von »Sch... Cricket, hast du nichts anderes zu tun?« – dann verkündete er nach einem Blick auf die Uhr: »In dreißig Minuten ist Abfahrt, und unten im Hotel wartet ein Typ von der Zeitung auf dich, mit dem du verabredet bist!«

Seufzend schaltete ich den Fernseher aus, obwohl die Westindies gerade einen neuen Schlagmann ins Spiel gebracht hatten und es also spannend wurde.

Eine Stunde später saßen wir im Wagen und fuhren los. Das Interview war kurz und schmerzlos gewesen. Dieter hatte mit dem Journalisten schon eine halbe Stunde gesprochen. So wollte er von mir nur noch ein paar persönliche Bemerkungen. Wie mir die Stadt gefalle und so. Ich sagte ihm, daß ich zum fünften Male hier bin – aber außer dem Hotel und der Konzerthalle nichts gesehen habe, leider. Aber vielleicht beim nächsten Mal...

Die Fahrt zur nächsten Stadt war angenehm. Detlew hatte ein paar neue Musikkassetten gekauft, das Wetter war schön, die Autobahn leer, und wir hatten keine Mühe, unseren Zeitplan einzuhalten. Um siebzehn Uhr waren wir angekommen. Den Soundcheck hatte ich mir heute geschenkt.

Ich kannte die Halle schon, außerdem war Elmar heute da, und er und Knibbel sollten den Soundcheck machen. Ich hatte ihnen vom Autotelefon aus Bescheid gesagt.

Im Hotel hatte man mir die Suite gegeben, die ich immer bewohne. Auf dem Tisch im Salon standen zur Begrüßung eine Flasche Champagner und ein Teller voll hübsch dekorierter Süßigkeiten. Verdammt noch mal – als ob ich nicht genug Ärger mit meinem Gewicht hätte. Ich aß eine der *truffes du jour* und gab den Rest dann Detlew, bevor ich noch in Versuchung kam. Dann zog ich meine Joggingsachen an und trabte los. Ich fühlte mich in Superform.

Wir hatten das Hotel gewählt, weil es mitten in einem großen Waldgebiet lag. So konnte ich mich richtig austoben.

Um neunzehn Uhr dreißig kam ich naßgeschwitzt zurück. Meine Haare hingen in Strähnen herunter, denn inzwischen hatte ein Nieselregen eingesetzt. Ich nahm ein heißes Bad, zog mich an und fuhr zur Halle.

Wie gesagt: ich war in Superform.

Vor dem Bühneneingang standen ein paar bekannte Gesichter. Echte »Fans«, die schon ein Dutzend oder mehr Konzerte gesehen hatten und die hier nur standen, um mir »toi-toi-toi« zu wünschen. Ich lachte zu ihnen rüber und ging rein. Der Portier drinnen in seinem Verschlag grüßte, indem er die

Hand militärisch an die Mütze legte: »Na, Herr Karpendahle, auch mal wieder da?« – «Sieht so aus!« sagte ich und grüßte zurück, indem ich meine Hand an einen imaginären Mützenrand legte.

Ich fönte meine Haare trocken, zog mein Bühnenkostüm an. Draußen hörte ich Detlew mit Kasernenhofstimme schreien: »Musiker – auf die Büüüh-ne!« Ossi steckte seinen Kopf in die Türe: »Denk dran, Howard: Die Bühne ist hier sehr klein, wir haben hinten keinen Platz mehr für eine Treppe gehabt!« – «Und wie soll ich auf das Mittelpodest kommen?« – »Wir heben dich im Dunkeln rauf, mach dir keine Sorgen...«

Na ja – das waren ja Aussichten. Aber heute konnte mich nichts erschüttern: Ich spürte, daß ich in Superform war. Ich wußte, es würde ein gutes Konzert sein.

Dieter kam rein. »Na, wollen wir mal? – Fünf nach acht – und fünftausenddreihundertzweiundsechzig Plätze ausverkauft. »... Ich nickte, stand auf und ging den langen Gang zur Bühne entlang. Der Gang war wie leergefegt, unsere Schritte hallten etwas wider, ich sang ein paar Töne: »Laa-laa-laa hellooo-again-la-la!« – Alles in Ordnung.

Draußen höre ich schon die Musik, Detlew steht da und drückt mir das Mikrofon in die Hand, ich gehe hinter die Bühne und suche die Treppe. Ach ja, richtig – die war ja heute nicht da.

Jemand hob mich im Dunkeln rauf. Ich stand für ein paar Sekunden da, und dann kamen die Spots, die mir grell ins Gesicht leuchteten. Hinter mir gingen ein paar Breitstrahler an, damit meine Silhouette zu sehen war, rund herum begannen die Lichter der Produktion in allen Farben zu spielen – und plötzlich war der Applaus da: Wie eine Detonation – Tausende von Händen klatschten aneinander, ich hörte Kreischen, Bravo-Rufe, Pfiffe, Trampeln. Ein Empfang wie im Bilderbuch. Ich spürte, wie meine Augen feucht wurden, obwohl ich sonst nicht gerade zur rührseligen Sorte zähle. Aber heute war irgendwie ein besonderer Tag – und heute wollte ich besser sein denn je. Langsam schritt ich die Treppe hinunter, dem Publikum entgegen.

Die erste Hälfte des Konzerts verging wie im Flug. Das Timing schien hervorragend, das Publikum ging in jeder Sekunde mit, kein einziger musikalischer Patzer, der Sound auf der Bühne war ein Genuß, und die Musiker schafften sich richtig rein.

Aber was am wichtigsten war: Ich selber war innerlich beteiligt wie schon lange nicht mehr. Ich sang meine Lieder nicht nur – ich fühlte sie. Ich hatte den Eindruck, daß ich auf einem Höhepunkt meiner Karriere angelangt war.

In der Pause saß ich in meiner Garderobe – etwas erschöpft, aber glücklich. Was für ein Konzert! »We've got them!« hatte Garcia mir zugegrinst, als wir von der Bühne gingen.

Dieter kam herein. Erstaunlicherweise strahlte er nicht, sondern machte ein Gesicht, als ob er Zahnschmerzen hätte. Ich strahlte ihn an: »Na, was sagst du?«

Dieter sagte zunächst nichts. Er brummte etwas

vor sich hin, zuckte die Schultern und setzte sich an den kleinen Tisch. Dann nahm er sich eine Praline aus der Schachtel, die ein Fan mir geschickt hatte, und begann sie zu lutschen. Ich wurde wütend:

»Jetzt sag nur, du hast nicht zugehört! Das ist ein Traumkonzert. Das beste zumindest auf dieser Tournee!«

Dieter zuckte noch einmal die Schulter. Dann schüttelte er den Kopf: »Nö – so gut ist es wirklich nicht. Es hat kein Tempo, weißt du. Nicht schlecht – aber auch nicht gut. So yellow-mellow...«

Ich starrte ihn an: »Das ist doch nicht dein Ernst! Ich hab' dieses Programm noch nie so intensiv gefühlt wie heute!«

»Na und? – Kein Schwein interessiert sich dafür, was du fühlst. Du mußt dafür sorgen, daß das Publikum etwas fühlt. Das ist dein Job!«

Da war es also wieder, das Diderot-Syndrom. Ich hätte es mir denken können – aber ich war so von mir selber begeistert, daß ich es übersehen hatte. Heute hatte es offenbar wieder voll zugeschlagen.

Vielleicht muß ich Ihnen jetzt erklären, was es damit auf sich hat.

Seit Dieter und ich zusammenarbeiten, haben wir immer wieder über die Frage diskutiert, was eigentlich künstlerische Arbeit in meinem Beruf bedeutet. Und immer wieder sind wir dabei auf die Kernfrage gestoßen: Was muß ein Sänger auf der Bühne fühlen, um zu überzeugen? – Ist er ein eiskalter Techniker, der seinen Beruf beherrscht, der seine Möglichkeiten kennt und das Publikum manipuliert? Oder ist er ein sensibler Mensch, der oben auf der Bühne seine Seele offenlegt und damit das Publikum überzeugt?

Dieter war früher einmal Schauspieler gewesen und vergleicht meinen Beruf als Konzertsänger mit dem des Schauspielers. Und eines Tages zitierte er in unserer Diskussion einen berühmten Aufsatz des französischen Schriftstellers Diderot über das »Paradoxon des Schauspielers«. Ein Schauspieler soll demnach innerlich unbeteiligt sein – nur so könne er sein Publikum überzeugen. Wenn er innerlich zu aufgewühlt ist, könne er gewissermaßen nur noch spielen – aber nicht mehr Schau-spielen.

Der alte Diderot hatte nicht so unrecht (auch wenn er es etwas extrem formuliert hat!). Und der heutige Abend hatte es wieder einmal bewiesen.

Ich war voll in die Falle gelaufen. Das Diderot-Syndrom hatte mich besiegt.

Ich ging in die Musikergarderobe. Da herrschte Riesenstimmung. »Ein duftes Konzert!«

Ich konnte und wollte ihnen die Stimmung nicht verderben.

»Hört zu«, sagte ich. »Die erste Hälfte der Show war prima. Aber bitte macht nicht den Fehler, vor lauter Begeisterung eine Jam-Session zu organisieren. Damit die zweite Hälfte genauso gut wird, müssen wir diszipliniert spielen. Denkt dran!« – Ich weiß nicht, ob sie mich verstanden haben. Vielleicht hatte es Garcia, der alte Zirkusgaul.

Das Konzert ging weiter. Bevor ich auf die Bühne ging, stand ich einen Augenblick lang hinter dem

Vorhang und konzentrierte mich. Ich ließ den äußeren Ablauf der Show noch einmal an mir vorübergehen, versuchte, mir jede Geste, jede Stimmung vorzustellen. Dann ging ich auf die Bühne – nicht unbeteiligt, wie der alte Diderot es wollte, aber diszipliniert.

Während der ganzen zweiten Hälfte fand ich nie mehr die innere Beteiligung wieder, wie ich sie in der ersten Hälfte gespürt hatte. Aber ich spürte statt dessen eine innere Klarheit und geistige Spannung.

Am Schluß der Vorstellung war der Beifall frenetisch. Immer wieder mußte ich raus auf die Bühne.

Zwischen einem der »falschen« Abgänge und der Zugabe kam Dieter zu mir. Jetzt hatte er keine Zahnschmerzen mehr. Er lachte. »Ich soll dich schön grüßen!« sagte er.

»Von wem?« fragte ich über die Schulter, während ich wieder auf die Bühne ging, den Spots entgegen, die da schon auf mich warteten.

Seine Stimme ertrank fast im Beifall, als er hinter mir herrief: »Von Monsieur Denis Diderot...«

Stunden nach dem Konzert – wir hatten alle zusammen in einer Altstadtkneipe noch etwas gegessen – lag ich wach im Bett. Ich dachte immer wieder an dieses eigenartige Konzert.

Natürlich hat Diderot in seiner extremen Formulierung nicht recht (und hat es wohl auch nicht so gemeint) – aber es ist schon ein eigenartiger Vorgang, wenn du auf der Bühne stehst. Auf der einen Seite bist du ein Handwerker, der seinen Beruf ausübt:

Der passende Gesichtsausdruck, die richtige Geste, die Stimme genau im richtigen Sound, mit dem Vibrato an der exakt dafür eingeplanten Stelle, das Mikrofon im richtigen Abstand – jetzt die Drehung zur Seite, damit die große Geste mit dem Arm besser zur Geltung kommt... alles genau überlegtes, präzises Profitum. Du willst das Publikum beeinflussen, in eine Stimmung versetzen.

Und dann plötzlich spürst du: Das Publikum reagiert genauso, wie du es berechnet hast. Und indem du das spürst, merkst du zu deinem Erstaunen, wie die Stimmung auf dich selber überspringt. Der Funke hat gezündet – und du gibst noch etwas zu: Dein Gesichtsausdruck wechselt, der ausgestreckte Arm fällt herunter. Du läßt deine Stimme leiser werden – und dein Publikum gibt dir die Antwort. Es ist wie ein Ping-Pong-Spiel, wie eine Rückkopplung – die Stimmung schaukelt sich immer mehr hoch. Du bist wie der Priester in einer magischen Beschwörung, und dein Gehirn ist wie in Trance. Du weißt genau, was du tust. Du tust es mit voller Absicht, wie du es hundertmal geprobt hast.

Vier Takte Pause zählen für das Instrumentalsolo, in der Zeit gehst du nach rechts. Vorsicht, da ist ein Tonartwechsel im Auftakt – und zur selben Zeit spürst du, wie du selber auf deine Technik reinfällst, genau wie das Publikum, mit dem du für Sekunden eins wirst. Das ist die Mystik des Showbusiness, das Tao in der Welt des Schlagers...

Ich schrecke hoch. Fast wäre ich eingeschlafen. Ich

stehe auf und suche mir eine Flasche Cola-light aus dem Eisschrank.

Auf einmal muß ich laut lachen. Manchmal hat man vor dem Einschlafen die besten Ideen. Das mit dem »Tao« war gut. Ich werde es morgen einem Journalisten erzählen. Mal sehen, was für ein Gesicht er machen wird.

Auf einmal fällt mir eine Geschichte ein, die schon fünfzehn Jahre her ist – und bei der mir dieses Ping-Pong-Spiel zum ersten Male bewußt geworden ist.

Es war in einer ZDF-Hitparade. Ich hatte die vorige Sendung mit, ich glaube es war »Spuren im Sand«, gewonnen und kam daher in der nächsten Sendung wieder zum Zuge. Dieter Thomas Heck hatte sich damals einfallen lassen, jeden der Sieger mit einem besonderen Gag zu überraschen. Die Zuschauer mochten das, denn das Ganze brachte ein neues, zusätzliches Showelement in diese Musiksendung. Auch für mich hatte er sich natürlich einen Gag ausgedacht.

»Na, was hast du heute abend mit mir vor?« fragte ich nachmittags bei der Generalprobe.

Dieter Heck sah mich von oben bis unten an. Sein Mund verzog sich zu einem breitem Lächeln, und er sagte triumphierend: »Das ahnst du nie!«

Ich lachte ihn an: »Na ja, so doll wird's schon nicht sein...«

Zwischen Generalprobe und Live-Sendung saß ich in der Künstlergarderobe und schrieb nachdenklich Autogramme vor. Was zum Teufel hatte Dieter Heck sich da ausgedacht? Irgendwie hatte er mich mit seinem triumphierenden Lächeln neugierig gemacht.

Der Aufnahmeleiter klopfte an die Türe: »Unten ist eine Dame für Sie am Telefon. Ich glaube, es ist Ihre Frau!«

Ich ging in das Büro der Aufnahmeleitung. Der Hörer lag neben dem Apparat. Ich nahm ihn auf.

»Hallo – wer ist da?«

Es war Claudia. Sie war offenbar etwas nervös.

»Gut, daß ich dich noch erwische«, sagte sie. »Aber ich weiß gar nicht, ob ich dir's sagen soll!«

»Nun schieß schon los!«

»Also – heute morgen hat Dieter Heck bei mir die Telefonnummer von deiner Mutter in Durban erfragt und mich gebeten, ich solle dir um Gottes willen nichts davon sagen. Und seit der Zeit kämpfe ich mit mir, ob ich dich anrufen solle oder nicht. Na ja, jetzt habe ich es also getan.«

»Okay – es war gut so. Danke dir. Ich rufe dich nach der Show zurück.«

Ich legte auf. Das also hatte er vor.

Zwei Stunden später lief die Live-Sendung. Ich hatte mein Lied gesungen, und Dieter Heck interviewte mich. Er sagte. »Du bist ja, wie wir alle wissen, aus Südafrika!«

Ich nickte. »Ja – aus Durban.«

»Wie ist denn jetzt das Wetter da unten?«

»Na ja, wie soll es sein. Es ist bestimmt schön, denn jetzt ist ja da unten Sommer!«

Ich wußte, daß er jetzt langsam auf sein Thema kommen wollte. Es war wie bei einem Schachspiel, wo jeder seinen Zug tat und den Zug des anderen vorausahnte. Oder wie bei einem Tennismatch, wo man sich die Bälle gegenseitig ins Feld schlägt, bis einer den Punkt macht.

»Na – ich meine nicht so allgemein. Ich meine: Welches Wetter ist genau jetzt in Durban?«

Jetzt war ich wieder am Ball, und fairerweise mußte ich ihm den Return so zurückgeben, daß er seinen Smash anbringen konnte.

»Woher soll ich das wissen? – Ich bin hier in Berlin und nicht in Durban!«

Das war die Vorlage, die sich der routinierte Dieter Heck nicht entgehen ließ. Er zog aus einer Ecke einen Telefonhörer hervor, reichte ihn mir herüber und sagte, während er wieder sein triumphierendes Lächeln lächelte: »Dann frag doch mal einfach deine Mutter – sie ist hier am Telefon!«

Ich nahm den Hörer, hielt ihn ans Ohr, rief: »Hey Mum!«

Und versuchte, dabei ein möglichst verblüfftes Gesicht zu machen.

Ich sah zu Dieter Thomas Heck hinüber. Er war über seinen Gag selber so gerührt, daß man es ihm ansah. Und während ich im Unterbewußtsein hörte, wie meine Muter rief: »Hello, my son, can you hear me?«, geschah etwas Seltsames. Bisher war das Ganze für mich ein Spiel gewesen, bei dem ich mit einer gezinkten Karte spielte – was niemand wußte außer Claudia (und was ich auch bis heute niemandem erzählt habe). Alles, was ich wollte, war: dem Publikum eine gute Show zu liefern. Daher mein Spiel mit

Dieter Thomas Heck, daher mein gewollt verblüfftes Gesicht.

Und dann sah ich plötzlich Dieter Hecks ehrlich gerührtes Gesicht. Ich spürte, wie das Publikum den Atem anhielt. Und auf einmal hatte ich mich in meiner eigenen Falle gefangen. Ich rief: »Hello, Mum. Wie geht's dir?« und spürte, wie mir dabei die Tränen kamen und die Backe runterliefen. Hatte ich sie bewußt erzeugt, diese Tränen – oder kamen sie aus irgendwelchen Tiefen des Unterbewußtseins? Wie auch immer: Dieses Telefonat ging in die Geschichte des Fernsehens ein. Millionen von Zuschauern haben mit uns Tränen in den Augen gehabt und waren bewegt. Noch heute, fünfzehn Jahre danach, sprechen mich Leute darauf an.

Es war einer dieser magischen Momente. Was war, objektiv gesehen, schon passiert? – Ich hatte ein Ferngespräch mit meiner Mutter geführt. Na und. Ich hatte schon oft mit meiner Mutter telefoniert, und ein Ferngespräch nach Südafrika ist auch nicht gerade etwas Weltbewegendes. Und ein »echtes« Gespräch hätte deshalb vielleicht nicht die gleiche Wirkung gehabt.

Aber dank meiner gezinkten Karte wurde etwas Besonderes, Einmaliges draus. Und wenn du dieses Buch zufällig in die Hand bekommen solltest, lieber Dieter Thomas – verzeih mir dieses falsche Spiel. Und sei dankbar dafür. Diderot läßt grüßen...

Meine Künstlergarderobe ist in der letzten halben Stunde vor dem Konzert für alle Außenstehenden tabu. Nur Detlew, der mich betreut, ist bei mir, und er sorgt dafür, daß niemand zu mir hereinkommt – außer Dieter, der meistens so fünf Minuten vor Beginn auftaucht, um zu sehen, ob alles in Ordnung ist. Er trinkt dann meistens einen Schluck Orangensaft, klaut von dem Früchtekorb, der jeden Abend in meiner Garderobe steht, ein paar Trauben und eine Kiwi-Frucht, und wir reden ein paar Sätze miteinander. Manchmal steckt er auch nur seinen Kopf durch die Türe und fragt: »Alles in Ordnung?«

Die einzige Ausnahme von allen ist Knibbel. Er kann immer zu mir in die Garderobe kommen, und manchmal haben wir die Garderobe auch schon geteilt. Heute abend kam er um Viertel vor acht zu mir und sagte: »Sei mir nicht bös, aber ich muß eine kalte Dusche nehmen. Ich bin kaputt!«

Noch bevor ich nicken konnte, fing er an, sich auszuziehen und verschwand im Badezimmer. Kurz darauf hörte ich die Dusche rauschen, und dann plötzlich ertönte aus dem Badezimmer ein tierisches Gebrüll – so laut, daß Tarzan neidisch geworden wäre.

Ich überlegte mir, was jetzt wohl der Security-Mann vor meiner Garderobentür denken würde und mußte lachen.

Für mich war diese Schreierei nichts Neues mehr. Es war einfach irgendeine Art von Schreitherapie, die Knibbel aus Oregon mitgebracht hatte. Sie sollte Spannungen abbauen und innerlich befreien. Ein paarmal hatte ich es früher auch versucht, bin aber dann davon abgekommen.

Diese Oregon-Geschichte mit Knibbel lag jetzt schon ein paar Jahre zurück.

Wir mußten wieder einmal ein paar Lieder komponieren, und ich rief Knibbel zu Hause an.

Seine Freundin war am Apparat: »Er ist nicht da. Vor einer Stunde hat er mich aus Los Angeles angerufen. Er kommt morgen in Frankfurt an, und ich hole ihn am Flughafen ab«.

»Aber wieso? Wart ihr nicht zusammen in Urlaub?«

»Nein – daraus ist nichts geworden. Knibbel ist eines Tages abgehauen und nach Oregon gegangen.«

»Nach Oregon?« Mir dämmerte etwas.

»Ja – zu seinem geliebten Baghi!« Barbara lachte. »Ich bin gespannt, wie es ihm ergangen ist...«

»Hat er nichts gesagt am Telefon?«

Barbara lachte weiter: »Doch! Er hat gesagt: Bekomm keinen Schrecken, wenn du mich siehst. Du wirst sicher rot sehen...«

Zwei Tage nach diesem Telefonat klingelte es an meiner Haustür.

Ich ging zur Tür und machte auf.

Vor mir stand Knibbel. Braungebrannt, die Haare bis auf die Schulter hängend, in einer roten Hose, einem roten Hemd, und um seinen Hals hing ein Medaillon mit dem Kopf des Baghwan.

Ich stand da und starrte ihn an.

Knibbel lachte, als er meine Reaktion sah. »He, willst du mich nicht reinbitten? Ich hab' Hunger –

und ein Kaffee, eine Semmel mit Butter und Marmelade wären jetzt genau das Richtige für mich!«

Er schob sich an mir vorbei und steuerte auf die Küche zu. Ich hatte immer noch kein Wort gesagt und starrte hinter ihm her.

Er war anders geworden, seit ich ihn das letzte Mal gesehen hatte. Es war nicht seine Frisur, auch nicht seine Kleidung. Seine ganze Ausstrahlung hatte sich verändert. Er war selbstsicherer geworden, unverkrampfter. Selbst sein Gang war cool, entspannt.

Ich ging hinter ihm her in die Küche.

Ich deckte den kleinen Tisch und goß ihm Kaffee ein. Dann holte ich alles, was ich in Schrank und Eisschrank finden konnte, und baute es auf: Cornflakes, Brot, Butter, Erdnußbutter, Orangensaft und Obst.

Wir setzten uns gegenüber und langten zu. Ich grinste ihn an und sagte zum erstenmal ein Wort zu ihm: »Erzähl!«

Und er erzählte...

Angefangen hatte die ganze Geschichte bei der vorletzten Tournee. Einer unserer Musiker, ein schwedischer Posaunist, war Baghwan-Jünger. Er trug rote Kleidung, und um seinen Hals baumelte die »Mala« – das Bild des bärtigen Baghwan mit seinen listigen Augen in einem kleinen Holzrahmen.

Die anderen Musiker nahmen es gelassen – mit einer Mischung aus Toleranz, leichtem Spott und Achtung davor, daß er es wagte, seine Weltanschauungen so offen zu zeigen.

Vor allem aber war er ein Typ, der eine unglaubliche Wärme und Ruhe ausstrahlte – und bald hörten auch die anfänglichen Witze der anderen auf, wenn sich Hari Sharan (so sein Name als Jünger) etwa im Tourneebus zur Meditation zurückzog.

Knibbel war zu dieser Zeit gerade in dem, was die Psychologen wohl eine »Identitätskrise« nennen würden.

Er hatte sich aus schwierigen familiären und sozialen Verhältnissen nach oben gearbeitet. Als er noch als Schreiner arbeitete, hatte er immer davon geträumt, etwas anderes, Besonderes zu werden. Er ging in einen Karate-Club und trainierte wie besessen, bis er einen schwarzen Gürtel und den dazugehörigen Dangrad bekam. Es tat seinem Selbtbewußtsein gut – aber er spürte, daß das nicht sein Ziel sein konnte. Er stürzte sich auf die Musik und träumte davon, ein bekannter Komponist zu werden.

Das war der Zeitpunkt, als ich ihn traf: Er war Gitarrist in meiner Begleitband und kam eines Tages nach einer Probe mit einer Kassette in der Hand zu mir.

»Hier, vielleicht interessiert dich das. Ich hab' ein paar Melodien komponiert, die du vielleicht singen kannst!« Mit einer linkischen Geste schob er mir die Kassette in die Jackentasche, drehte sich um und verkrümelte sich – so, als ob ihm das Ganze peinlich sei.

Ich hatte damals gerade meine ersten Erfolge als Komponist gefeiert mit Liedern wie »Da nahm er seine Gitarre« oder »Du fängst den Wind niemals ein«. Ich konnte mir nicht vorstellen, daß mein schüchterner Gitarrist auch komponieren konnte.

Dazu muß man wissen, daß es Tausende von Musikern, Ärzten, Hausfrauen und Handelsvertretern gibt, die sich einbilden, sie könnten komponieren oder texten. Nicht nur das: Sie singen oft ihre Ergüsse auf ein Band und schicken es an einen Sänger. Und ich weiß nicht wieso, aber die meisten scheinen dabei anzunehmen, daß ich ein besonders passender Ansprechpartner sei. Ich weiß bis heute nicht, ob das ein gutes oder schlechtes Zeichen ist – jedenfalls werde ich pausenlos mit besungenen Kassetten bombardiert. Inzwischen hatte ich mir angewöhnt, sie mir nicht mehr selber anzuhören, sondern sie einem der Experten bei meiner Schallplattenfirma auf den Tisch zu knallen. Der hört sie alle sorgfältig ab; aber er hat noch nie eine passende Melodie dabei für mich gefunden ... Beinahe wäre Knibbels Kassette auch auf diesem Schreibtisch der enttäuschten Hoffnungen gelandet; aber dann überlegte ich mir, daß das vielleicht doch etwas unhöflich wäre.

Ich legte also die Kassette in meinen »Ghettoblaster« und hörte sie mir an. Es waren etwa ein Dutzend Melodien draufgesungen – mit einer rauhen, interessanten Stimme und einer aggressiven Gitarrenbegleitung.

Keine der Melodien war brauchbar – aber fast alle hatten irgend etwas. Es ist schwer zu erklären, woran man das merkt – aber man spürte, daß dieser Musiker wußte, worum es geht, auch wenn er es noch nicht verwirklichen konnte.

Bei der nächsten Probe sprach ich Knibbel an: »Gar nicht so schlecht, deine Songs. Laß uns zusammen was schreiben ...« Am folgenden Wochenende arbeiteten wir zum ersten Mal zusammen. Von diesem Tag an bis heute schreiben wir meine Lieder gemeinsam.

Als Knibbel auf unserer Tournee Hari Sharan traf, waren zehn Jahre seit diesem Wochenende vergangen, und Knibbel hatte alles erreicht, wovon er als Schreinerlehrling geträumt hatte: Seine Kompositionen wurden Hits, er hatte inzwischen auch einen hervorragenden Ruf als Texter und verdiente eine Menge Geld. Aber gerade weil er sein Ziel erreicht hatte, wurde er unzufrieden. Denn er spürte, daß dieses Ziel noch nicht alles war, was er eigentlich hatte erreichen wollen. Daß er weitersuchen mußte. Und in diesem kritischen Moment seines Lebens setzte ihm die Vorsehung, das Schicksal, der Zufall oder was weiß ich Hari Sharan auf den Platz gegenüber in den Tourneebus.

Die beiden diskutierten stundenlang, nächtelang. Und viele der Sätze, die der Baghwan-Jünger ihm klarzumachen versuchte, nisteten sich in Knibbels Gedankenwelt ein und waren nicht mehr wegzubekommen: »Der Kopf muß weg«, so hörte er. »Folge einfach dem Fluß des Lebens!«

Und: »Wenn du erst einmal den Schlüssel des Lebens gefunden hast, dann wird sich dein Leben ändern. Du wirst jede Tür damit öffnen können. Und hier gebe ich dir den Schlüssel: Feiere jeden Teil deines Lebens...«

Oder der alte Koan des Zen-Buddhismus: »Jeder kennt das Geräusch, das entsteht, wenn zwei Hände aufeinanderklatschen. Welches Geräusch aber macht eine einzige klatschende Hand?«

Als die Tournee zu Ende ging, wurde Knibbel immer nachdenklicher und introvertierter. Er wußte nicht, was er von Baghwan halten sollte – aber er wußte, daß er zu ihm wollte, um Klarheit über sich selber zu bekommen.

Eines Tages packte er ein paar Sachen in eine große adidas-Tasche, ging zum Flughafen und stieg in das erste Flugzeug Richtung San Francisco. Er hatte in den Zeitungen gelesen, daß Baghwan in Oregon eine Kolonie gegründet hatte, und er wußte, daß das irgendwo im Norden der Staaten sein mußte.

In San Francisco mietete er sich einen Wagen. Er fuhr ein wenig in der Stadt herum, und plötzlich sah er am Hafen ein paar Rotgekleidete mit der Mala. Er bremste, stieg aus und sprach sie an: »Hey – seid ihr auch aus Oregon?«

Die Rotgekleideten sahen ihn mit lächelnden Gesichtern an. Einer von ihnen sagte: »Nein, Bruder. Und wenn du nach Oregon willst – laß es lieber sein. Da oben ist alles überfüllt, und niemand kommt mehr rein.«

»Aber ich will es trotzdem versuchen.«

»Warum?«

»Ich komme aus Deutschland, um Baghwan zu sehen. Also werde ich auch zu ihm fahren!«

Die Jünger kicherten und lachten bei dieser Eröffnung. Einer mit einem rot gefärbten Cowboyhut auf dem Kopf rief: »Den Baghi willste sehen? Mann, da hätteste früher kommen müssen – der fährt jetzt nur noch mit dem Rolls spazieren . . .«

Alle lachten sich halbtot, und Knibbel verstand die Welt nicht mehr. Wie konnten sie über den Meister so lachen – obwohl sie doch offenbar seine Jünger waren und stolz die Mala mit seinem Bild auf der Brust trugen?

»Meint ihr, ich kann gar nicht mit ihm sprechen?« fragte er fassunglos.

»Sprechen?« Der mit dem Cowboyhut imitierte Knibbels Stimme und schien sich köstlich zu amüsieren. »Sprechen? Weißt du denn nicht, daß er schon seit Monaten im Schweigen ist?«

Alle lachten wieder.

Einer hatte Mitleid mit Knibbel. Er wurde ernst und sagte: »Hör zu, Bruder. Baghwan hat schon vor Monaten erklärt, er sei jetzt ›im Schweigen‹. Er habe alles gesagt, was zu sagen ist, und wolle nicht mehr reden. Die da oben begnügen sich jetzt damit, alle Videos mit seinen lectures anzuschauen, wenn sie ihn selber erleben wollen. Weißt du was? Komm mit uns! Wir haben ein Zentrum in Los Angeles und sind gerade unterwegs dahin.«

Aber Knibbel blieb eisern. Er war nicht um die halbe Erde geflogen, um nun kurz vor dem Ziel umzukehren. Er sagte den Baghwan-Jüngern Goodbye, setzte sich auf den Highway Nr. 1 und fuhr nordwärts.

Nach einer Fahrt von drei Tagen kam er in Oregon an. Er aß in einem Rasthaus ein letztes, riesiges Steak, weil er wußte, daß die Baghwan-Anhänger vegetarisch lebten. Die Serviererin sagte ihm, wo er die Kolonie finden könne. Bei einem Dorf namens Antelope. Als er dort ankam, stand da am Ortseingang ein Wohnwagen am Straßenrand mit lauter Rotgekleideten drumherum.

Knibbel hielt seinen Wagen an und kurbelte das Fenster herunter. Ein Mädchen kam näher und lachte ihn freundlich an.

Knibbel fragte sie nach dem Weg zur Kolonie.

»Bist du angemeldet?« fragte das Mädchen. Als Knibbel verneinte, fügte sie hinzu: »Ohne Anmeldung geht da unten nix. Sei mir nicht böse – aber du bist wirklich naiv, einfach so hierherzukommen.«

Sie sah Knibbels enttäuschtes Gesicht und riet ihm: »Du kannst ja mal versuchen, ob du eine Besichtigung machen darfst.«

Sie erklärte ihm den Weg, und Knibbel fuhr los zu seiner letzten Etappe vor dem Ziel.

Die Straße führte in ein Tal. Die Landschaft war recht karg: weiße Felsen, etwas Gras zwischendurch, kleine Hügel.

Plötzlich sah er die Kolonie vor sich. Mitten im Tal lag fruchtbares, grünes Land vor ihm. Etwa hundertfünfzig Bungalows, in der Mitte eine große Farm mit Nebengebäuden, rundherum grüne Wiesen, weidendes Vieh, hinten ein großer Fluß. Und überall Menschen in roter Kleidung, die arbeiteten oder in Gruppen zusammenstanden.

Er fuhr seinen Wagen auf den großen Parkplatz, stieg aus und ging zu der kleinen Baracke neben dem Schlagbaum. Ein rotgekleideter Security-Mann kam heraus und fragte ihn, was er wolle. Als Knibbel noch im Begriff war, ihm wortreich zu erklären, warum er von Deutschland her angereist war, kam eine junge Frau in einem offenen Jeep angebraust. Der Security-Mann öffnete eilig den Schlagbaum. Offenbar war die junge Frau irgendeine Funktionärin oder so was. Sie sah Knibbel prüfend an: »Willst du mal einen Blick hineinwerfen?« Sie fuhr Knibbel eine halbe Stunde lang herum. Dabei unterhielt sie sich sehr intensiv mit ihm. Erst später wurde ihm klar, daß das Ganze so etwas wie ein Verhör war. Denn Amerikas CIA hatte begonnen, sich intensiv für diese komischen Heiligen in Oregon zu interessieren, die offenbar im Begriff waren, alle gute amerikanische Tradition und Moral auf den Kopf zu stellen. Und die junge Frau wollte vor allem prüfen, ob der seltsame junge Mann, der angeblich aus Deutschland angereist war, nicht vielleicht doch ein CIA-Undercover war.

Die Prüfung schien positiv zu verlaufen, denn sie sagte am Schluß: »Willst du hierbleiben? Drüben im Bungalow ist ein Platz für dich frei – fünfunddreißig Dollar am Tag, und wenn du hin und wieder mitarbeitest, kann es nicht schaden.«

So wurde Knibbel einer von fünfzehnhundert Bewohnern des Baghwan-Ashram. Er wohnte mit einem guten Dutzend anderer zusammen in dem ihm zugewiesenen Bungalow. Er hatte viel über das Leben im Ashram gelesen, denn auch in Deutschland waren viele Sensationsberichte darüber erschienen.

Aber jetzt, wo er selber da war, stellte er verwundert fest, daß alles oder doch fast alles anders war, als er es sich vorgestellt hatte.

Es gab keinerlei Zwang für die Bewohner. Jeder konnte tun oder lassen, was er wollte. Niemand fragte ihn nach Spenden, niemand nach seiner Vergangenheit.

Auch Sex spielte eine viel geringere Rolle, als man nach den Presseberichten hätte annehmen müssen – obwohl Männer und Frauen zusammenlebten.

Aber vielleicht lag das auch einfach daran, daß damals im Ashram schon der Gesundheitstrip ausgebrochen war: Jeder wurde bei Ankunft gleich einem eingehenden Test unterzogen. Bis das Ergebnis bekannt war, mußte man rund eine Woche lang eine rote Karte an einem Armband tragen. Und das bedeutete: absolutes Sexverbot.

Knibbel stürzte sich in das Studium. Morgens um halb sechs stand er auf und traf sich eine halbe Stunde später mit Hunderten von Jüngern zu einer Meditationsstunde im »großen Zelt«. Er lernte die verschiedensten Meditationstechniken kennen, schrie sich seine Seele aus dem Leib, starrte auf einen Punkt, bis ihm die Augen tränten, und hielt den Atem an, bis er fast ohnmächtig wurde. Dann gab es Frühstück und anschließend begannen die »Seminare«. Knibbel ließ keine Möglichkeit aus, Baghwans Lehre in sich aufzusaugen.

Aber je mehr er lernte, um so widersprüchlicher wurde sie ihm. Eigentlich war es überhaupt keine Lehre. Es war ein Sammelsurium von einander widersprechenden Weisheiten, die nur eines gemeinsam zu haben schienen: die Absage an das rationale Denken als Weg des Geistes.

Aber vielleicht wollte das alte Schlitzohr gar keine Lehre vermitteln. Vielleicht wollte er nur Katalysator sein, etwas bewirken . . .

Bei Knibbel jedenfalls bewirkte er eine Menge – obwohl dieser ihn kaum zu Gesicht bekam. Jeden Mittag um dreizehn Uhr dreißig pünktlich fuhr Baghi mit einem seiner Rolls-Royces durch den Ashram – ein lächelnder, alter Mann, der seine in Ehrfurcht erschauernden Jünger freundlich grüßte. Einmal auch kam er für eine Stunde in die Buddhahall, um bei einem Vortrag dabei zu sein. Aber da er ›im Schweigen‹ war, sagte er kein Wort.

Knibbel empfand überhaupt nichts beim Anblick des »Meisters« – er fand das alles eher lächerlich. »Warum steige ich nicht in mein Auto, suche mir ein schickes Hotel und mache Urlaub?« fragte er sich immer wieder.

Aber er blieb im Ashram – und er lernte viel. Nicht nur die Vorträge und Seminare waren es, die ihn beeinflußten. Viel mehr noch war es das Zusammenleben in dieser eigenartigen und einmaligen Gemeinschaft. Er lernte es, die Lüge der Konventionen zu entlarven und ehrlich zu sein – auch wenn es auf Kosten der Höflichkeit ging.

»Kannst du mir eine Zigarette geben?« fragte er eines Tages seinen Nachbarn.

Der drehte sich zu ihm um, sah ihm in die Augen und antwortete: »Nein, ich geb dir keine, du bist mir nicht sympathisch . . .«

Er lernte es, seine eigene Unwichtigkeit zu begreifen. Und die Fragwürdigkeit alles Wissens. In einem der Videos, die täglich im Ashram liefen, erzählte Baghwan die Geschichte von dem alten Professor, der pensioniert wurde und seine Abschiedsvorlesung gab. Er sagte: »Freunde, ich muß euch zwei Geständnisse machen. Das erste ist: Die Hälfte dessen, was ich euch gesagt habe, ist die Unwahrheit. Das zweite: Ich habe keine Ahnung, welche Hälfte es ist...«

Nach sechs Wochen wurde Knibbel in einer feierlichen Zeremonie zum »Sanyassin« ernannt, zum Jünger Baghwans. Sheila, die rechte Hand des Meisters (die ihn später bei den turbulenten Ereignissen kurz vor der Auflösung des Ashrams angeblich zu ermorden versuchte!), sagte zu Knibbel: »Baghwan hat dir einen neuen Namen gegeben. Ab heute heißt du Atmo Deranshu – Seele und Teil von Gott!« Sie gab ihm die Mala, und er ging in den Laden und kaufte sich rote Kleidung: Hosen, Hemden, Pullis, Socken und Slips.

Eine Woche später kam er nach Deutschland und stand vor meiner Tür. Mit roter Hose, rotem Hemd und der Mala um den Hals...

Es wurde ein langer Tag und eine lange Nacht. Bis drei Uhr morgens saßen wir zusammen und redeten immer wieder. Nach dem Frühstück waren wir zu Freunden gefahren, dann in meinen Tennisclub und am Abend schließlich zu meinem Chinesen. Überall erregte Knibbel in seiner roten Kleidung gebührendes Aufsehen – und er schien es zu genießen. Und überall diskutierten wir über den alten Baghi und seine Sprüche. Nach dem Abendessen entführte mich Knibbel noch in eine Diskothek, die von Baghwan-Anhängern in Köln gegründet worden war. Mir gefiel die heitere, ungezwungene Atmosphäre dort auf Anhieb – auch wenn ich etwas den Eindruck hatte, diese Heiterkeit und Ungezwungenheit sei nur aufgesetzt und nicht echt.

Knibbel fuhr mich abends nach Hause. Als ich schon ausgestiegen war, kurbelte er noch einmal das Wagenfenster herunter. »Hier, ich habe dir was mitgebracht. Schon für Weihnachten...«, rief er und reichte mir eine Plastiktüte mit einer etwas unbeholfenen Bewegung aus dem Fenster. Er war es nicht gewohnt, Geschenke zu machen. Einen Augenblick lange dachte ich daran, wie er mir vor zehn Jahren die Kassette mit seinen Kompositionen in die Jackentasche gesteckt hatte.

Ich sah ihn etwas fragend an. Er lachte fast verlegen: »Damit du endlich mal was anderes liest als deine Golfkalender...«

Er kurbelte das Fenster hoch und fuhr ab. Ich machte die Tüte auf. Es waren drei Bücher drin. »Baghwan from A to Z.«

In den Wochen darauf hatte ich viel zu tun, und Knibbels Bücher lagen bei mir herum, ohne daß ich einen Blick hineingeworfen hatte.

Dann, eines Abends, fing ich an, darin zu lesen – zunächst mehr aus Langeweile und dann mit immer größerem Interesse. Je länger ich darin las, desto mehr faszinierte es mich, was der Guru da von sich gab. Vieles davon waren Dinge, die ich selber auch schon so gefühlt hatte, ohne daß ich mir dessen bewußt gewesen war oder ohne daß ich sie so gut hätte ausdrücken können wie er. Anderes wieder war mir fremd, manchmal sogar abstoßend fremd. Aber es strahlte eine unglaubliche Weisheit aus. Und war meistens noch voller Humor.

Ich fing an, mich mit diesem Professor Baghwan Shree Rajneesh und seiner Lehre auseinanderzusetzen. Ich studierte seine Bücher, diskutierte mit seinen Jüngern, besorgte mir Videos von seinen »lectures« und ging zu Treffen der Sanyassin. Und immer wieder gefiel mir die ruhige Selbstverständlichkeit, mit der ich da aufgenommen und akzeptiert wurde. Nicht, weil ich der Star Carpendale war, sondern ganz einfach als Mitmensch.

Ich muß heute zugeben, daß ich in diesen Wochen und Monaten nahe daran war, Baghwan-Jünger zu werden.

Aber trotz aller Begeisterung – etwas hielt mich immer wieder davon ab, mich ganz dem Guru aus Oregon zu verschreiben – ohne daß ich genau definieren konnte, was es war.

Eines Abends war ich wieder einmal bei einem Meeting von rund fünfzig Sanyassin. Ich war der einzige, der die Mala nicht trug, aber das schien niemanden zu stören. Wir sahen uns einen der Vorträge Baghis auf Video an. Jeder seiner Witze wurde von der Versammlung mit johlendem Lachen erwidert, jede Pointe wurde von ihm serviert wie von einem Profi ...

Und auf einmal war mir klar, was mich an ihm

störte: Er war ein mit allen Wassern gewaschener Show-Profi geworden. In Poona, in seinen indischen Anfängen, war er vielleicht noch ein echter Guru gewesen. Jetzt hatten ihn seine Eitelkeit, sein Erfolgsstreben, seine Freude an der Macht über Menschen besiegt. Er war ein Manager geworden.

Auf einmal sah ich ihn wieder mit nüchternen Augen. Seine lecture war zu Ende. Er hob seine Hand wie zum Segen und sagte: »Don't worship me – just love me!« – den Ausdruck in den Augen, den ich oft auch bei Ansprachen des Reisepapstes wiedergefunden habe. Einen Ausdruck, den ich vielleicht auch manchmal habe, wenn ich am Schluß eines Konzertes den Beifall des Publikums entgegennehme.

An diesem Tag nahm ich innerlich Abschied von Baghwan. Ich werde also nie rote Kleider tragen.

Trotzdem: Er ist ein großer Mann, und ich verdanke ihm viel. Als Jahre später sein Reich in Oregon zusammenbrach und er wieder nach Poona zurückkehrte, da war ich fast glücklich darüber und dachte: »Vielleicht findet er jetzt wieder zurück zu sich selber...«

Seit Jahren ist es Waynes größtes Vergnügen, mit mir und den Musikern im Bus mitzufahren.

Da sitzt er dann vorne neben Alfredo und albert mit ihm rum, läßt sich von unseren Chormädchen mit Schokolade, Erdnüssen und Chips verwöhnen oder sitzt in der Clubecke und schaut sich Videos an.

Manchmal auch, so wie heute, sitzen wir einfach

nebeneinander auf den weich gepolsterten Sitzen, legen die Beine auf den Tisch vor uns, lassen die Landschaft an uns vorbeiziehen und reden miteinander über tausend Dinge. Wir erzählen Witze und debattieren über Religion, Wayne erzählt mir aus der Schule, und ich erzähle von meinem Beruf – uns gehen die Themen eigentlich nie aus.

Manchmal mache ich mir Vorwürfe, daß ich Wayne nicht jeden Tag sehen kann, weil mein Beruf es nicht zuläßt. Aber dann versuche ich, an den Tagen und in den Stunden, die wir zusammen sind, mich ihm besonders intensiv zu widmen.

Nicht nur Wayne freut sich auf diese Busfahrten. Auch ich.

»Jetzt schau dir nur diesen Typen an! Warum muß der nur wie ein Verrückter fahren?« kommentiere ich einen Fahrer, der unseren Bus gerade ziemlich leichtsinnig überholt hat.

Wayne schaut mich an. Er legt den Kopf etwas zur Seite und kneift ein Auge halb zu. Diese Bewegung hat er von seiner Mutter, dachte ich. Sie macht auch oft dieses Gesicht, wenn sie etwas sagt, was sie nicht so ganz ernst meint.

»Aber irgendwo habe ich gelesen, daß du auch mal wie ein Verrückter gefahren bist!«

»Ich? Wer sagt das?«

»Es stand in der Zeitung. Da bist du Autorennen gefahren ...!«

Ich lache ihn an: »Das hast du bestimmt nicht in der Zeitung gelesen, denn zu der Zeit warst du noch gar nicht auf der Welt...« Aber es stimmte, was Wayne sagte.

Ich hatte eine neue Platte gemacht. »Heiß wie Feuer« hieß der Titel, und nun brauchten wir ein Foto für die Plattenhülle.

»Ich habe eine irre Idee«, hatte mir der Fotograf erklärt. Er hieß Eberhard und hatte immer irre Ideen und war immer Feuer und Flamme für das, was er gerade fotografierte. Deshalb wahrscheinlich war er auch ein guter Fotograf.

Er holte mich morgens um neun Uhr in meiner kleinen Wohnung ab, und wir fuhren zu einer Wohnwagenfabrik außerhalb der Stadt.

»Was willst du hier? – Soll ich mich auf das Dach eines Wohnwagens setzen?«

»Warte doch ab!« sagte Eberhard und zwirbelte seinen Bart. Er hatte einen Bart, den die Deutschen, glaube ich, »Kaiser-Wilhelm-Bart« nennen – so einen Schnurrbart mit nach oben gezwirbelten Enden, wie sie in unserer Zeit Salvador Dali hatte. Und mein Fotograf zwirbelte die Enden immer dann hoch, wenn er glaubte, eine besonders gute Idee zu haben.

Er fuhr duch das Werksgelände auf einen Hof und hielt an. Vor uns stand ein chromglitzerndes Wunder auf vier Rädern – ein nagelneuer Formel-3-Rennwagen.

»Na – was sagst du jetzt?« fragte er und zwirbelte wieder seinen Bart.

Ich sagte gar nichts. Ich stieg aus und starrte fasziniert den Wagen an.

Eberhard zwirbelte immer noch und stellte sich neben mich.

»Das beste kommt noch: Du ziehst einen Rennfahreranzug an, und gleich kommt ein Feuerwerker, und wir nehmen dich auf, während aus dem Wagen Flammen schlagen. Na – ist das riesig?«

Ich starrte immer noch auf den Wagen und murmelte vor mich hin: »Mann, so'n Ding möchte ich mal fahren...«

Da hörte ich hinter mir eine Stimme: »Darüber können wir ja mal reden!«

Ich drehte mich herum. Vor mir stand ein Herr in tadellosem Zweireiher, graumeliertes Haar, blaue Augen, Typ Manager und streckte mir die Hand entgegen. »Ich bin der Boß hier. Und diese Wagen sind mein Hobby...«

Ich drückte ihm die Hand. Ein angenehmer, fester Händedruck. Er lachte und sagte: »Ich wollte Sie nur kennenlernen und Ihnen viel Glück wünschen...« Dann drehte er sich um und verschwand in einem der Gebäude.

Inzwischen waren die Feuerwerker gekommen. Wir machten die Aufnahmen, Eberhard zwirbelte ein übers andere Mal seinen Bart, und nach ein paar Stunden war alles im Kasten.

Ein paar Monate waren inzwischen vorbei. Die Platte war ein ziemlicher Erfolg. Eines Tages kam ich von einer Fernsehsendung in Hamburg. Mein damaliger Manager holte mich am Flughafen ab. Ich stieg in seinen feuerroten Mustang, und er sagte: »Ich habe die Sendung gestern gesehen. War prima. Aber jetzt zeige ich dir etwas, was auch nicht schlecht ist.«

Er fuhr an und bog nach links ab.

»Wo fährst du hin?« fragte ich.

»Ich hab' eine Überraschung für dich. Warte ab!«

Er fuhr zu der Wohnwagenfabrik. Im Hof stand ein neuer Formel-3-Rennwagen. Eines von den Wunderdingern, mit denen wir die Aufnahmen gemacht haben. Und vorne am Kühler stand dezent, aber unübersehbar die Aufschrift: HOWARD CARPENDALE.

Der graumelierte Zweireiher kam aus dem Haus. Die blauen Augen sahen mich prüfend an: »Sie wollten doch diesen Wagen fahren. Hier ist er – Sie brauchen nur für mich Rennen zu fahren!«

Ich wußte nicht, was ich sagen sollte. Das Ganze war mir damals doch nur so spontan rausgerutscht. Natürlich wollte ich so ein Auto fahren. Natürlich träumte ich davon, der wirkliche Held in einem Autorennen zu sein. Es war so ein richtiger Großer-Jungen-Traum.

Aber auf einmal war das Ganze kein Traum mehr, sondern harte Realität. Und Verantwortung. Ein solches Rennen fährt man nicht einfach aus Spaß.

»Ich muß es mir überlegen. Gib mir ein paar Tage Zeit.«

Die blauen Augen lächelten etwas. »O. k. Sag mir nächste Woche Bescheid . . .«

Er drückte mir eine Visitenkarte mit einer Telefonnummer in die Hand und verschwand wieder.

Ein paar Tage lang wußte ich nicht, wie ich mich entscheiden sollte. Mal sah ich mich in Gedanken mit einem Lorbeerkranz um den Hals eine Magnumflasche Champagner entkorken und von hübschen

Mädchen umgeben in die TV-Kamera lachen, während die Champagnerfontäne uns alle naßspritzte – mal sah ich mich als letzten über die Rennbahn rollen, während die Kollegen mich pausenlos überrundeten und unter ihren Sturzhelmen höhnisch zu mir herübergrinsten. Ich wünschte mir, jemand würde ein Machtwort sprechen und mir sagen, was ich tun sollte.

Wieder einmal dachte ich nach, als ich mit meinem Wagen zu einem Auftritt fuhr. Ich sollte in einer kleinen Diskothek bei Hannover auftreten, und weil es regnete, war ich schon früh von Köln weggefahren. Ich war kurz vor dem Kamener Kreuz und hatte Radio Luxemburg eingeschaltet – wie immer damals, wenn ich unterwegs war.

Plötzlich hörte ich mein Lied »Heiß wie Feuer«. Ich drehte instinktiv lauter, um die Absage zu hören. Und da kam auch schon die vertraute Stimme von Jochen: »Das war natürlich Howard Carpendale, er wird bald nicht nur als Sänger von sich reden machen, sondern auch als Rennfahrer. Er wird in den Deutschen Meisterschaften der Formel-3-Klasse auf dem Nürburgring fahren, und darüber werden wir dann natürlich berichten ...«

Das war die Entscheidung. Ich konnte gar nicht mehr zurück. Bei der nächsten Tankstelle fuhr ich auf den Parkplatz. Ich holte die Visitenkarte heraus und ging in die Telefonzelle. Ich warf eine Mark ein, wählte die Nummer und wartete. Jemand hob ab und ich hörte ein Männerstimme: »Hallo?«

»Hier ist Howard Carpendale. Ich hab' mir's überlegt. Ich starte für Sie ...«

Einen Monat später und vier Wochen vor dem Rennen begann ich mit dem Training. Das war schon etwas anderes, als einen PKW zu fahren. Ich fuhr damals privat immer noch meinen Mach 1 und hatte mir bis dahin eingebildet, daß das schon fast so etwas wie ein Rennwagen ist. Aber wenn man dann in einem richtigen sitzt, dann weiß man: Das ist eine ganz andere Welt.

Du sitzt tief unten, nur ein paar Zentimeter über dem Boden. Und dann trittst du auf das Gaspedal und du hörst, wie geballte 240 PS unter dir aufheulen wie ein wildes Tier, und du schießt wie eine Rakete nach vorne. Zu Anfang ist es dir unheimlich – aber auf einmal spürst du: dieses wilde Tier gehorcht dir, du kannst es bändigen. Und plötzlich ist es nicht mehr der Kampf gegen die Technik, sondern dieses röhrende Ungetüm wird zu einem Teil von dir selber. Und plötzlich ist das wie ein Rausch – ein Rausch der Geschwindigkeit, der Macht. Und nun wird es ein Kampf gegen dich selber: Du mußt dich disziplinieren, deine Kraft einteilen.

Es war ein ungeheures Erlebnis.

Nach den ersten paar Runden stieg ich benommen aus dem Wagen. Ich war schweißgebadet.

Mein Mechaniker haute mir seine Pranke auf die Schulter: »Dat war jarnet so übel! Dat kre mir schon hin...«

Er hieß Adi, war mir für diese vier Wochen als Berater zur Verfügung gestellt worden – und war ein Riesentyp. Er selber fuhr Motorradrennen und war deutscher Vizemeister in Sidecar-Rennen. Nichts brachte ihn aus seiner Ruhe.

An einem Montag kam er einmal mit Pflastern und Verbänden überall: am Kopf, am Arm, am Fuß. Er hatte am Tag vorher in Berlin ein Rennen gefahren.

Ich war völlig entsetzt: »Um Gottes willen – was ist los?« Er lachte: »Nix Jung, ich war jestern auf der Avus, und auf einmal – ich denk, dat jit et doch nit, flieje ich en der Kurv aus'm Sessel. Naja – is ja nix passiert ... Komm, steig in der Wagen...«

Am Abend las ich im Sportteil der Zeitung, was passiert war: Adi war in einer Kurve aus dem Seitenwagen geschleudert, war eine Zeitlang mitgeschleift worden und dann in hohem Bogen und sich ein paarmal überschlagend in die Strohballen der Seitenbegrenzung geflogen.

Na ja ... is ja nix passiert ...

Vier Wochen lang trainierte ich. Jeden Morgen fuhr ich hinaus zum Nürburgring und drehte Runde für Runde. Adi lobte, kritisierte, gab mir Tips – und ein paar Tage vor dem Rennen sagte er irgendwann einmal: »Jetzt hastet kapiert!« – und damit meinte er wohl, ich würde mich nicht mehr allzu sehr blamieren.

Am Sonntag sollte das Rennen sein – am Samstag kam der ganze Rennzirkus an: einundzwanzig Fahrer mit ihren Wagen und Betreuern, die Firmenvertreter, Werbeleute, Journalisten und was weiß ich, wer noch alles. Die Tribünen wurden aufgebaut, Boxen eingerichtet, mein »Chef« kam und lächelte mir zu. Plötzlich war alles anders.

Plötzlich war ich nicht mehr der Einzelkämpfer, der verbissen seine Runden drehte. Es war jetzt, als ob ich Statist in einem großen Film sei. Alles um mich herum wurde unwirklich. Ich lernte meine Kollegen kennen. Es waren alles gestandene Sportler – ich hatte etwas Angst vor der Begegnung mit ihnen. Wie würden sie reagieren, wenn da plötzlich ein Schlagersänger auftaucht und sich wichtig tun will? Aber zu meiner Verblüffung stellte ich fest: Ich wurde sofort akzeptiert. In dieser Atmosphäre der Kameradschaft gab es keinen Platz für Neid, für Intrigen.

Vielleicht hängt es damit zusammen, daß diese Männer andauernd ihr Leben riskieren und daher viel bewußter leben als andere.

Ich fühlte mich wohl – so wohl wie lange nicht mehr.

Es gab noch ein paar Probleme.

Als ich zum Beispiel zum ersten Male zusammen mit den anderen trainierte, fiel mir plötzlich auf: Die Wagen hatten ja gar keine Bremslichter.

Ich fragte: »Woran merke ich denn, daß der Wagen vor mir bremst?«

»Dat is doch janz einfach«, sagte Adi. »Du fährst nen halben Meter hinter dem anderen und klebst an seinem Rad. Und auf einmal biste nur noch fünnef Zentimeter entfernt. Dann weißte: Jetz' hatt er jebrems . . .«

Am nächsten Morgen war der Tag des Rennens. Ich hatte unruhig geschlafen; erst gegen Morgen war ich in tiefen Schlaf gefallen. Als mich Claudia weckte, hatte ich rotumränderte Augen, einen roten Kopf und fühlte mich sauelend.

Claudia holte das Fieberthermometer. Als es 39,3 Grad zeigte, rief sie den Hausarzt an. Der kam, horchte mich ab, fühlte den Puls, sah mich mit besorgtem Blick an und sagte: »Ich kann nichts finden. Es ist wahrscheinlich irgendein Erkältungs-Virus!« – Dann schrieb er ein Medikament auf und ging wieder.

Ich stand auf und zog mich an. Ich brauchte kein Medikament, und ich wußte auch, daß ich kein Erkältungsvirus hatte. Mein Virus war ein anderes: Ich hatte Angst.

Ich fuhr zum Nürburgring, ging in meine Box. Es war alles wie ein Traum. Mein »Chef« war wieder in seinem Zweireiher da und drückte mir die Hand. Ein paar Journalisten stellten Fragen, Adi erklärte mir noch einmal die Flaggensignale, und dann kam das Zeichen, daß ich raus zum Start mußte. Ich hörte ein paar ermunternde Zurufe, sah nach oben gedrehte Daumen. Ich stülpte den Helm über und sah als letztes Claudia neben meinem Wagen. Ihr Mund lachte und sagte: »Viel Glück!« Aber in ihren Augen war Angst.

Ich weiß nicht mehr viel über das Rennen. Ich fuhr wie ein Roboter. Es dauerte etwas über eine Stunde. Am Ende waren sieben Wagen ausgeschieden – durch Unfall oder Motorschaden. Drei Wagen hatte ich überholt. Ich wurde Elfter, und als ich ankam, jubelten mir alle zu. Adi sagte: »Na, ich hab' et doch jesagt!«, und nun lachten auch Claudias Augen.

Es war unvergeßlich.

Ich wollte weitermachen. Aber der Boß im Zweireiher

mit den grauen Haaren und den blauen Augen bekam geschäftliche Probleme und zog sich aus dem Rennsport zurück.

Es war vielleicht gut so.

Heute mittag rief mich mein Anwalt Dr. Scheele aus München an.

»Ich habe eine gute Nachricht: Der gegnerische Verlag ist zu zehntausend Mark Ordnungsstrafe verurteilt worden!«

»Gut. Und was jetzt?«

»Jetzt verklagen wir sie auf Schadenersatz!«

Ich war es leid. Ich wollte nicht mehr prozessieren. Aber hier war es notwendig gewesen.

Ich sagte: »Ach was. Sie sollen unsere Unkosten zahlen, eine Spende für ein Heim lediger Mütter geben und sich entschuldigen. Dann verzichten wir auf den Prozeß ...«

»Wie du willst. Ich will's vorschlagen.«

Endlich kam eine unglaubliche, abstruse und tragische Geschichte zum Abschluß.

Eine Geschichte, die für mich vor sechs oder sieben Jahren angefangen hatte.

Es ging dabei um das Leben eines Menschen, der mit dem Leben nicht fertig wurde. Eines Mädchens, das ich in meinem ganzen Leben nur ein paarmal kurz gesehen habe und dessen Schicksal doch eng mit mir verbunden war. Ein Schicksal, über das man einen Roman schreiben könnte.

Es fing an einem Winterabend vor sechs oder sieben Jahren an. Ich hatte in der Nähe von Stuttgart ein Konzert gegeben. In der Pause tauchten plötzlich im Backstage-Bereich zwei gutaussehende Mädchen auf. Niemand wußte, woher sie kamen und wie sie die strenge Absperrung passiert hatten. Zumal sie nirgendwo unbeachtet bleiben konnten. Vor allem die eine der beiden nicht – eine Blondine mit einem aufsehenerregenden Gang und kunstvoll hochgestecktem Haar.

Die Musiker stießen anerkennende Pfiffe aus, riefen ein paar Bemerkungen zu ihnen hinüber. Die Techniker stießen sich an und machten sich gegenseitig auf diese Invasion aufmerksam. Dabei grinsten sie zweideutig.

»Wer ist das?« fragte ich unseren örtlichen Veranstalter, der gerade vorbeikam.

»Ich weiß nicht«, sagte der. »Ich glaube, irgendeine Miß Stuttgart oder so was ...«

Nach dem Konzert saßen wir in unserem Hotel noch zusammen: Knibbel, Detlew und ich aßen eine Kleinigkeit. Wir wollten noch in der Nacht weiterfahren. Wir hatten drei Tage Pause, und zu Dieters Entsetzen wollte ich nach Pertisau Skilaufen gehen. Du bist wahnsinnig, hatte Dieter gemeint, mit gebrochenem Bein kannst du schlecht singen. Aber ich hatte ihn beruhigt. Ihm gesagt, daß ich aufpassen würde und außerdem immer noch aus der Kehle und nicht aus der Kniekehle singe.

Wir aßen unsere Gulaschsuppe, als die beiden Pausenschönen auftauchten. Sie kamen ohne zu zögern zu unserem Tisch. »n' Abend! Dürfen wir uns was zu euch setzen?«

Ich nickte zustimmend. Knibbel knurrte irgend etwas wie »Navonmiraus!« oder so, und Detlew sprang auf und schob galant zwei Stühle zurecht. Dabei sorgte er dafür, daß die Blonde neben ihm zu sitzen kam.

Wir unterhielten uns. So das übliche Blabla über das Konzert und ob das nicht schwer wäre für mich und daß es ihnen gut gefallen habe und all so etwas.

Detlew versuchte immer wieder, die Aufmerksamkeit der Blonden auf sich zu lenken. Aber die hatte nur Augen für mich. Armer Detlew. Ich grinste zu ihm rüber.

Nach einer Viertelstunde sagte ich: »Okay, Freunde! Wir müssen!«

Die Blonde – sie hieß Hanna – sah mich erschrokken an. »Was mußt du?!«

Ich erklärte ihr, daß wir noch diese Nacht weiterfahren wollten zum Wintersport. Sie war enttäuscht.

»Oh, nein, das könnt ihr doch nicht machen. Ihr könnt doch nicht einfach so wegfahren.«

Ich lachte und sagte mehr zum Spaß: »Du kannst ja mitkommen!«

Ohne eine Sekunde zu überlegen, sagte Hanna: »Okay. Ich komme mit!«

Irgendwo in meinem Gehirn begann eine Alarmglocke zu läuten. Aber ich hörte nicht hin. Ich war müde, fand das Ganze auch irgendwie lustig, und außerdem verhandelte Detlew auch schon über die Einzelheiten.

»Wir müssen Hanna nur noch zu Hause vorbeifahren«, erklärte er. »Sie muß sich ein paar Sachen einpacken.«

Unsere Koffer waren im Wagen. Wir zogen die Mäntel an und fuhren los. Ich saß hinten auf dem Rücksitz. Neben mir hing Knibbel in seiner Ecke und schlief. Hanna saß vorn neben Detlew.

»Hier ist es. Ich bin in fünf Minuten wieder da«, sagte Hanna.

Detlew hielt an. Hanna stieg aus und verschwand in einer Haustüre. Es vergingen fünf Minuten, zehn, fünfzehn.

»Komm, laßt uns fahren! Ich hab' keinen Bock mehr!« knurrte Knibbel aus einer Ecke.

»Vielleicht hat sie nur Probleme mit ihren Eltern«, meinte Detlew. »Verstehen könnt' ich's ja. Warten wir noch ein paar Minuten.« Ich mußte heimlich lachen, wie Detlew sie so eifrig verteidigte.

Plötzlich kam sie aus dem Haus gestürzt. Sie machte die Wagentür auf. Tränen der Wut und Enttäuschung rannen ihr über das Gesicht und gruben kleine Kanäle in ihre Schminke. »Ich kann nicht mitkommen. Es geht nicht.«

»Haben deine alten Herrschaften Bedenken?« fragte Detlew.

Sie sah ihn einen Augenblick verständnislos an. »Nein, ich wohne hier nicht mit meinen Eltern. Mein Freund ist oben und macht Theater!«

Selbst Detlew verschlug es fast die Sprache. »Dein Freund... der ist... ich meine... du wohnst hier mit ihm?«

»Ja, sicher«, sagte Hanna. »Und der macht jetzt Theater. Ich gehe rauf zu ihm. Schade. Tschüs!«

In der nächsten halben Stunde hatten wir ein Gesprächsthema. Irgendwie konnten wir die Situation nicht richtig checken. Morgens um vier Uhr kamen wir in Pertisau an, in der schönsten Winterlandschaft.

Drei Tage später ging die Tournee in dem kleinen Städtchen Hof in Bayern weiter. Ich war prächtig erholt, braungebrannt, und zu Dieters Erleichterung hatte ich mir auch nicht die Beine gebrochen.

Nach dem Konzert kam Detlew in meine Garderobe.

»Rat mal, wer im Konzert ist?«

Ich sah ihn fragend an.

»Oder rat besser nicht. Du kommst doch nicht drauf. Ich sag's dir: Hanna aus Stuttgart!«

»Mit oder ohne Freund?« fragte ich lachend.

»Ohne Freund. Dafür aber wohnt sie in unserem Hotel«. Die Alarmglocken läuteten wieder. Mir gefiel das alles nicht. Die ganze Situation sah nach Trouble aus.

Ich sah Hanna an diesem Abend kurz, sagte ein paar nette Worte. Wir gingen früh schlafen. Am nächsten Morgen kam sie in den Frühstückssaal, sah sich um – und kam schnurstracks auf meinen Tisch zu. Ohne zu fragen, als ob es die selbstverständlichste Sache der Welt sei, setzte sie sich zu mir. Ich machte gute Miene zum bösen Spiel, aber ich fing an, mich zu ärgern. Am Nebentisch saßen die Musiker und feixten herüber. Ich ärgerte mich noch mehr.

Wir frühstückten, unterhielten uns. Dann stand ich auf. »Okay dann. Mach's gut. Ich geh' mit Dieter Tennis spielen.«

»Fein«, gab sie zur Antwort. »Ich komme mit.«

Dieter stand schon draußen am Wagen und wartete. Er schaute mich etwas erstaunt an, und seine linke Augenbraune hob sich etwas, aber er sagte nichts. Ich stieg in den Fond – und Hanna setzte sich sofort neben mich. Dieters Augenbraune ging noch etwas nach oben, und er setzte sich neben Detlew auf den Beifahrersitz.

In der Umkleidekabine des Tennisclubs erklärte ich Dieter die Situation. Der nickte. »Sie ist ein typischer Troublemaker«, entschied er. »Also muß unser professioneller Troubleshooter ran.« Er rief laut: »Detlew!«

Detlew kam. »Was gibt's?«

»Die Hanna klebt dem Howard auf der Pelle. Bring ihr doch irgendwie schonend bei, daß das nicht geht. Kümmere dich um sie!«

Detlew nickte und verschwand.

Als wir zusammen im Wagen zurückfuhren, setzte sich Hanna nicht mehr in den Fond, sondern neben Detlew. »Übrigens«, sagte der nach einer Weile. »Hanna muß gleich nach Hause fahren. Ich bringe sie noch eben zum Zug, bevor wir heute mittag losfahren.«

Wir nickten. Jetzt schien das Kapitel endgültig abgeschlossen zu sein.

Aber wir sollten uns irren: Es hatte erst angefangen.

Ein paar Wochen später sagte uns Detlew eines Abends nach dem Konzert: »Ich habe mich verabredet heute abend. Ich bekomme Besuch.«

»Von wem?« wollten wir wissen.

Er druckste etwas herum. »Na ja, ich find' sie prima. Und wir haben uns damals lange unterhalten, als ich sie zum Zug fuhr. Sie ist wirklich ein sehr liebes Mädchen. Ich treffe mich mit Hanna . . .«

Ich mußte lachen. »Aber tu mir den Gefallen: Bring sie nicht mit in die Garderobe oder so.«

»Keine Angst«, sagte Detlew und lachte auch. »Ich werd' schon dafür sorgen, daß sie dich nicht zu Gesicht bekommt. Sonst überlegt sie sich das mit mir vielleicht doch noch.«

Detlew blieb mit ihr befreundet. Hin und wieder erzählte er von ihr, hin und wieder kamen Telefonate von ihr für Detlew. Einmal – am letzten Tag der Tournee – sah ich sie kurz am Hallenausgang: Sie stand da mit einem Koffer, um für eine Woche zu Detlew zu fahren. Detlew war verliebt. Und alles war in Ordnung.

Ein paar Monate später erzählte Detlew, daß er sich von ihr getrennt habe. »Es ging nicht mehr. Sie ging mir auf die Nerven: Sie hat Tag und Nacht nur von Carpendale gesprochen.« Er grinste mich an: »Weißt du, wenn wir auf Tournee sind, dann habe ich dich achtzehn Stunden am Tag vor mir. Dann brauch' ich nicht auch noch 'ne Freundin, die überall Bilder von dir rumstehen hat. Sei mir nicht böse – aber dein Kopf geht mir langsam auf die Nerven . . .«

Ein paar Monate später kam die nächste Überraschung. Dieter rief mich eines Tages zu Hause an und sagte: »Hör mal, entschuldige die Frage, aber es ist sehr wichtig, daß du mir eine ehrliche Antwort gibst. . .«

»Worum geht's?«

»Hast du in den letzte Monaten irgendeinen Kontakt mit Hanna gehabt?«

»Hanna?«

»Ja, die Freundin von Detlew, die aus Stuttgart!«

»Aber du weißt selber, daß ich die seit einem halben Jahr nicht gesehen habe.«

»Auch nicht telefoniert?«

»Red doch keinen Unsinn! Natürlich nicht. Was ist los?«

Ein Journalist hatte bei Dieter angerufen – Redakteur einer großen deutschen Boulevardzeitung. Er wollte von ihm wissen, was er von dem Entschluß Carpendales halte, sich zu verheiraten. Dieter hatte ihn darauf hingewiesen, daß das doch wohl ein Irrtum sein müsse. Im übrigen sei Carpendale ja schon verheiratet. Der Journalist bestand aber auf seiner Story. Er habe soeben mit der jungen Dame, einer gewissen Hanna, gesprochen, die ihre Koffer schon gepackt habe, um zu Carpendale in sein Kölner Haus zu ziehen.

»Was soll ich tun?« fragte ich. »Am besten rufe ich sie mal an und sag ihr die Meinung!«

»Tu das nicht«, sagte Dieter. »Das ist wahrscheinlich genau das, was sie will oder zumindest erhofft. Kümmre dich nicht drum – laß mich das regeln!«

Und Dieter regelte es. Er ließ sich von Detlew die Telefonnummer des Mädchens geben und rief sie an. Dann sprach er noch einmal mit der Zeitung, und die Geschichte wurde fallengelassen.

Eine Stunde später rief er mich an: »Ich hab' alles geklärt.«

»Was hat sie gesagt?«

»Die dumme Kuh hat alles abgestritten. Aber sie tut mir leid. Ich glaube, sie hat sich selber und gegenüber ihren Freunden so sehr in die Geschichte reingesteigert, daß sie deine Freundin sei – die kommt aus der Nummer gar nicht mehr raus...«

Wieder ein paar Monate später. Ich fuhr mit Detlew zu einem Gala-Auftritt. Auf einmal sagte er: »Übrigens – weißt du, daß die Hanna tatsächlich in Köln ist?«

»Aha – wahrscheinlich in meinem Haus...«

Detlew lachte: »Nein, viel vornehmer: Sie hat einen eleganten Kosmetiksalon direkt am Dom, gegenüber vom Funkhaus!«

»Und wie kommt sie an das Geld dafür?«

»Keine Ahnung. Angeblich hat irgendein Ölscheich das Ganze finanziert.«

Ich sah sie in den nächsten Monaten zweimal. Einmal, als sie mich in der Nähe meiner Wohnung im dichten Verkehr mit einem schicken Auto überholte. Sie hupte wild, winkte mir zu und lachte. Sie sah immer noch gut aus und strahlte Lebensfreude und Optimismus aus.

Ein zweitesmal traf ich sie in einer Diskothek. Ich war mit Claudia noch einmal ausgegangen – einer unserer letzten, verzweifelten Versuche. Plötzlich, mitten auf der Tanzfläche, kam sie auf uns zu.

»Howard, fein dich zu sehen!«

»Hanna – wie geht es dir?«

»Bestens. Ich habe mich verlobt. Warte, ich stell dir meinen Verlobten vor.«

Sie winkte einen jungen Mann zu sich heran. »Hier ist er!«

Ich schüttelte ihm die Hand. Er war ungefähr so groß wie ich. Er hatte blondes Haar. Er hatte blaue Augen und war ein sportlicher Typ, sympathisch. Seltsam, wie das Leben manchmal ist. Ich hatte das Gefühl, vor meinem Spiegelbild zu stehen. Hanna hatte ihren Traummann gefunden . . .

Ich sah sie nicht mehr. Nie mehr im Leben. Aber ich hörte immer wieder von ihr. Da kamen Freunde auf mich zu – Journalisten, Sportler. Und immer wieder hörte ich: »Ach, Howard, ich habe vor ein paar Tagen deine Freundin kennengelernt. Ein nettes Mädchen, die Hanna . . .«

Offenbar also pflegte sie ihren Tagtraum immer noch weiter. Außerdem war es sicher auch schick, meine Freundin zu sein. Ich nahm das nicht so ernst. So etwas kommt öfter vor bei Leuten in meinem Beruf. Und schon vor einem Jahr hatte ich nicht auf die Alarmglocke gehört.

Später habe ich erfahren, daß sie auch ihren Eltern und ihrem Verlobten erzählt hatte, sie sei immer noch fest mit mir befreundet. Und die Eltern möchten heute immer noch gerne glauben, daß sie damals bei mir im Haus gewohnt hat.

Eine Zeit später sah ich ihr Bild auf der Titelseite des »Express«. Sie saß stolz auf einem Kamel, und darüber stand: »Traumhochzeit: Kölner Fotomodell heiratet Ölscheich.«

Also doch nicht mein Spiegelbild, sondern genau das Gegenteil davon: schwarzhaarig, dunkeläugig.

Lange hörte ich jetzt nichts mehr über sie – über ein Jahr. Bis zu ihrem Tode. Viel später erst erfuhr ich, was passiert war. Und selbst das weiß ich nur bruchstückhaft und muß vieles in diesem Mosaik durch Vermutungen ersetzen. Ich weiß es, weil Dieter und mein Rechtsanwalt später in einer wahren Detektivarbeit versucht haben, daß Puzzle dieses letzten Jahres im Leben der Hanna zusammenzusetzen.

Sie hatte ihren Ölscheich kennengelernt. Er war das Gegenteil von allem, was sie bisher zu lieben geglaubt hatte. Er hatte nichts mit Pop und Konzerten zu tun, nichts mit der Welt, in der sie bis dahin gelebt hatte und mit der sie nicht zurechtkam. Er war wie der Märchenprinz vom anderen Stern. Er verehrte sie und verwöhnte sie mit seinem unendlichen Reichtum.

Die Hochzeit war eine Märchenhochzeit wie aus Tausendundeiner Nacht. Es war eine Flucht für sie – eine Flucht in eine neue Welt, in ein neues Leben.

Aber da war noch die alte Welt. Da war noch ihr Verlobter von früher. Sie schlief noch einmal mit ihm oder noch ein paarmal. Ein letztes Abschiednehmen.

Als sie dann schwanger wurde, da wußte nur sie, daß nicht der Märchenprinz der Vater war, sondern der andere. Aber sie wollte dieses Kind – koste es, was es wolle.

Der Märchenprinz freute sich – und Hanna zitterte vor Angst. Wenn das Kind blaue Augen hatte, war alles verloren. Denn sie hatte braune Augen, ihre Eltern hatten braune Augen, der Ölscheich hatte braunschwarze Augen. Nur der Vater des werdenden

Kindes hatte blaue Augen. Blaue Augen wie Carpendale...

Abends saß sie oft mit ihrer einzigen Freundin zusammen, die versuchte, sie zu trösten. »Es wird schon gutgehen«, sagte sie immer wieder zu ihr und drückte ihr die Hand. Aber das Schicksal meinte es nicht gut mit ihr. Als das Kind auf die Welt kam, ein gesundes Mädchen, hatte es blonde Haare und – blaue Augen. Schöne, große blaue Augen, die voller Neugier in die Welt schauten. Es war ein hübsches Baby.

Es muß zu furchtbaren Szenen gekommen sein. Hanna war mit ihrem Mann nach Kairo gefahren. Das Kind hatte sie in Deutschland gelassen, bei ihren Eltern. »Paßt auf die Kleine auf. Und gebt sie niemandem raus. Hört ihr: niemandem!«

Nach einiger Zeit rief der Ölscheich an (der übrigens gar kein Ölscheich war, sondern Perlenhändler). Er wollte das Kind haben.

Aber Hanna, die inzwischen nicht mehr bei ihrem Mann lebte, sondern in einem Kairoer Hotel, beschwor ihre Eltern in langen Telefonaten: »Gebt das Kind nicht raus. Ich habe Angst, daß meiner Tochter etwas zustößt! Wenn sie einmal in Ägypten ist, werde ich sie vielleicht nie mehr wiedersehen!«

Sie hatte Angst. Immerhin war das Kind Erbe von vielen Millionen Dollar – und es war ein außereheliches Kind. Ihr ging es nicht mehr um das Erbe, nicht mehr um ihre Ehe. In diesen letzten Tagen ihres Lebens kämpfte nur noch eine Mutter um ihr Kind.

Ihre Eltern gingen in Deutschland zum Jugendamt. Sie wollten das Sorgerecht für die Kleine. Aber die Rechtslage war eindeutig: Der »Ölscheich« war der Ehemann und galt also offiziell als Vater. Und ein Vater hat ein Recht auf seine Tochter. Es sei denn, man läßt das Kind offiziell für außerehelich erklären. Dazu aber muß die Mutter den Namen des wirklichen Vaters preisgeben.

Wieder ein dramatisches Telefonat mit Kairo. »Du mußt den Vater angeben – den wirklichen. Dann können wir vielleicht etwas machen.«

Und die verzweifelte Hanna in ihrem Hotelzimmer in Kairo überlegte fieberhaft. Wenn sie den wirklichen Vater angab – würde das Jugendamt da mitmachen? Er war nicht sehr reich, er konnte dem Kind nicht viel bieten. Und auf der anderen Seite war da der Multimillionär, der dem Kind Sicherheit bieten konnte. Da würde das Jugendamt nicht zögern.

Nein, es mußte eine andere Lösung geben. Und nun vermischte sich ein eiskaltes Kalkül mit dem, was immer schon ihr Tagtraum gewesen war: Sie nahm ein Stück Papier, das sie aus einem Heft gerissen hatte, und schrieb darauf: »Der Vater meiner Tochter ist Howard Carpendale.« Datum, Unterschrift. Den Zettel in ein Kuvert gesteckt, die Adresse ihrer Eltern drauf. Zur Rezeption: »Geben Sie diesen Brief bitte auf. Kann ich mich drauf verlassen?«

Als der Brief bei ihren Eltern ankam, war Hanna gerade zum zweitenmal auf der Titelseite des »Express« zu sehen. Ein verschwommenes Bild. Nicht mehr die strahlende Braut auf dem Kamelrücken. Und darüber die Überschrift: »Kölner Fotomodell in Kairo ermordet.« Man hatte sie in ihrem Zimmer gefunden, von zweiunddreißig Messerstichen niedergemetzelt. Der Mörder wurde nie gefunden.

Die Tochter lebt immer noch bei Hannas Eltern. Ein braves, schönes Mädchen. Mit wunderschönen, blauen Augen.

Der Zettel mit dem Hinweis auf den angeblichen Vater wurde vom Jugendamt pflichtgemäß ans Landgericht weitergereicht. Das lehnte nach Prüfung der Sache die Eröffnung eines Vaterschaftsverfahrens gegen Carpendale ab. Aber von alledem wußte ich zu dieser Zeit nichts ...

Ein Jahr später war ich wieder auf Tournee. Ich gab ein Konzert in Stuttgart. Am Tag vorher hatte ich mich erkältet. Meine Stimme war heiser.

Eine Stunde vor dem Konzert ging ich zum Theaterarzt und ließ mich behandeln: eine Spritze in die Stimmbänder, eine Vitamin- und Kalziumspritze in die Venen, Penicillin-Puder in den Hals, Bestrahlung des Nasenraums: Es würde schon gehen.

Zehn Minuten vor Konzertbeginn kam ich hinter die Bühne, dick in einen Schal eingepackt. Ein Ehepaar mittleren Alters kam auf mich zu. »Wer hat die hereingelassen?« schoß es mir durch den Kopf.

»Herr Carpendale, wir wollten Ihnen Ihre Tochter zeigen!« sagte der Mann mit leiser Stimme. »Sie haben Hanna ja sehr gut gekannt ...«

Ich sah in sein Gesicht. Ein ehrliches Gesicht, mit tiefen Falten. Man sah ihm an, daß er vieles mitgemacht hat.

Dann sah ich, daß sie ein kleines Bündel in den

Armen hatten. Aber ich hatte keine Zeit, mich darum zu kümmern. Und ich kannte damals ja auch noch nicht die ganze tragische Geschichte. Ich fing an, mich zu ärgern.

»Hören Sie: Ja – ich weiß, wer Sie sind, und ich kannte Ihre Tochter. Aber es tut mir leid – ich habe mit dem Kind nun wirklich nichts zu tun. Und in fünf Minuten muß ich auf der Bühne stehen...«

»Aber meine Tochter hat doch bei Ihnen gewohnt...«

Ich starrte die beiden an. Sollte das ein Erpressungsversuch sein? Aber die beiden schauten mich nicht drohend an. Eher flehentlich, als ob ich ihre letzte Hoffnung sei.

»Es tut mir leid. Nein – ich habe nie mit Ihrer Tochter ein engeres Verhältnis gehabt. Ich hab' sie nur ein paarmal vor Jahren kurz gesehen. Und jetzt entschuldigen Sie mich!«

Die Schultern des Mannes sackten zusammen, er schaute auf den Boden. »Ich hatte es mir fast schon gedacht. Ich habe immer viel Kummer mit meiner Tochter gehabt, glauben Sie mir...«

Ich drehte mich um und ging. Das Publikum wartete.

Dann kam das letzte große Kapitel dieser Geschichte – anderthalb Jahre später. Das Telefon schellte bei mir. Hannas Mutter war am Apparat.

»Herr Carpendale, entschuldigen Sie, daß ich Sie störe. Aber eben waren Journalisten bei mir. Die wollen eine große Geschichte über Sie und Ihr uneheliches Kind machen. Da soll wieder eine Vaterschaftsklage laufen. Bitte glauben Sie mir, ich will das nicht. Ich will nicht, daß das Ihnen schadet. Ich weiß doch, daß René der Vater ist.«

»Wer ist René?«

»Ein junger Mann aus Köln. Er schenkt der Kleinen ja auch immer so schöne Sachen . . .«

Ich beruhigte sie. Aber selber war ich beunruhigt und rief Dieter an. Er versprach, sich um die Sache zu kümmern.

Am nächsten Tag rief er zurück: »Alles ist in Ordnung. Ich habe mit der Presseagentur gesprochen, sie haben eben zurückgerufen. Ich hab' die Sache klargestellt. Ich habe ihnen auch die Telefonnummer von Detlew gegeben, der die Geschichte ja wohl besser kennt als wir. Es ist in Ordnung.«

»Aber wenn die trotzdem was schreiben?«

»Lieber Howard, du bist überängstlich. Ein Journalist übertreibt oft, biegt sich die Wirklichkeit ein bißchen zurecht, verschönt sie. Aber bewußt die Unwahrheit schreiben, gegen besseres Wissen jemandem etwas in die Schuhe schieben – nein, das tut kein einigermaßen anständiger Journalist.«

Aber hier irrte Dieter. Der Journalist tat es.

Ein paar Wochen später saß ich mit Donnice in einem Kölner Restaurant und aß ein Steak mit Pfeffersauce. Es war ziemlich voll und laut in dem Lokal.

Ein Student kam herein und verkaufte die neueste Ausgabe des »Express«. Er machte gute Geschäfte, fast an jedem Tisch wurde er eine Zeitung los. Auch ich nahm ein Exemplar ab und legte es achtlos beiseite.

Auf einmal spürte ich irgendeine Spannung im Raum. Ich weiß nicht genau, wie ich es spürte – ich glaube, das Gemurmel im Raum war leiser geworden. Ich sah mich um: Von überall trafen mich Blicke. Einige Gäste lasen den »Express«, andere tuschelten. Es war eine Szene wie im Wildwestfilm, wenn im Saloon der Mörder entdeckt wird. Da fiel mein Blick auf die Zeitung neben mir. Und da las ich es in übergroßen Lettern: »Vaterschaftsklage gegen Howard Carpendale«.

Ich nahm die Zeitung und versuchte, ein gleichgültiges Gesicht zu machen, ja sogar etwas zu lächeln. Da stand es schwarz auf weiß: Ein süddeutsches Wochenblättchen hat die große Geschichte von meiner unehelichen Tochter gebracht, um die ich mich nicht kümmere. Das durfte doch nicht wahr sein.

Donnice neben mir war blaß geworden. Wir aßen unser Steak zu Ende, zahlten und gingen mit gleichgültiger Miene raus. Die Leute an den Nebentischen verfolgten uns mit ihren Blicken. Draußen machte ich meiner Wut Luft. Wie konnte ein Journalist das wagen?

Gab es denn in diesem Geschäft keine Fairneß mehr?

Ich fuhr zum Hauptbahnhof und kaufte mir die Zeitschrift (es war das einzige Mal, daß ich dieses Blatt kaufte!). Und da stand es klar und deutlich, sogar mit einem Titelblatt. Und nicht etwa als Verdacht, als Vermutung. Nein – diese Lüge wurde wie eine Tatsache verbreitet.

Ich rief Dieter in München an. Der hatte es auch

schon gelesen und gleich einen Fachanwalt aus dem Bett geklingelt.

»Wir können im Augenblick nur versuchen, den Schaden zu begrenzen. Wie werden eine einstweilige Verfügung beantragen und zumindest damit erreichen, daß keiner mehr diese Unwahrheiten verbreitet.«

Die einstweilige Verfügung ging glatt durch, ein paar Stunden später – obwohl der Verlag versuchte, sich dagegen zu wehren.

Trotzdem – mir war noch unwohl bei der Geschichte. Da konnte doch nicht einfach ein Blatt in Millionenauflage die Unwahrheit über mich sagen – und ich mußte mir das gefallen lassen!

»Das braucht seine Zeit, leider«, sagte mein Anwalt. »Natürlich werden wir auf Widerruf klagen.«

»Was nützt mir ein Widerruf in ein paar Monaten? Jetzt will ich das klarstellen, jetzt! Heute mittag kam Wayne aus der Schule. Irgend jemand hat ihn hämisch gefragt, wie er denn sein neues Schwesterchen findet! Ich will jetzt und sofort etwas unternehmen!«

Ich war wirklich außer mir vor Wut. In meinem Beruf muß man manchmal auch etwas einstecken können – aber das war es gar nicht. Es war die Ungerechtigkeit, die mich in Wut brachte. Nicht die Behauptung, daß ich vielleicht ein uneheliches Kind irgendwo hätte, war die Ungeheuerlichkeit der Geschichte. Darüber hätte ich vielleicht noch gelacht, oder zumindest gelächelt. Aber daß da behauptet wurde, ich wüßte von der Existenz des Kindes, aber sei abgebrüht genug, mich nicht darum zu kümmern – das war etwas, worüber ich nicht mehr lachen konnte.

»Aber kann ich nicht einfach eine Blutuntersuchung machen und damit einen Schlußstrich ziehen?« Mein Anwalt lachte: »Wie stellst du dir das vor? Willst du zu deinem Hausarzt gehen, oder wie? – Nein, das muß von Amts wegen angeordnet werden. Und das hat das Gericht schon vor Jahren abgelehnt, wie wir jetzt wissen! Außerdem – das brauchst du nun wirklich nicht...«

Aber es sollte noch besser kommen. Ich hatte ein Interview gegeben, und der Journalist hatte mich gefragt: »Werden Sie eine Blutuntersuchung machen lassen?« Ich hatte geantwortet: »Nein. Denn zum ersten kann man das gar nicht so einfach – und außerdem: Wenn heute eine Frau behauptet, Präsident Reagan sei der Vater ihres Kindes – glauben Sie, Reagan rennt dann zum Arzt?«

Dieser Satz machte die Runde.

Und zwei Tage später schob das Wochenblatt trotz der einstweiligen Verfügung mit einer zweiten Geschichte nach. Die war noch schlimmer als die erste: Ich weigerte mich, so hieß es da, zu einer Blutuntersuchung zu erscheinen. Es sei jetzt nachgewiesen, daß ich Hanna vor Jahren sogar bei einem Krankenhausaufenthalt besucht und auch die Rechnung bezahlt hätte.

Dazu wurde ein Bild von mir und Wayne in meiner Wohnung gezeigt. Das Bild stammte von einem dpa-Fotografen und war schon acht Jahre alt. Trotzdem wurde da behauptet, es sei von Hanna aufgenommen worden und gewissermaßen eine Erinnerung an vertraute Stunden in meinem Haus.

Aber die Krönung der Veröffentlichung war ein »offener Brief« an mich. Darin stand zu lesen, daß das doch nicht gegen mich gerichtet sei. Man denke vor allem an das arme Kind, das ein Recht darauf habe, seinen Vater zu kennen.

Diese Scheinheiligkeit war mir wirklich zuviel.

Jetzt war ich entschlossen, dagegen anzukämpfen. Wir boten bei Rundfunkstationen und Fernsehstationen Interviews an. Da sagte ich dann massiv meine Meinung. Ich bezichtigte das Wochenblatt der Lüge – in der Hoffnung, es würde mich verklagen.

Dieter besorgte mir einen Auftritt in der TV-Sendung »Wetten, daß …«. Kurz vor der Sendung kam Frank Elstner zu uns: »Auf die blöde Geschichte mit dem angeblichen Kind werden wir im Interview natürlich nicht eingehen.«

Dieter und ich sahen uns verblüfft an. »Aber natürlich will ich darauf eingehen«, sagte ich. »Deswegen mache ich diese Sendung doch, und ich glaube, die Zuschauer erwarten es sogar.«

»Aber ich mache eine Unterhaltungssendung«, sagte Frank. »Ich habe die Verantwortung dafür, zwanzig Millionen Menschen zu unterhalten. Da ist kein Platz für Polemik. Und wenn du wirklich davon anfängst, muß ich dich möglicherweise unterbrechen und mich davon distanzieren.«

»Das weiß ich«, sagte ich. »Und ich weiß, was ich tue.«

In der Sendung war unter anderem die Frau unseres Bundespräsidenten. Frank machte uns vor laufender Kamera miteinander bekannt, und ich sagte spontan zu ihr: »Ich gebe Ihnen nicht die Hand, weil das zu gefährlich ist. Eine Zeitschrift behauptet, daß ich davon Vater werden kann...«

Alles lachte, Frank griff den Faden auf und ich konnte meine Meinung dazu sagen und die Dinge richtigstellen.

In den Tagen nach der Sendung bekam ich eine Menge Anrufe und Briefe. Alle beglückwünschten mich dazu, daß ich den Mut hätte, gegen eine solche Schweinerei in dieser massiven Form anzugehen.

Es gehört für mich kein Mut dazu, nur Entschlossenheit. Aber was machen die, die in eine Verleumdungsmaschinerie kommen und weder prominent sind noch reich noch die Möglichkeit zu Fernsehauftritten haben?

Jetzt also endlich ist die Geschichte endgültig abgeschlossen. Das Gericht hat sein Urteil gesprochen. Aber auch das gerechteste Urteil kann das Geschehene nicht ungeschehen machen.

Viele Narben bleiben – bei den Eltern von Hanna und eine kleine auch bei mir. Und wenn sie groß geworden ist und alles erfährt, auch bei der Kleinen mit den schönen blauen Augen, die jetzt so liebevoll von ihren Großeltern aufgezogen wird.

Aber was machen solche Narben schon – Hauptsache ist, die Auflage steigt...

Es gibt eine Anekdote von dem berühmten Berliner Maler und Original Max Liebermann. Eines Tages kam ein Verleger zu ihm und wollte eine Buchvignette von ihm gemalt haben. Er erklärte ihm ein wenig die Art, wie er sie gerne hätte. Liebermann hörte ein paar Minuten lang zu, nahm dann ein Blatt Papier und einen Stift und zeichnete in wenigen gekonnten Strichen einen Entwurf.

»Das genau ist es!« rief der Verleger aus. »Mehr will ich gar nicht!«

Er nahm den Bogen Papier an sich und sprang auf: »Ich bringe es sofort in die Lithographie. Herzlichen Dank! Es ist unglaublich, wie Sie das in wenigen Strichen hinbekommen!«

In der Türe drehte er sich herum, zögerte etwas und sagte: »Ach ... hm ... ich hätte es fast vergessen: Was darf ich Ihnen als, hm, Honorar schikken?«

Liebermann schaute ihn lächelnd an: »Sagen wir: Fünfzig Taler!«

Der Verleger war entsetzt: »Was? Fünfzig Taler – für fünf Minuten Arbeit?«

Liebermanns Lächeln wurde breiter und er sagte sanft: »Ja, Sie haben recht: fünf Minuten Arbeit – aber dreißig Jahre Vorbereitung!«

Heute nachmittag vor dem Soundcheck habe ich ein kurzes Interview für die private Radiostation gegeben.

»Wie lange haben Sie sich auf diese Tournee vorbereitet?« fragte der Redakteur. Mir fiel die Geschichte vom alten Liebermann ein – und wie aus der Pistole geschossen kam meine Anwort: »Fünfundzwanzig Jahre!«

Ich weiß nicht, ob ich danach bei dem Interview richtig erklärt habe, was ich meinte. Aber es stimmt genau. Meine Lehrjahre als Entertainer begannen vor fünfundzwanzig Jahren. Ich sang damals mit einer kleinen Band, die sich die »Kinsmen« nannte. Wir hatten zwar noch keinen Riesenerfolg, aber traten immer wieder mit ziemlichem Erfolg auf.

Was für mich wichtig war: Ich selber traute mich inzwischen vor das Publikum. Mehr noch: Ich hatte Spaß daran gefunden, auf einer Bühne zu stehen und die Blicke der Zuschauer zu spüren. Vorbei die Zeiten, als ich mit einem langen Mikrokabel aus einer verstohlenen Ecke heraus sang: Ich fing an, mich zu produzieren, Bewegungen auszuprobieren, meine Wirkung auf die Zuschauer zu testen.

In dieser Zeit wurde am Strand von Durban ein neues Hotel eingeweiht, das Claridge's Hotel. Es steht noch immer da – und ist heute weiß Gott nichts Besonderes. Es ist ein Hotel wie viele der modernen Kästen an der Strandpromenade.

Aber damals, vor einem Vierteljahrhundert, war das etwas anderes. Das Claridge's war das erste Hotel dieser Art in der Stadt und für die Durbanesen fast so etwas wie das achte Weltwunder.

Halb Durban pilgerte an den Wochenenden dahin, um sich das moderne Wunderwerk anzuschauen – in einer Mischung aus Bewunderung und Stolz. Denn endlich hatte Durban auch so einen von den modernen Palästen, wie sie sonst nur in Johannesburg oder Capetown zu sehen waren.

Eines Abends saßen wir nach der Probe in einem kleinen Strandcafé zusammen und diskutierten über dies und das. Und natürlich auch über das Stadtgespräch, das Claridge's.

Mike, unser Gitarrist, der sich immer gerne etwas das Flair eines Weltmannes geben wollte, lehnte sich zurück, machte ein wichtiges Gesicht und sagte: »Ihr könnt euch nicht vorstellen, wie es da innen aussieht. Wie im Film sage ich euch. Das Größte ist die Lobby. ›Cookie Look‹ heißt sie: mit rotem Teppich, vergoldeten Leuchtern an der Wand, die Kellner im Smoking und die Gäste alle piekfein in Krawatte und so. Und in der Ecke ein weißer Flügel, da spielt nachmittags ein Pianist zur Cocktailstunde...«

Wir grinsten: »Woher willst du das alles wissen?« – »Ah, schau mal. Jetzt wissen wir wenigstens, wo Mike seine Nachmittage verbringt!«

Mike ließ sich nicht beirren: »Quatscht doch nicht blöde. Meine Schwester geht mit dem Manager!«

»Deine Schwester ...?« Uns blieb vor Staunen der Mund offen. Wir kannten seine ältere Schwester. Ein nettes Mädchen – nicht aufregend, aber nett. Einen Moment lang war allgemeines Schweigen. Dann plötzlich sagte unser Drummer das, an was wir wohl alle gedacht hatten: »Und wieso spielen nicht wir in dieser goldbeschissenen Lobby? Warum sitzt da dieser Langweiler von Spießer am Klavier?«

Plötzlich wurden wir aufgeregt.

»Na klar, denen werden wir schon einheizen!« –

»Die sollen doch froh sein, wenn wir zu ihnen kommen – die wissen es nur noch nicht...«

Mike zögerte noch etwas: »Na schön, ich kann meine Schwester ja mal darauf ansetzen...«

Um eine lange Geschichte kurz zu machen: Drei Wochen später waren wir für zwei Tage dort engagiert. Ich weiß nicht, was die Schwester angestellt hatte, um den Manager zu überreden, aber sie hatte es geschafft.

Er empfing uns in seinem Büro, das ungefähr so groß war wie der Saal, in dem wir zum letzten Male für eine Party gespielt hatten. »Ihr habt es gehört: ich nehme euch für zwei Tage – nicht mehr! Der Pianist hat zwei Tage Urlaub, und ihr könnt ihn vertreten. Ich zahle euch zusammen fünfzig Pfund pro Tag, dazu zwei Drinks frei, und wenn ihr wollt, ein Personalessen. Und bitte: Spielt nicht zu laut. Das mögen unsere Gäste nicht.«

Er stand auf und gab uns – immerhin! – einzeln die Hand. Wir murmelten alle brav ein »Dankeschön!« und »Sie werden es nicht bereuen, Sir!« und »Nett von Ihnen!«

Als wir auf der Straße standen, ließen wir unserer Freude freien Lauf. »Shit!« schrie Freddy. »Jetzt geht die Post ab!«

Wir boxten Mike in die Rippen, daß die ihm heute noch weh tun müssen.

»Denen werden wir den Staub von den Leuchtern blasen!«

»Von wegen ›Nicht zu laut!‹ – Die werden sich wundern!«

Am ersten Abend waren nur dreißig Leute da. Nicht gerade berauschend – aber vielleicht war es ganz gut so. Denn wir waren doch noch etwas nervös in dem ungewohnten Rahmen und patzten oft ganz gehörig. Aber als wir unsere Instrumente einpackten, gab es freundlichen Applaus.

Der zweite Tag unserer Gastspiels war nicht viel besser. Es waren sogar noch ein paar Leute weniger da. Aber immerhin hatten wir unsere Angst abgelegt und musizierten munter drauf los.

Kurz vor Schluß, wir machten gerade fünf Minuten Pause, kam der Manager zu uns und sagte in gleichgültigem Ton: »Es gefällt mir, was ihr macht. Wollt ihr noch zehn Tage bleiben? Danach kommt der Pianist wieder . . .«

Ich weiß bis heute nicht, ob wir ihm wirklich gefallen haben oder ob Mikes Schwester wieder zugeschlagen hatte. Jedenfalls waren wir prolongiert worden, wie es unter Artisten heißt, und am nächsten Tag lasen wir sogar eine kleine Anzeige in den »Daily News«: »Für zehn Tage im ›Cookie Look‹: Sondergastspiel ›The Kinsmen‹.«

Wir waren mächtig stolz auf uns. Und unsere Selbstsicherheit wuchs. Die furchterregende Lobby mit dem roten Teppich, den Leuchtern und den Kellnern im Smoking war uns inzwischen vertraut; sie war geradezu unser Wohnzimmer geworden.

Am kommenden Samstag waren rund hundert Leute da. Das waren mehr als der Pianist je hatte – und so wurden wir vom Manager wieder verlängert.

Diesmal für zwanzig Tage und mit mehr Gage. Vom Pianisten war keine Rede mehr.

Zu unserer Ehre möchte ich noch erwähnen: Unser Engagement im »Cookie Look« dauerte weitaus länger als das Engagement von Mikes Schwester mit dem Manager: Wir blieben 8 Monate und waren die Sensation der Stadt. Das »Cookie Look« wurde zum »In-Place« von Durban, und wir, die »Kinsmen«, wir waren der Geheimtip der Saison. Die Gäste kamen am Wochenende von weither angereist, manchmal sogar von Johannesburg oder Capetown. An manchen Abenden waren achthundert Gäste da, um uns zuzuhören – mehr als es Sitzplätze gab.

Es war eine tolle Zeit. Wir lernten, auf der Bühne zu stehen und eine Beziehung zum Publikum zu finden. Wir lernten, wie man mit Managern und mit Fans umgeht. Und wir lernten vor allem, Frauen aufzureißen. Kurz: Wir lernten das Handwerk des Musikers.

25 Jahre später bin ich jetzt in dieser Stadt in Westdeutschland, von der ich damals noch gar nicht wußte, daß es sie überhaupt gab. Damals, als die Lobby des Hotels Claridge's namens Cookie Look mit ihrem roten Teppich und den vergoldeten Leuchtern und den Kellnern im Smoking noch der Mittelpunkt der Welt war. Vieles hatte sich geändert. Ich spielte nicht mehr vor hundert oder zweihundert Leuten, sondern vor vielen tausend. Und unsere Instrumente und Geräte können wir nicht mehr in ein paar Koffer verpacken und selber tragen; draußen stehen vier Tieflader mit vierzig Tonnen Material.

Auch die Musik ist anders geworden. Alles hat sich geändert – und doch eigentlich gar nichts: Ich stehe immer noch auf der Bühne und singe, versuche die Tagträume meines Publikums auszudrücken, erzähle Geschichten in Musik – und unten sitzen Menschen, die mir zuhören und in denen ich irgend etwas bewege. Es ist alles immer noch wie damals in dieser herrlichen Zeit im Cookie Look.

Und die Tournee rollt. Endlich.

Damit meine ich nicht nur, daß die Konzerte selber jetzt mehr oder weniger reibungslos klappen. Das war schon seit Hamburg der Fall. Auch der ganze Ablauf rund um die Uhr hat sich eingefahren. Die Musiker haben ihre »Hackordnung« gefunden – jeder weiß, wie er den anderen einschätzen kann. Die Rollen in der Gruppe sind verteilt. Man hat sich an die Witze von Alfredo, unserem Busfahrer, gewöhnt und an die Anordnungen von Gerd, dem Tourneeleiter. Die einzelnen Untergruppen haben sich gebildet und sitzen im Bus zusammen. Die einen hören Musik, die anderen schauen sich Videos an.

Und Knibbel und Angelika sitzen Hand in Hand zusammen wie ein verliebtes Teenager-Pärchen und diskutieren stundenlang über Baghwan, Magie und den Sinn des Lebens.

Allerdings: Ab heute werde ich die beiden wohl hin und wieder etwas auseinanderreißen. Denn ab heute haben wir eine alte Tourneetradition wieder aufgenommen. Wann immer es geht, fahre ich mit dem Musikerbus mit, und dann findet in der Clubecke eine heiße Pokerrunde statt. Garcia ist immer dabei, Knibbel – und natürlich ich. Und hin und wieder traut sich einer der anderen Musiker in unsere Höhle des Löwen und versucht mitzuhalten.

Normalerweise spielen wir um kleine Einsätze, zumindest am Anfang. Allerdings: je länger die Tournee geht, um so höher werden die Einsätze – und in den letzten Tagen kommt da schon immer ganz schön was zusammen. Aber aus irgendeinem Grunde haben wir es immer wieder geschafft, daß am Ende der Tournee jeder von uns mehr oder weniger Null-zu-Null aus der Sache rauskam. Vielleicht spielten wir deshalb so leichtsinnig.

Heute hatte Garcia ein neues Spiel mitgebracht: »AC-DC«. Die Regeln sind idiotisch einfach: Man macht seine Einsätze und jeder zieht eine Karte. Dann bekommt jeder eine zweite Karte – und kann spielen oder passen oder den Einsatz verdoppeln. Dann bekommt jeder die dritte, letzte und entscheidende Karte. Wenn sie im Wert zwischen den beiden ersten liegt, hat man gewonnen. Wenn nicht, verloren. Und zahlt soviel, wie im »Topf« ist.

Es ist wirklich ein einfaches Spiel, aber es macht Spaß. Und durch das alberne Verdoppeln kommen auch ganz schöne Beträge zusammen – besonders, wenn schon ein oder zwei Runden lang keiner gewonnen hat und die Einsätze im »Topf« bleiben.

So war es auch heute bei unserem letzten Spiel. Im Topf lag eine ganz schöne Summe – ungefähr die Tagesgage eines Musikers. Garcia zog als erstes ein As. Er grinste zufrieden: Ein As zählt wahlweise ›Eins‹ oder ›Elf‹ – besser geht's also gar nicht.

Als die Runde wieder an ihn kommt, zieht er ein zweites As. Ein Traumblatt. Er hat also ›Eins‹ und ›Elf‹ – praktisch jede weitere Karte liegt dazwischen und gewinnt. Außer natürlich ein weiteres As – aber dies war ja wohl ziemlich ausgeschlossen, zumal auch bei mir schon ein drittes As offenlag. Mit einem Blick auf den Topf verkündete Garcia: »Tja – dann werde ich mal verdoppeln. Tut mir leid für euch – aber der Topf gehört wohl mir.«

Wir anderen paßten, und Garcia zog seine dritte Karte.

Es war ein As.

Das einzige As, das noch im Spiel war. Das As, das nach allen Regeln der Wahrscheinlichkeit einfach nicht kommen konnte.

Die einzige Karte, die ihn verlieren ließ. Er hatte seine Abendgage verloren.

Einen Augenblick starrte Garcia wie vom Schlag gerührt auf seine Karten. Dann sprang er auf und lief wie ein Stier durch den Bus und stieß dabei den längsten Fluch aus, den ich je gehört habe: »Himmel-Arsch-und-tausend-leck-mich-doch-kreuzweise-zum-Teufel-kruzitürken-Sakrafix-Scheiss-doch-der-Hund-auf-das-gottverdammte-dreckige-dreimal-vermaledeite-Scheiß-As!«

Damit ließ er sich in den nächstbesten Sitz fallen und sagte für die nächste halbe Stunde nichts mehr.

Am Abend im Konzert verletzte ich eine goldene Regel des Showbusiness, die da lautet: »Mach niemals auf der Bühne einen Gag, der nur für die Akteure oben komisch ist, aber nicht für das Publikum!«

Als ich Garcia heute abend auf der Bühne vorstellte, sagte ich: »Das ist Garcia – der heute so Schlagzeug gespielt hat, als ob er Geld dafür bekommen hätte!« – Das Publikum lachte kaum – aber wir auf der Bühne dafür um so mehr.

»Kommst du mit nachher?« fragt Knibbel in der Pause. »Da gibt es 'nen Schuppen in der Altstadt mit dem unglaublichsten argentinischen Steak, das du jemals gegessen hast.«

»Mal sehen«, sagte ich. Ich würde heute wohl mal mitgehen. Es tut gut, nach dem Konzert mit den Jungs zusammenzusitzen. Meistens gibt das eine Riesenstimmung – die Anspannung des Konzerts löst sich. Man erzählt Witze, blödelt, diskutiert über Musik und Frauen, Politik und Urlaub. Meistens sitzen noch ein paar Mädchen dabei, die von irgendwoher aufgetaucht sind. Und manchmal kreist ein Joint.

Ich lasse ihn meist an mir vorbeigehen, wenn er herumgereicht wird. Nicht aus Überzeugung, sondern weil ich mir nicht viel draus mache, ebenso wenig wie aus Alkohol. Ich verstehe aber nicht, warum der Staat Alkohol zuläßt (und sogar dran mitverdient!) und den Haschischkonsum unter Strafe stellt. Das fördert nur die Kriminalität, finde ich. Aber vielleicht ist da irgendein tieferer Sinn hinter, den ich nicht verstehe.

Das Konzert ist vorbei. »Kommst du nun?« will Knibbel wissen.

»Okay – ich komme nach.« Knibbel drückt Detlew einen Zettel mit der Adresse in die Hand und verschwindet. Hand in Hand mit Angelika.

Es kostet mich immer etwas Überwindung, in ein Lokal zu gehen – besonders nach einem Konzert. Da ziehe ich mich meistens lieber in eine stille Ecke des Hotels zurück, esse in ganz kleinem Kreis in Ruhe zu Abend und gehe früh ins Bett.

Diese Scheu vor der Öffentlichkeit ist schwer zu erklären, selbst engsten Freunden nicht.

Das ist so: Als bekannter Künstler bist du nie unbeobachtet, sobald du deinen Fuß vor die Tür setzt. Jeder kennt dein Gesicht und jeder beobachtet dich. Manche mehr oder weniger heimlich, manche mit unglaublicher Offenheit.

Da sitzt du an einem Tisch im Restaurant und willst in Ruhe eine Suppe essen. Während du zum Tisch gegangen bist, hast du aus den Augenwinkeln heraus gesehen, wie sich alle zu dir umdrehen – verstohlen, diskret. Am Nebentisch tuschelt eine junge Dame ihrem Begleiter zu: »Schau mal – da kommt der Carpendale!« Aber er will zeigen, daß ihn das überhaupt nicht beeindruckt. Er dreht mir mit Absicht den Rücken zu und sagt laut, so daß ich es hören muß: »Interessiert mich nicht, wer da kommt. Der ist auch nur ein Mensch wie alle anderen!«

Gerade als ich meinen Löffel zum Mund führen will, dreht sich am Nebentisch eine vollbusige Dame zu mir um und schreit mit einer überlauten Stimme, damit alle es hören: »Ja das gibt es ja gar nicht! Der Car – pen – dale!«

Dann zeigt sie mit ausgestrecktem Finger auf

mich, als wollte sie mich aufspießen. »Ich hab' Sie gestern im Fernsehen gesehen!« – Ich lächle und nicke ihr zu. Sie kann nichts dafür. Sie glaubt, mit ihren Fernsehgebühren hat sie auch privat ein Stück von mir gekauft.

Ich löffle weiter. Plötzlich, ich habe den Mund voll Suppe und will gerade schlucken, steht ein Herr neben mir, in den besten Jahren, wie man so zu sagen pflegt. Er beugt sich vertraulich zu mir herunter, legt seine Hand auf meine Schulter und stinkt mich mit Zwiebelgeruch an: »Sie müssen mir jetzt eine Autogrammkarte geben!« Muß ich? Der Zwiebelgeruch wird stärker, die Stimme vertraulicher: »Wissen Sie: Ich hab' für Ihre Musik ja nichts übrig – aber meine Frau ist wie verrückt nach Ihnen!« Ich schreibe das Autogramm, schon um wieder atmen zu können.

Eigentlich war ich in das Restaurant gekommen, um in Ruhe zu essen und mich mit meiner Begleiterin etwas zu unterhalten. Aber da kommt schon der nächste uneingeladene Gast. Wieder ein Herr – aber zumindest ist er höflich. Er verbeugt sich leicht: »Entschuldigen Sie bitte die Störung. Aber ich hätte wahnsinnig gern ein Autogramm von Ihnen. Wissen Sie, für mich selber würde ich ja nie fragen – aber es ist für meine Tochter!« – Ich lächle etwas mechanisch und schreibe auf die Autogrammkarte: »With love – Howard!« Ich schaue auf: » Soll ich irgendeinen Namen dazuschreiben?« Er wird etwas verlegen. »Ach, Herr Carpendale, schreiben Sie es für mich. Ich heiße Fritz...«

Nun habe ich wohl alles hinter mir und kann mich

in Ruhe unterhalten. Tatsächlich – es geht fast eine Viertelstunde lang gut. Dann zahle ich meine Rechnung, und während er das Trinkgeld einstreicht, fragt mich der Kellner: »Haben Sie eine Platte für mich?« – Ich zucke bedauernd die Schultern und sage ihm, daß es die in Schallplattengeschäften zu kaufen gäbe und ich nicht meine Platten in der Sakkotasche bei mir trüge.

Er zieht ab, offensichtlich beleidigt. Wahrscheinlich wird er in der Küche jetzt den Köchen erklären: »Der Carpendale draußen ist auch arrogant geworden. Dabei kenne ich ihn noch aus der Zeit, wo niemand was von ihm wissen wollte. Damals wäre er froh gewesen, wenn ihn jemand nach seiner Platte gefragt hätte ...«

Warum sollte er auch besser sein als mein früherer Arzt. Der schrieb mir vor Jahren eine saftige Prominentenrechnung und rief mich dann an: »Sie haben doch sicher für meine Frau und mich zwei gute Karten für Ihr Konzert übrig ...«

Nein – manchmal ist es wirklich nicht angenehm, allzu bekannt zu sein. Aber ich will mich nicht beklagen. Von Sammy Davis jr. habe ich zum ersten Male den Satz gehört: »Diese ständige Autogrammfragerei ist für einen Künstler wirklich schlimm. Es gibt nur eins, was schlimmer ist: Nämlich wenn ihn niemand mehr um Autogramme fragt ...«

Nein, ich will mich wirklich nicht beklagen. Denn prominent sein hat auch unendlich viele Vorteile: Du bekommst immer einen guten Platz im überfüllten Restaurant, das beste Zimmer im Hotel, lernst interessante Menschen kennen und vieles andere, was mir jetzt nicht einfällt.

Das alles ist nicht das Problem. Das Problem ist: Du stellst dich innerlich darauf ein, daß alle dich beobachten. Du gewöhnst dir an, immer eine Rolle zu spielen, immer im unsichtbaren Scheinwerferlicht zu stehen. Du verlierst deine Spontaneität. Du weißt: Wenn du unter Menschen bist, dann mußt du jeden Augenkontakt meiden, weil sich daraus oft eine Pseudo-Beziehung entwickelt.

Plötzlich fängst du an, dich auf deinen kleinen Kreis zurückzuziehen: Du gehst in die immer gleichen Geschäfte und Restaurants, wo man dich gut kennt und wo du dich geben kannst, wie du willst. Und wo du endlich einmal ein Beobachter sein kannst statt Beobachteter, Jäger statt Wild.

Deshalb habe ich eine Wohnung in den USA. Da kennt mich niemand. Leider nicht. Oder Gott sei Dank.

Heute war das fünfundzwanzigste Konzert. Mehr als die Hälfte der Tournee ist jetzt geschafft.

Nach dem Konzert hatte ich plötzlich Hunger. Mir fiel ein, daß ich seit dem Frühstück nichts gegessen hatte. Und jetzt, als die Anspannung des Konzerts vorbei war, meldete mein Körper sein Recht an.

Ich hatte mir ohnehin angewöhnt, nach dem

Konzert, also praktisch gegen Mitternacht, noch etwas zu essen. Das tat meiner Psyche gut – leider auch den kleinen Fettpolstern, gegen die ich mein Leben lang kämpfen muß.

Ich hatte also Hunger und ging in den Catering-Raum.

Vielleicht muß ich dazu etwas erklären. Wenn wir auf Tournee sind, dann fahren immer ein gutes Dutzend von Technikern mit – Rigger, Tonmeister, Lichtingenieure, Beleuchter und so weiter. Ich ziehe vor diesen Jungs den Hut, denn es ist unglaublich, was die leisten: Immerhin schleppen wir da jeden Tag von Stadt zu Stadt die Bühnenausstattung eines mittleren Stadttheaters mit – und die muß täglich aufgebaut und wieder abgebaut werden.

Von einer 35-Stunden-Woche haben diese Jungs noch nie etwas gehört – auch nicht von einer 40-Stunden-Woche oder von einer 50-Stunden-Woche...

Morgens um sieben wird als erster der Rigger geweckt. In der Halle warten auf ihn schon die am Ort engagierten Aufbauhelfer, und dann wuchtet diese Truppe ihre Tonnen von Material an die Hallendecke. Anschließend klettern die Schwindelfreien unter ihnen hoch und montieren die Bühne. Um neun Uhr fängt der Lichtmann mit seiner Crew die Arbeit an und richtet seine paar hundert Scheinwerfer ein – kurz darauf kommt der Tonmann und beginnt, an die zehn bis fünfzehn Tonnen Material aufzubauen und seine vierzig Kilometer Kabel zu verlegen. Da darf schon nichts schiefgehen, wenn zum Soundcheck um achtzehn Uhr alles fertig sein soll.

Während der Show hat natürlich auch jeder alle Hände voll zu tun. Der eine stimmt die Gitarren, ein paar andere bedienen die Verfolger, einer die Kabukivorhänge und die Nebelmaschinen und so weiter – nur die Fahrer der Trucks hängen irgendwo rum und schlafen.

Nach der Show, während ich mit den Musikern schon gemütlich beim Abendessen sitze und unsere Zuschauer gerade ins Bett gehen, bauen diese Techniker alles wieder ab, verstauen es nach einem genau ausgetüftelten Plan in die Tieflader und brausen los in die nächste Stadt.

Und damit der Schlaf nicht zu kurz kommt, fahren die Techniker in einem eigenen Schlafbus von Stadt zu Stadt. Da können sie dann während der Fahrt in kleinen Liegekojen nach Herzenslust vier oder fünf Stunden schlafen – manchmal sogar etwas mehr...

Bei diesem Tagesablauf ist natürlich beim besten Willen keine Zeit mehr, in ein Restaurant zu gehen und in Ruhe zu essen.

Deswegen fährt bei unseren Tourneen immer ein Catering-Bus mit – ein Omnibus mit einer voll ausgerüsteten Großküche, in der sogar das eigene Brot gebacken werden kann. Die Leute von der *Cateringcrew* richten jeden Morgen gleich nach der Ankunft irgendwo im Backstage-Bereich einen *Catering-room* ein, in dem unsere Mitarbeiter immer etwas zu essen vorfinden.

Und damit sind wir wieder bei unserer Geschichte. Ich hatte also Hunger und ging runter in den Catering-Raum.

Rudi, unser Koch, war gerade dabei, alles zusammenzupacken. Er war ein kleiner, drahtiger Typ von undefinierbarem Alter, so zwischen fünfunddreißig und irgendwas, und hatte oft einen seltsam abwesenden Blick. Als ich reinkam, unterbrach er seine Arbeit und sah mich fragend an.

»Ich hab' fürchterlichen Hunger. Hast du was für mich?« fragte ich.

»Warum hast du das nicht früher gesagt, Chef?« nörgelte er. »Ich hätte dir doch was Richtiges machen können!«

Er sah sich suchend um. »Jetzt hab' ich höchstens noch eine Suppe für dich – oder wenn du willst, kann ich dir noch schnell ein Steak machen...«

Ich ärgerte mich über mich selber. Der arme Teufel hatte schon seine sechzehn oder siebzehn Stunden Arbeit hinter sich und sich wohl schon darauf gefreut, endlich Feierabend zu machen. Und jetzt komme ich mit meinem blöden Hunger und halte ihn auf.

Ich konnte doch wirklich in meine Hotelsuite gehen, mir beim Room-Service was bestellen und die Jungs hier in Ruhe Feierabend machen lassen!

»Ach, laß nur, Rudi«, sagte ich. »Du willst sowieso Feierabend machen.«

Ich drehte mich um und wollte gehen.

»Kommt nicht in Frage, Chef. Ich mache was für dich. Das wäre ja noch schöner!«

Er sprang zu einem Tisch und holte ein Steak aus einer Tüte. Er hielt es mit zwei spitzen Fingern hoch wie eine Zauberer, der ein weißes Kaninchen aus dem Zylinder gezaubert hat. »Na, was würdest du dazu sagen?«

Ich konnte nicht widerstehen. »Okay!«

»Und wie willst du es, Chef?« fragte Rudi. »Rosa oder *well-done*?«

»Rosa«, sagte ich. Ich setzte mich an den langen, mit einem weißen Wachstuch gedeckten Tisch, während Rudi herumwirbelte. Er deckte den Tisch vor mir, setzte eine Pfanne auf, bot mir zu trinken an – und fünf Minuten später saß ich vor einem appetitlichen Steak, mit Kräuterbutter, etwas Petersilie und mit einem Salatblatt und einer Paprikaschote verziert.

»Das sieht besser aus als in meinem Hotel«, sagte ich.

Rudi feixt: »Na ja – gelernt ist gelernt!«

»Was? Du hast richtig Koch gelernt?« fragte ich – und im selben Moment ärgerte ich mich über meine dumme Frage. Ich bin nicht gerade ein Meister des Smalltalk, und manchmal zerdeppere ich da wirklich alles Porzellan. Ich versuchte, die Scherben wieder zu kitten, und stotterte: »Eh, ich meine, also – wo hast du Kochen gelernt?«

Rudi schien die kleine Panne in unserer Unterhaltung gar nicht bemerkt zu haben. Er sagte: »Ach – das ist schon lange her. Noch vor meiner Amerikazeit!«

»Du warst in Amerika? Hey man, you never told me!« Ohne Absicht fiel ich in ein amerikanisches Englisch. Ich hatte mir nichts dabei gedacht. Aber ich konnte ja auch nicht wissen, was für eine Wirkung es auf Rudi haben würde. Denn er blieb abrupt stehen und sah mich an mit diesem etwas starren, abwesenden Blick, den ich schon ein paarmal bei ihm gesehen hatte.

»Bitte«, sagte er fast flehend. »Bitte – ich mag kein Amerikanisch mehr sprechen. Ich habe sowieso alles vergessen ...«

Ich sah ihn erstaunt an.

Er wurde etwas verlegen und sagte: »Du, das ist eine lange Geschichte ...«

Ich schnitt mir eine Ecke vom zarten Steak ab und sagte: »Was für eine Geschichte?«

Rudi fing an zu erzählen. Er erzählte mir sein Leben. Ein Leben, in dem sich der Irrsinn unserer Zeit widerspiegelt.

Er hatte in einer norddeutschen Kleinstadt Koch gelernt. Er war nicht gerade ein Kochgenie, aber ein sehr guter Handwerker. Und vor allem hatte er den unbändigen Willen, irgendwie weiterzukommen – aus seiner Kleinstadt hinaus in die weite Welt. Und damals hatte er auch noch den genügenden Schuß an Optimismus, den man als junger Mann braucht, wenn man es zu etwas bringen will.

Jemand hatte ihm erzählt, daß er als deutscher Koch in Amerika gut verdienen könne. Die Staaten hatten ihn schon immer gereizt. Wie für viele junge Deutsche damals waren die USA auch für ihn das Land der unbegrenzten Möglichkeiten, das Land mit Schwung, Power und Optimismus – kurz: genau das richtige für einen jungen Koch aus einer norddeutschen Kleinstadt, der die Welt erobern will.

Rudi heuerte auf einem Schiff an, das nach New York fuhr, und ein paar Wochen später nahm ihn der Moloch Big Apple in seinen Rachen.

Es lief nicht alles so, wie Rudi sich das vorgestelllt hatte. Amerika hatte nicht gerade sehnsüchtig auf den deutschen Koch aus der norddeutschen Kleinstadt gewartet, und auch im freiesten Land der Welt braucht man so Sachen wie Aufenthaltsgenehmigung, Arbeitserlaubnis, Gewerkschaftsausweise und all so was. Okay – es gab immer mal wieder den einen oder anderen Job in einer Hamburger-Braterei, einer Deli-Salad-Bar oder einem anderen Quick-Snack. Aber das war nicht ganz das, weshalb er hierhergekommen war.

Eines Tages gab ihm ein Leidensgenosse in der Spülküche eines Hotelrestaurants den Rat: »Geh doch einfach zur Army! Nach sechs Monaten bekommst du die US-Staatsbürgerschaft, und nachher sorgen sie für dich ...«

Das klang verlockend. Mitten auf dem Times Square in Manhattan stand eine Baracke, an der er oft vorbeigekommen war. Vor der Tür hing eine große Stars-and-Stripes-Flagge und darüber war ein blaues Schild mit weißer Schrift angebracht: U.S. Army Recruiting Office. Und an der rechten Seite der Türe war ein Plakat zu sehen, das einen heldenhaften Soldatenkopf mit US-Stahlhelm zeigte, im Hintergrund blauer Himmel und grüne Bäume, und darunter war zu lesen: »Join the army – Enrolment here«.

Am nächsten Tag ging er dorthin – vier Wochen

später war er im *military camp* und wurde gedrillt: Marschieren, Gehorchen, Ausbildung am Sturmgewehr und viel Sport, um körperlich in Form zu kommen. Und Schulungen, viele Vorträge über das Vaterland.

Das Ganze machte ihm eigentlich Spaß. Er hatte plötzlich eine Menge Kumpels, die Stimmung in der Gruppe war meistens gut. Er lernte eine Menge dazu, und er lernte Amerikanisch. Er war ein guter Soldat – und so kam er nach einiger Zeit zu einer Spezialeinheit.

Wie es dazu genau gekommen war, weiß er heute selber nicht mehr – vermutlich hatte einer der Offiziere, der auch versetzt wurde, ihn nominiert. Jedenfalls wurde er so etwas wie der Bursche dieses Offiziers, und er stürzte sich mit Feuereifer in die neue Ausbildung, die da auf ihn wartete. Die Spezialeinheit, bei der er jetzt gelandet war, sollte wohl so eine Art von Elitetruppe werden – die Antwort der Armee auf die Ledernacken der Marine. Die Ausbildung jedenfalls war perfekt und vielseitig. Rudi lernte, sich vierzehn Tage im Dschungel ohne Nahrungsmittel durchzuschlagen, eine Minute unter Wasser zu tauchen und über meterhohe Mauern zu klettern. Er lernte, sich ohne Waffen zu verteidigen und wie man im Dunkeln einen Gegner ohne Geräusch mit einem Buschmesser tötet.

Das Ganze war für ihn wie ein gigantisches »Räuber- und Gendarm-Spiel«, wie er es als Junge in seiner norddeutschen Heimat gespielt hatte.

Nachts gab es manchmal Manöverübungen.

Dann wurden alle durch eine Alarmsirene geweckt, mußten in fünf Minuten im kompletten Kampfanzug mit angeschnalltem Fallschirm auf dem Gang antreten. Sie fuhren zum nächsten Flughafen und stiegen in eine der großbauchigen Transalls, die da schon mit laufenden Motoren warteten.

Dann donnerten sie, fünfundsechzig Mann im Bauch des Flugzeuges, für eine Stunde über das schlafende Land. Meistens saßen sich die Männer dann stumm einander gegenüber, Schlaf in den grauen Gesichtern, und hofften, daß sie bald wieder zurück in ihre Betten durften.

In einer heißen Augustnacht hatte wieder einmal die Sirene losgeheult. Es war zwei Uhr elf nachts, und Rudi wurde aus seinem schönsten Traum gerissen: Die hübsche Kellnerin aus der Offiziersmesse, der er schon seit Wochen mit Scherzworten und einer Menge unanständiger Anträge nachstellte, hat ihm endlich ein Date zugesagt. Er war gerade im Begriff, sich feinzumachen, als die Sirene losging. Er beschloß, den Traum nach seiner Rückkehr von der Übung an der gleichen Stelle weiterzuträumen, und machte sich marschbereit. Um zwei Uhr siebzehn lief er auf den Hof, während er sich noch das Band vom Helm zunestelte. Der diensthabende Sergeant schrie ihn wegen der Minute Verspätung zusammen, als ob Amerika jetzt seinetwegen einen Krieg verloren hätte.

Eine Viertelstunde später saßen sie im Transportbus zum Flughafen, und eine weitere Viertelstunde später donnerten sie durch die Wolken. Am Abend vorher hatten die Männer eine ausgelassene Geburtstags-Party in der Kantine gefeiert und den Bestand an Whiskey beträchtlich verringert. Jetzt waren fast alle müde und verkatert. Entsprechend trübe war die Stimmung.

Nach einer knappen Stunde fingen die Männer an zu murren. »So eine Scheiße, können sich die keinen anderen Tag für ihre Übung aussuchen?«

»Diese Idioten, die sollen sich den Sprit sparen und nach Hause fliegen. . .«

»Wenn ich das alles geahnt hätte, wäre ich statt Soldat lieber Millionär geworden«, sagte der Spaßmacher der Gruppe, ein kleiner Dicker mit einer Stupsnase. Einige lachten pflichtschuldig.

Rudi stand auf und sagte: »Ich red' mal ein Wort mit dem Piloten!« Er ging nach vorne ins Cockpit und sagte zum Piloten: »Sag mal, Captain – wie lange willst du uns noch durch die Gegend schippern? Wir sind alle müde und haben morgen einen langen Tag. Kannst du nicht deinen Colonel anrufen und sagen, er soll mit der Übung Schluß machen?«

Der Pilot drehte sich um und sah ihm in die Augen. Seine Stimme war leise, als er sagte: »Tut mir leid, Kamerad. Das ist keine Übung. Wir fliegen nach Vietnam . . .«

Vierundzwanzig Stunden später waren die Männer im Dschungel. Zwei Tage später gab es die erste Feindberührung, drei Tage später die ersten Toten und Verwundeten.

Nach einem Jahr kehrte Rudi in die USA zurück. Er hatte auf der Brust eine Reihe von Orden und in der Brust eine Reihe von Granatsplittern. Er lag auf einer Bahre, eine hübsche Nurse hatte ihm eine schmerzstillende Spritze gegeben und ihm zugelächelt.

Er war einer von drei Überlebenden aus seiner Gruppe. Die anderen zweiundsechzig lagen irgendwo auf schönen gepflegten Heldenfriedhöfen, wo man sie feierlich zu Grabe getragen hatte. In einem Eichensarg mit den Stars-and-Stripes drauf und unter den Klängen einer Trompete, die den großen Zapfenstreich blies. Oder sie waren einfach verschwunden, man hatte sie nicht mehr gefunden. Vielleicht weil ihr Körper von einer Mine in zu viele kleine Stückchen zerfetzt worden war. Alle waren weg – auch sein Colonel – und auch der kleine Dicke mit der Stupsnase, der bis zuletzt immer noch Witze gemacht hatte.

Rudi kam gerade noch rechtzeitig ins Lazarett, um im Fernsehen eine große Demonstration gegen den Vietnamkrieg zu sehen. Tausende von jungen Leuten schrien da in Sprechchören Sprüche wie: »Raus aus Vietnam!« Dabei hielten sie Schilder hoch mit politischen Kampfparolen. Eins davon war ihm besonders aufgefallen, weil er es wie eine persönliche Beleidigung empfand. Eine junge hübsche Frau mit strahlenden braunen Augen und einem etwas exotischen Gesicht hielt ein Plakat vor die Kamera mit der Aufschrift: »GIs sollen keine Mörder sein!«

Mörder? – Rudi verstand nicht, was in diese jungen Leute gefahren war. Da lag er im Lazarett, den Körper voller Splitter, hatte für diese Jugend seinen Arsch hingehalten – und dann kamen die mit dieser hirnverbrannten Scheiße?

Rudi regte sich so auf, daß die Schmerzen wiederkamen. Er stöhnte auf und rief nach dem Arzt. Eine ältere, mütterlich wirkende Schwester kam. Sie drehte zuerst den Fernseher aus und gab ihm dann eine Spritze. Es muß eine sehr starke Spritze gewesen sein, denn er dämmerte bald hinüber und fiel langsam in ein tiefes, schwarzes Loch. Von ferne hörte er die Schwester noch beruhigend sagen: »Mach dir nichts draus, mein Junge. Du bist ein Held – und wir alle sind stolz auf euch!«

Er wurde operiert – einmal, ein zweites Mal und dann noch ein paarmal. Irgendwie schafften die Docs es, ihn nach ein paar Monaten wieder hinzuflicken. Er lernte wieder zu gehen – erst mit Krücken, dann ohne. Er ging im Garten des Lazaretts spazieren, wo ihn die Schwestern und Ärzte höflich, fast ehrfurchtsvoll grüßten. Langsam lebte er sich in die Rolle des Vietnam-Helden ein, er wurde stolz auf das, was er für seine Leistung hielt – auch wenn die Trauer um seine toten Kameraden ihn manchmal immer noch überfiel.

Vor allem nachts, wenn er allein in seinem harten Lazarettbett lag, erlebte er im Geist noch einmal die Szene, wie seine besten Freunde rechts und links von ihm wegstarben. Und manchmal fuhr er im Schlaf hoch, wurde schweißgebadet wach, und sein erster Gedanke war: »Aber ich lebe noch!« – Meistens hatte er dann seinen »Lieblingstraum« geträumt – sein letztes Erlebnis in der grünen Hölle.

Er war mit zwei Kameraden, dem langen Peter aus Wisconsin und Joe, zu einem Spähtrupp eingeteilt worden. Joe war Farbiger und stammte aus der Bronx. Mit vierzehn war er aus einem Waisenhaus entlassen worden. Als er mit achtzehn immer noch keine Arbeit gefunden hatte (außer gelegentlichem Haschisch-Dealen) ging er zur Armee. Sie wurde sein Zuhause, sein Beruf, seine Familie – und sein Grab. Aber das wußte er damals noch nicht. Er hat es auch nie erfahren, denn es ging alles so schnell, daß er tot war, bevor der Schmerz noch sein Gehirn erreicht hatte.

Sie waren eine halbe Meile weit in Feindesland hineingegangen, mitten durch mannshohen Bambus. Vor ihm lag ein etwa ein Meter breiter Wassergraben. »Wir springen im Hechtsprung rüber«, flüsterte Peter. Sie nickten. Peter zählte. Er hatte keine Ahnung, daß er seinen Tod einzählte.

»Eins« – »zwei« – dann laut: »drreii!«

Sie sprangen. Und in diesem Moment schoß die Leuchtspurmunition aus dem Maschinengewehr wie eine Feuerschlange auf die drei Körper zu, die fast parallel durch die Luft segelten. Rudi erinnerte sich noch an einen Lichtschein und einen Schlag, dann an einen Fall in die Dunkelheit. Irgendwann, ein paar Minuten oder ein paar Stunden später, hörte er undeutliche Rotorgeräusche eines Hubschraubers, Stimmen und Schritte. Jemand berührte ihn und sagte: »Der lebt noch!« Ein paar Arme hoben ihn auf. Dann verlor er wieder das Bewußtsein.

Jetzt im Lazarett erlebte er diese Szene im Traum

immer und immer wieder. Und aller Logik zum Trotz machte er sich fast jedesmal Vorwürfe, daß er Joe nicht hatte retten können. Es war Unsinn, er hatte mit Joes Tod nichts zu tun, aber wahrscheinlich war es deshalb, weil Joe ihm einmal Monate vorher das Leben gerettet hatte: Er hatte ihn ohnmächtig aus einer brennenden Eingeborenenhütte geschleppt, obwohl die verdammten Charlies ihn mit einer Feuergarbe eindeckten, die ihn am Bein erwischte. Seit der Zeit humpelte er etwas, und manchmal sagte sich Rudi, daß er ohne diese Verletzung vielleicht hätte schneller über den Graben springen können und heute noch leben würde: Aber er wußte zugleich, daß das Unfug war und daß er so nicht denken durfte.

Das Kriegsgeschäft war hart. Und ein Held mußte auch hart sein. Hart gegen andere – und hart vor allem gegen sich selber.

Der Schock kam, als er zum ersten Mal ausging – aus dem Lazarett-Gelände hinaus in die kleine, verschlafene Provinzstadt in North Carolina. Er hatte sich auf diesen Ausgang gefreut. Der Sergeant aus der Kleiderkammer hatte ihm eine schicke Ausgehuniform besorgt, der Friseur ihm einen besonders hübschen Kurzhaarschnitt verpaßt. Er hatte sich eine halbe Flasche Old Spice ins Gesicht geschüttet, und seine Ordensspange auf der Brust blinkte und blitzte.

Er fuhr mit dem Taxi zu einer Diskothek, die ihm Kameraden als heißen Schuppen empfohlen hatten. Er schlängelte sich durch die tanzenden Paare zur Bar und bestellte einen Drink. Ein Typ nebenan, ein etwas dicklicher Mittzwanziger mit einem großen Kindergesicht und manikürten Händen, drehte sich zu ihm um. Plötzlich rief er laut zum Barkeeper rüber. »Guck mal, wen haben wir denn hier? – Da ist ja ein richtiger kleiner Held!« Rundherum fingen ein paar Gäste an zu lachen, und die kleine Hübsche, die neben dem Kindergesicht saß, kicherte und zeigte mit spitzen Finger auf Rudis Brust: »Schau mal, was für hübsche Orden er hat! Richtig süß ist er!« Und alle lachten wieder.

Rudis erste Reaktion war der Wunsch, dem Kindergesicht ein paar in die Fresse zu hauen. Aber dann ließ er es sein. Er schüttete ihm nur seinen Drink ins Gesicht, kam sich vor wie Humphrey Bogart in seinen besten Tagen und ging hinaus.

Die kommenden Wochen waren für ihn bitter. Er mußte lernen, daß die Szene in der Diskothek alles andere als eine Ausnahme war. Sicher: Ein paar Politiker hielten auf Veteranentreffen immer noch große Reden und lobten die Vietnamhelden über den grünen Klee. Aber das junge, das wirkliche Amerika wollte seine Vietnamhelden nicht mehr. Es war ihrer überdrüssig geworden. Die Zeit hatte sie überrollt, und jetzt lagen sie als Relikte einer peinlichen Vergangenheit am Straßenrand herum – verlacht, verspottet oder gehaßt. Oder einfach übersehen.

Der Held, der keiner mehr war, ging nach Deutschland zurück. Seine Ordensspange warf er irgendwo am Straßenrand in eine Mülltonne, die nach Abfall und Moder roch.

Der amerikanische Staat zahlte ihm eine Rente von tausend Mark monatlich aus. Das waren hundert

Mark für jeden Granatsplitter und keinen Pfennig für die verlorenen Jahre und für die Wunden in seiner Seele, die nicht vernarben wollten.

Rudi wollte jetzt nur noch ein neues, ruhiges Leben anfangen. Er fand ein Mädchen, das er liebte, und heiratete es. Und er fand wieder einen Job.

Aber seine ungeliebte Vergangenheit holte ihn ein. Eines Tages bekam er eine Vorladung zum Staatsanwalt. Irgend jemand hatte in einer Zeitung das Bild eines GIs aus Vietnam gesehen, der einen wehrlosen Vietkong von hinten erschoß. Und irgend jemand anders hatte auf diesem Bild Rudi erkannt.

Die Verhandlung dauerte drei Monate. Drei lange, qualvolle Monate, in denen Rudi sein ganzes Leben noch einmal erzählen mußte – auch die zwölf Monate, die er hatte vergessen wollen.

Nach vierzehn Tagen verließ ihn seine Frau. Sie war dem Druck nicht gewachsen. »Ich will nicht mit einem Mörder zusammenleben!« schrie sie ihn an.

Nach vier Wochen war er selber soweit, daß er am liebsten Schluß gemacht hätte. Nach zwei Monaten war ihm alles gleichgültig.

Nach drei Monaten kam der Freispruch. Überraschend für alle konnte sein Verteidiger einwandfrei nachweisen, daß Rudi nicht der Mann auf dem Bild war. Daß er zu diesem Zeitpunkt ganz woanders und mitten im Busch war.

Der Verteidiger schüttelte ihm die Hand mit strahlenden Augen: »Na – was sagen Sie? Ist das nicht wunderbar?«

Rudi murmelte: »Ja, wunderbar! Ich danke Ihnen...«

»Aber sind Sie nicht glücklich? – Es ist doch jetzt bewiesen, daß Sie nicht der Mann auf dem Foto sind!«

Rudi sagte: »Ja, ja. Sie haben recht. Aber Sie verstehen eines nicht: Ich hätte es sein können. Dutzendfach sein können. Die Studentin im Fernsehen hatte recht mit ihrem Plakat. Und meine Frau hat auch recht: Ich bin ein Mörder. Auch wenn ihr mich nicht verurteilen könnt!«

Mein Steak war kalt geworden. Ich hatte es nur halb gegessen. Ich sah Rudi an. »Was hast du dann gemacht?«

Er goß sich ein Bier ein und zuckte die Schultern.

»Nichts Besonderes. Ich habe mich in mein Zimmer eingeschlossen und wollte niemanden mehr sehen. Die tausend Mark reichten für Miete, etwas zu essen und viel Alkohol. Ich habe ein paar Jahre so verbracht. Weißt du – ich war schuldig und auch wieder nicht. Ich bin einfach da reingeschlittert, ohne daß mir das klargeworden war. Ich wurde im Ausbildungscamp systematisch zum Mörder ausgebildet. Ich lernte es, wie man tötet: mit dem Gewehr, mit dem Messer, mit den Händen – auf ein Dutzend verschiedene Arten. Aber vor allem mein Geist wurde zum Mörder ausgebildet. Man hämmerte mir immer wieder ein: Mit jedem Charly, den du tötest, rettest du das Leben einer amerikanischen Frau. Vielleicht das Leben deiner Frau oder deiner Kinder. Und man sagte mir: Wenn du ihn nicht tötest, dann tötet er dich. So ist das Gesetz der Natur...«

Er trank einen tiefen Schluck und sagte: »Aber was soll's. Ich bin drüber weggekommen, wie du siehst. Und wenigstens lebe ich noch...«

Es war spät geworden. Draußen heulten die Motoren unserer Trucks auf. Die Crew fuhr in die nächste Stadt.

»Ich muß mich beeilen, Chef!« sagte Rudi.

»Bis morgen!« sagte ich. Und: »Danke!«

»Wofür?« fragte Rudi und räumte mein kalt gewordenes Steak weg.

Im Hotelzimmer schaltete ich das Fernsehen ein. Im Kabelprogramm konnte man AFN empfangen. Ich schaute mir einen Film an. Zwischendurch gab es Werbung: Ein frischer, junger Mann mit strahlenden Augen in einer herrlichen grünen Landschaft. Die Sonne schien. Der junge Mann saß in einem Jeep und trug die Uniform eines amerikanischen Soldaten. Er erklärte den Fernsehzuschauern, daß es viel Spaß macht, vor allem aber auch eine ehrenvolle Aufgabe ist, das Vaterland zu schützen und sein Leben für die Seinen einzusetzen.

Ich fand es auf einmal zum Kotzen.

Ich war schon in der Nacht vor dem Konzert in Bremen angekommen. Am Vorabend hatten wir ein, glaube ich, sehr schönes Konzert gegeben. Ein etwas eigenartiges Konzert. Keines ist wie das andere...

Gleich als die Spots zum ersten Auftritt aufleuchteten, hatte ich das Gefühl, als ob ich vor einer großen Familie aufträte. Der Beifall war nicht fanatisch, eher klein – aber herzlich, warm, voller Erwartung.

Jemand, der nie auf der Bühne gestanden hat, kann sich wahrscheinlich nicht vorstellen, wie viele Arten von Beifall es gibt und zu welch feinen Nuancen ein Beifall fähig ist. Du kommst auf die Bühne, die Leute klatschen – und du spürst sofort, in welcher Stimmung sie sind. Gestern waren sie für mich wie eine große Familie. Ich brauchte nicht gegen sie kämpfen, sie überzeugen, sie aus ihrer Lethargie reißen oder sie mit Gewalt zwingen, sich auf die gleichen vibrations mit mir einzustellen. Von der ersten Sekunde an waren wir wie alte Bekannte oder sogar Freunde. Es war ein leichtes Konzert. Ich war in Form, extemporierte, lachte auch mal an Stellen, an denen ich es sonst nicht gewagt hätte – und die Vertrautheit mit dem Publikum wurde fast beängstigend.

Am Schluß fiel es uns beiden schwer, Abschied voneinander zu nehmen: Das Publikum verließ einfach nicht den Saal, auch als alle Lichter angegangen waren. Und obwohl mein Programm eigentlich nicht auf Zugaben eingerichtet ist – ich kam nicht drum herum. Noch eine Zugabe und noch eine. Ossi stand mit seiner Mannschaft schon in den Kulissen bereit zum Abbau. Drei Stunden würden meine Roadies brauchen, um die vierzig Tonnen Material schön der Reihe nach in die Tieflader zu verstauen. Um sieben Uhr morgen früh mußten sie in Bremen mit dem Aufbau anfangen. Glücklicherweise waren die vierhundert Kilometer bis dahin fast nur Autobahnstrecke. Aber für diese Nacht war Glatteisgefahr angesagt, und die Jungens wurden langsam nervös.

»Mann, wegen dir kriege ich noch graue Haare!« stöhnte Ossi, als ich noch eine dritte Zugabe ansagte...

Jetzt war ich also in Bremen. Obwohl wir erst um vier Uhr nachts angekommen waren, war ich um neun Uhr schon wieder auf den Beinen. Für zehn Uhr hatte ich mich zu einem Tennismatch verabredet. Das Match ist schon eine Tradition: ein Doppel, Dieter und ich gegen Lothar, unseren örtlichen Veranstalter, und dessen Freund. Wir spielen jedesmal um ein Abendessen. Die beiden spielen besser als wir, aber verlieren jedesmal. Na ja, vielleicht würden sie heute Glück haben...

Ich stieg unter die kalte Dusche, um wach zu werden. Dann zog ich meine Sportsachen an und ging runter zum Frühstück.

Unten saß Dieter schon mit Lothar an einem Tisch und diskutierte heftig. Beide hatten schon ihre Tennissachen an, und als ich auf ihren Tisch zusteuerte, strahlten sie mich an.

»Wir haben's geschafft«, sagte Dieter.

Ich setzte mich zu ihnen. »Was haben wir geschafft? Gibt Lothar das Tennisspielen auf?«

»Nee, besser noch: Bremen ist praktisch ausverkauft!«

Wir hatten es also wirklich geschafft. Bremen war jahrelang meine Herausforderung gewesen.

Vielleicht muß ich dazu etwas über die Entwicklung unserer Konzerte erzählen. Als ich zum ersten Mal auf Tournee ging, da kamen die Leute nicht etwa in Scharen zu mir geströmt. Wir waren froh, wenn wir sieben- oder achthundert Leute im Saal hatten. Und immer, wenn wir durch den Vorhang schauten und den halbleeren Saal sahen, stand Dieter hinter mir und sagte: »Denk daran, was Sammy Davis gesagt hat: Wenn halb soviel Leute im Saal sind, mußt du doppelt so gut sein!« – Und ich dachte an Hendrik Botha und das Taschentuch vom Roten und gab zur Antwort: »Mach dir keine Sorgen – die werden wir packen!«

Und wir packten sie. Bei der nächsten Tournee hatten wir statt siebenhundert Zuschauern tausendfünfhundert. Und zwei Jahre später zogen wir in die große Dreitausenderhalle um. So wie in Hamburg, wo ich inzwischen sieben Konzerte geben kann.

In allen Städten hatten wir jedesmal unser Publikum verdoppeln können. Nur in Bremen nicht. Wir waren zwar aus einem kleinen Saal in die große Stadthalle umgezogen – aber bei zweitausendundeinpaar Zuschauern war die Schallgrenze. Es war wie verhext. Dabei hatte ich dort meine besten Konzerte gegeben, und jedesmal war ich überzeugt: Die werden alle wiederkommen und wenigstens noch einen anderen mitbringen

«In dieser Woche waren in Bremen fünf Konzerte – das war zuviel!« – »Die Halle ist häßlich – dein Publikum kommt da nicht hin!« – »Diese Woche ist hier eine große Kirmes, das war schlecht für dich!« – »Ende des Monats haben die Leute kein Geld mehr, das hätten wir uns denken können!«

Es gab immer wieder Gründe, mit denen man die Pleite begründen konnte. Aber wir wußten: Das waren keine Gründe – das waren nur Ausreden.

»Wenn ein Konzert geht, dann geht es!« pflegte Dieter immer zu sagen. Aber obwohl er sonst ein Meister darin ist, alle Gründe immer genau zu analysieren – im Fall Bremen war er ebenso ratlos wie wir alle. »Irgendwann werden wir es schaffen«, hatte er jedesmal geseufzt, wenn die Abrechnung rote Zahlen zeigte.

Und heute war dieses Irgendwann. Ich war high. »Los – und jetzt putzen wir euch Bremer im Tennis!« Wir fuhren zur Tennishalle. Ein paar Dutzend Freunde warteten da schon, um das »große Match« zu sehen. Aber leider war Lothar offenbar auch high – jedenfalls kostete uns dieses Spiel ein Abendessen. Nun ja, man kann nicht alles haben im Leben.

Nachmittags zeichnete ich in der Stadt einen Song für das Fernsehen auf. Ein kleines TV-Team machte da in einem Lokal der Altstadt eine wirklich gute Sendung mit viel Atmosphäre und Tempo und mit hervorragenden Bildern. Als ich ankam, lief ich als erstes Peter Maffay in die Arme. Wir kennen uns aus unseren Anfängen. Damals sang ich noch »Das schöne Mädchen von Seite 1«, und er hatte noch nicht einmal »Du« gesungen, und wir machten zusammen eine Kreuzfahrt im Mittelmeer, bei der wir abends auf dem Schiff auftraten.

Seit dieser Zeit sind wir beide getrennte musikalische Wege gegangen. Ich singe das, was man »Middle-of-the-Road« nennt, und er ist Rocksänger geworden. Und zwar nicht irgendein Rocksänger unter vielen – er ist Deutschlands und Europas erfolgreichster Rocker. Wir sind uns in diesen langen Jahren kaum wirklich begegnet. Natürlich sahen wir uns immer bei irgendeiner Sendung. Aber zu mehr als einen »Hallo, Alter!« und »Na wie geht's?« ist es eigentlich nie gekommen. Das mag seltsam erscheinen. Aber um es zu verstehen, muß man die Musikszene in Deutschland etwas kennen: »Unterhaltung« – das ist etwas Minderwertiges, Oberflächliches, das ist seichte Zerstreuung. So stellt es sich bei vielen Intellektuellen und bei noch mehr Möchte-gern-Intellektuellen dar.

Und dummerweise gehört »Middle-of-the-Road« zur Unterhaltung. Man nimmt Unterhaltungskünstler nur dann ernst, wenn sie hin und wieder politische Lieder singen oder mehr oder weniger naive Gesellschaftskritik in ihren Liedern unterbringen.

Ich habe eine andere Vorstellung von Unterhaltung. Aber ich singe auch weder für die Intellektuellen noch für die Pseudo-Intellektuellen noch für die Kritiker (die meistens zur zweiten Gruppe gehören).

Ich singe für das Publikum. Und weiß, was ich ihm schuldig bin. Aber vielleicht tue ich mich da als Angelsachse leichter: Denn nur in Deutschland gibt es diese Einstellung, die dazu führt, daß man an den Funkanstalten die Abteilung »Ernste Musik« der Abteilung »Leichte Musik« gegenüberstellt.

Wie dem auch sei: Aus irgendeinem Grunde gilt

zumindest bei den Kritikern die Rockmusik als etwas besonders Elitäres, Wertvolles. Und das Schlimme ist: Die deutschen Rocker selber glauben an diese Legende, sie fühlen sich selber als etwas Besseres. Und so singen sie ihre Rockmessage, wie immer sie sein mag, mit ebensolcher Arroganz wie Lautstärke ins Publikum und schauen dabei geringschätzig auf die »Middle-of-the-Road«-Künstler herab.

Nicht die wirklich Großen – aber davon gibt es in Deutschland eh nur ein paar. Peter gehört dazu. Und die »Scorpions«. Und dann muß ich schon suchen, wer noch...

Als die Rockszene vor ein paar Jahren eine Wohltätigkeitsplatte nach Art der amerikanischen »We-are-the-world«-Idee plante, da diskutierte man, wer denn wohl würdig sei, außer den Rokkern dazu eingeladen zu werden. Vielleicht Gitte (weil die immerhin noch Jazz singt)? Eventuell noch, wenn man ihn etwas in die zweite Reihe drängen kann, den Carpendale (der garantiert immerhin ein gewisses Publikum)?

Schließlich blieb man doch unter sich. Denn diese Idee war doch wohl nur etwas für die Elite. Also für die Rocker.

Die haben vergessen, daß in Amerika Willi Nelson neben Michael Jackson stand, Cyndi Lauper neben Bruce Springsteen, Harry Belafonte neben Stevie Wonder – und eben das machte die Einmaligkeit und den Erfolg dieser Aktion aus. Vielleicht lag es auch daran, daß jeder Zuhörer spürte: Denen geht es wirklich um die Idee – und nicht um ihre eigene Eitelkeit und Profilierungssucht.

Vielleicht verstehen Sie jetzt, warum Peter und ich uns zwar Dutzende Male gesehen haben, aber uns nie mehr wirklich begegnet sind. Da ist dieser unsichtbare deutsche Graben zwischen uns.

»Na, Alter, wie geht's dir?« fragte Peter, als wir uns im TV-Studio in die Arme liefen. Er verzog den Mund zu einem Grinsen, wenn ich durch seinen Bart hindurch richtig sah. Dabei quetschte er meine Hand, um sie zu kleinen Krümeln zu zerdrücken. Glücklicherweise habe ich keine zarten Finger, und so quetschte ich zurück: »Und dir?«

»Hast ja mächtig Erfolg, Alter...« Seine Hand ließ mich los. Jetzt versuchte er es mit den Rippen und gab mir einen Stoß, der für einen nichtsportlichen Sängerkollegen das endgültige K. o. bedeutet hätte. »Du bist ausverkauft heute abend. Freut mich!«

Dann drehte er sich um und verschwand, gefolgt von seinem Troß.

Du Arsch, dachte ich. Kannst ja mal kommen und zuschauen! Und rief hinter ihm her: »Ein Stuhl ist noch frei.«

Dabei glaubte ich ihm, daß er sich über meinen Erfolg freute. So wie ich mich über seinen Erfolg freue. Er hat ihn verdient: Er ist ein ehrlicher Arbeiter, dabei unglaublich begabt und mit einem sicheren Instinkt dafür versehen, was er dem Publikum schuldig ist.

Ich habe mir seine Konzerte angesehen. Er schafft

es wie kaum ein anderer, zwischen sich und dem Publikum dieses Gefühl des Gemeinschaftserlebnisses zu schaffen.

Ich hatte Peter nichts davon gesagt, daß ich eines seiner Lieder im Programm hatte. Aber vielleicht hatte er auch davon gehört. Jedenfalls – er hatte keine Bemerkung dazu gemacht.

Die Halle war ausverkauft und die Stimmung war unglaublich. Ich machte meine Ansage zu Peters Lied:

»Nicht alle großen Hits stammen aus dem Ausland. Es gibt einen Kollegen, den ich sehr mag und sehr schätze und der viele schöne Lieder gesungen hat – zum Beispiel dieses ...«

Die Musiker intonierten das Intro, und ich konzentrierte mich. Ich nahm das Mikrofon nahe an den Mund und schloß die Augen. Da hörte ich plötzlich im Publikum Beifall, Gelächter, Unruhe. Irgend etwas stimmt nicht, dachte ich. Ich öffnete die Augen, aber ich konnte nichts sehen. An dieser Stelle des Konzertes waren zwei Supertrooper und sechs varilites auf mein Gesicht gerichtet, und ich war geblendet. Ich sah hilfesuchend zu meinen Musikern herüber, aber ich konnte nichts entdecken. Die Unruhe nahm zu.

Plötzlich war mir klar, was los war: Peter war tatsächlich ins Konzert gekommen, und die Leute um ihn herum hatten ihn erkannt.

Ich fing an zu singen, tauchte ein in den vollen Sound des Orchesters. Ich sang die Verse und holte Luft zum Refrain. Da kam plötzlich von links ein

Schatten, eine Hand griff nach meinem Mikro und zog es sachte zu sich herüber: Peter war auf die Bühne gesprungen, um mit mir zusammen den Refrain zu singen.

Ich faßte ihn spontan um die Schulter und drückte ihn an mich. Gemeinsam sangen wir »So bist du«, und fünftausend Menschen sprangen auf und tobten vor Begeisterung. Vielleicht spürten sie, daß da mehr geschehen war als nur ein Duett zweier populärer Sänger.

Wir beide hatten einen Graben übersprungen – einen sinnlosen, dummen Graben. Wir beide spürten es in diesem Augenblick. Es war eine kleine Sternstunde. Und weil wir es spürten, übertrug es sich auch auf das Publikum. Nach dem Konzert saßen wir beide noch lange in meiner Garderobe und redeten.

»Wir sollten mal was zusammen machen, Alter!« sagte Peter, als er ging.

Wahrscheinlich werden wir nichts zusammen machen. Unsere Musik ist verschieden, unsere Schallplattenfirmen sind Konkurrenten, und wir leben in anderen Welten. Aber der Graben zwischen uns ist zugeschüttet.

Hin und wieder treffen wir uns. Irgendwo bei einer Fernsehsendung. Und er quetscht mir die Finger und boxt mir in die Rippen.

»Wie geht's, Alter?« fragt er.

Und ich quetsche zurück und sage: »Und dir?«

Und dabei schauen wir uns kurz an, und in den kleinen Falten um die Augenwinkel ist so etwas wie: »Gut, daß es dich gibt, Alter!« und »Du bist schon in Ordnung!«

Dann sage ich: »Viel Glück für deinen Auftritt!« und er: »Mach's gut, Howard!« und geht in seine Garderobe.

Vielleicht sollten wir doch irgendwann einmal etwas zusammen machen...

Es war zwei Uhr nachts.

Ich rief den Room-Service an: »Kann ich bitte zwölf hartgekochte Eier haben?«

Ein junges Mädchen war dran, der Stimme nach zu urteilen. Sie war etwas verwirrt.

»Was möchten Sie bitte, Herr Carpendale?«

Ich versuchte es ihr zu erklären und sagte sanft: »Ich möchte gerne ganz einfach zwölf hartgekochte Eier...«

Sie sagte: »Einen Augenblick, bitte« und legte den Hörer auf den Tisch, wie ich dem polternden Geräusch entnahm.

Nach einiger Zeit kam eine energische Männerstimme: »Guten Abend, Herr Carpendale, was kann ich für Sie tun?«

»Können Sie mir bitte zwölf ganz hartgekochte Eier aufs Zimmer bringen lassen?«

Ich hatte den Eindruck, als ob mein Gegenüber am anderen Ende der Telefonleitung keine Miene verzog. Er war wohl ganz andere Sachen gewöhnt.

»Selbstverständlich, Herr Carpendale. Zwölf hartgekochte Eier. Etwas Brot und Butter dazu oder vielleicht einen kleinen Salat?«

»Nein, danke, ich bin nicht hungrig...«

Jetzt schien auch er etwas ins Stocken zu geraten. Aber er ließ es sich kaum anmerken: »Sehr wohl, Herr Carpendale. Die Eier kommen sofort!«

Er hing ein. Gut fünfzehn Minuten später klopfte es an der Tür. Ein Zimmerkellner kam herein und brachte auf einem Tablett zwölf Eier in zwölf Eierbechern. Er sah sich etwas suchend im Zimmer um. Er hatte wohl mehrere Gäste erwartet. Als er sah, daß ich alleine war, bekam sein Gesicht einen etwas fassungslosen Ausdruck.

Ich unterschrieb die Rechnung, gab ihm zwei Mark Trinkgeld, und er sagte: »Gute Nacht... und... hm... guten Appetit, Herr Carpendale!«

Dabei war die Sache doch ganz einfach. Knibbel war nach der Show zu mir in die Garderobe gekommen und hatte ganz beiläufig gefragt: »Sag mal, kennst du schon das Ding mit den zwölf Kugeln? Also paß auf: Du hast zwölf Kugeln. Eine davon ist etwas leichter oder schwerer als die anderen elf. Du hast nun eine Waage; weißt du, so eine mit 'ner Schale rechts und 'ner Schale links.« Er zeigte dabei mit den beiden nach oben gedrehten und zur Halbkugel geformten Händen an, was für eine Waage er meinte. »Okay? Und nun mußt du mit drei Wiegevorgängen rausbekommen, welche Kugel der Außenseiter ist und ob sie leichter oder schwerer ist!«

Knibbel ist ein ausgesprochener Schweinehund. Er kennt mich genau. Er weiß, daß mich solche Probleme nicht in Ruhe lassen, bevor ich sie gelöst habe.

Beim Abendessen grübelte ich natürlich dauernd vor mich hin, und als ich mich gegen ein Uhr auf mein Zimmer verabschiedete, rief Knibbel noch mal hinter mir her: »Vergiß nicht: Nur drei Wiegevorgänge...«

Das ist eine der Eigenschaften bei mir, die ich nicht ablegen kann: Ich muß alle Probleme immer sofort lösen. Ich kann nicht vertragen, wenn irgend etwas in der Schwebe ist.

Manchmal rufe ich um Mitternacht bei Dieter an, um ihn an irgend etwas zu erinnern, was wir regeln müssen.

»Aber wieso rufst du mich jetzt dafür an? Erstens sehen wir uns morgen, und zweitens hat das Ganze noch wochenlang Zeit!« sagt Dieter.

Aber ich gebe zur Antwort: »Ja, aber ich habe nicht gerne Dinge, die in der Schwebe sind!«

»Das ganze Leben ist in der Schwebe!« gibt Dieter tiefsinnig zurück. Ich habe ihn offenbar aus tiefstem Schlaf geweckt.

»Ich weiß«, sage ich. »Wir müssen am Ufer stehen und auf das Glücksschiff warten.«

Von ein Uhr nachts bis um zwei Uhr versuchte ich es mit kleinen Zettelchen. Dann kam ich auf die Eieridee.

Um sechs Uhr – ich war zwischendurch ein paarmal eingeschlafen – hatte ich die Lösung. Ich rief Knibbel an, um ihm die Erfolgsmeldung durchzugeben. Er scheint kein Morgenmensch zu sein – er konnte gar nicht darüber lachen.

Ich hing das »Bitte-nicht-stören«-Schild an die Tür und sagte der Telefonzentrale Bescheid, daß ich um dreizehn Uhr geweckt werden wollte.

Ich wurde schon um neun geweckt.

Es war Donnice: »Wie war die Show?«

»Gut. Sehr gut, glaube ich.«

»Was machst du jetzt gerade?«

Ich mußte lachen: »Ich sitze vor zwölf hartgekochten Eiern ...«

»Ich verstehe nicht ...«

»Macht nix. Ich erklär' es dir später mal. Und du?«

Donnice schien etwas zu überlegen. Dann: »Ich muß wohl etwas aufräumen. Wir bekommen Besuch ...«

Ich war erstaunt. Sie hatte mir noch gar nichts davon gesagt: »Wer kommt denn?«

»Ach«, sagte sie. »Jemand aus der Familie ...«

»Ein Mann oder eine Frau?«

»Weiß nicht«, sagte Donnice. »Vielleicht kommen sie ja auch zu zweit ...«

Das Gespräch war seltsam, fand ich allmählich.

»Wie lange wird der Besuch denn bleiben?« fragte ich.

Ich hörte sie leise lachen. Dann sagte sie: »Weiß nicht. Vielleicht achtzehn Jahre oder so ...«

Ich brauchte einen Augenblick, um zu verstehen.

»Heißt das, daß ...«

»Ja«, sagte Donnice. »Das heißt es. Ich komme gerade vom Arzt.«

»Zieh dir einen Mantel an und komm mit dem nächsten Flugzeug her«, rief ich in das Telefon. »Ich will dich jetzt hier haben. Das müssen wir feiern ...«

Fahren wir das letzte Stück mit dem Raddampfer?« versuchte ich einen Witz. Wir hatten jetzt dreiundzwanzig Stunden Flug hinter uns: Von Köln nach Frankfurt, von da nach Miami, dann weiter nach Atlanta – und jetzt saßen wir im Flug AA 439 nach Mobile/Alabama. Bei jeder Umsteigestation waren die Flughäfen und die Flugzeuge kleiner, war der Bordservice dürftiger geworden. Jetzt flogen wir mit einer alten, klapprigen Propellermaschine, von der ich bis dahin geglaubt hatte, dieser Flugzeugtyp sei schon seit dem letzten Weltkrieg verschrottet worden.

Die Stewardeß, eine etwas aufgedonnerte Blondine in einer schlechtsitzenden, grauen Uniform, hatte mit routiniert gleichgültigem Lächeln einen Pappbecher mit Limonade auf den Klapptisch vor uns gesetzt, stand jetzt in der offenen Tür zum Cockpit und flirtete mit dem Piloten. Es war heiß in der Maschine. Die Klimaanlage schien nicht zu funktionieren, oder es gab keine. Einen Augenblick lang kam mir der Gedanke, die Fluggesellschaft sollte an der Kabinendecke zwei oder drei von diesen altmodischen Casablanca-Ventilatoren anbringen, die jetzt wieder so in Mode gekommen sind.

Ich lächelte und schaute nach rechts neben mich auf den Platz am Mittelgang. Da saß Donnice, etwas bleich vor Müdigkeit. Sie schlief.

Meinen Kalauer mit dem Raddampfer hatte sie offenbar gar nicht mitbekommen, und wegen dem mit dem Ventilator wollte ich sie nicht wecken.

Ich schaute aus dem kleinen Bullauge neben mir.

Unten sah ich endlose Baumwollfelder, ein paar Flüsse, kleine Seen, dazwischen Wälder – und kleine braune Holzhäuser. Was zum Teufel hatte ich hier eigentlich verloren?

Angefangen hatte das Ganze vor einigen Monaten mit einem beiläufigen Satz von Donnice. Wir waren in unserer Wohnung in Köln, und Donnice hatte gerade einen Brief von einem ihrer Brüder oder Schwäger oder was weiß ich bekommen. Sie sagte: »Danny Boy schreibt, in Mississippi ist jetzt der heißeste Sommer seit Jahren!«

»Wer in aller Welt ist schon wieder Danny Boy?«

»Mein Schwager. Das weißt du doch!«

Ich wußte es nicht. Irgendwie schmiß ich die ganze Familie immer wieder durcheinander. Ich wußte, daß Donnice eine sehr unruhige Kindheit hatte und bei verschiedenen Pflegeeltern aufgewachsen war. Immer wieder tauchten neue Namen auf, und aus irgendeinem Grunde bekam ich sie alle nie ganz in meinen Kopf.

Wenn ich heute darüber nachdenke, dann glaube ich: Ich wollte das auch in Wirklichkeit gar nicht in meinen Kopf kriegen. Mein Unterbewußtsein wollte die Kindheit von Donnice verdrängen, wollte sich nicht zu sehr mit ihr beschäftigen, zu sehr Verantwortung übernehmen für ihr Leben. Ich wollte mich nicht binden – damals noch nicht. Und deswegen vergaß ich immer wieder die Namen ihrer Verwandten. Herr Freud würde es sicher noch genauer erklären können.

Donnice blickte vom Brief auf: »Danny Boy

schreibt, daß er Angst um mich hat und ob ich nicht lieber wieder nach Mississippi kommen wollte. Hier in Germany gäbe es doch so viele Nazi-Kommunisten oder so etwas. Jetzt hätten sie sogar gegen die Raketen demonstriert und für die Russen gestimmt, und als Amerikaner sei man doch hier seines Lebens nicht mehr sicher!«

Ich starrte Donnice fassungslos an: »Aber das kann doch nicht sein Ernst sein! Dein Danny will dich verarschen!«

»Überhaupt nicht. Die Leute in Mississippi denken so. Sie kennen Deutschland doch vorwiegend aus ›Hogan's Heroes‹...«

»Hogans Heroes« war eine TV-Serie, die ich drüben ein paarmal gesehen hatte. Darin wurde in immer neuen Varianten pausenlos die gleiche Story erzählt: Wie nämlich eine Gruppe tapferer, gutaussehender, dufter GIs die dummen, bösartigen und tolpatschigen Deutschen aufs Kreuz legt.

Ich wurde wieder einmal ungeduldig – wie schon oft, wenn wir über Donnices Heimat redeten: »Du willst mir doch nicht erzählen, daß in Mississippi nur Dummköpfe wohnen!«

Donnice blieb geduldig. Ihre Stimme nahm einen belehrenden Ton an: »Das versuche ich dir ja gerade seit Monaten klarzumachen. Wir sind ein sehr intelligentes Volk, und es gibt eine Menge von interessanten Persönlichkeiten bei uns. Aber Mississippi ist nicht Amerika. Es ist überhaupt nicht wie irgendein anderes Land auf dieser Erde. Es ist wie ein anderer Stern. Mississippi ist das Zentrum der Welt – alles andere ist für uns Ausland.«

Ich versuchte, mit einem kleinen Witz einzulenken: »Ja, ich weiß – und der Ku-Klux-Klan ist eure Regierung!«

»Das kannst du nicht verstehen, weil du noch nie da warst...« Mit diesem Satz endeten unsere meisten Mississippi-Diskussionen.

Donnice las weiter: »Fried Chicken hat einen neuen Job angenommen. Er arbeitet jetzt in einer Autowerkstatt ganz in der Nähe von seinem Haus...« Fried Chicken war entweder der Bruder von Danny Boy oder sein Neffe. Oder vielleicht auch der Onkel. Ich wußte es nicht mehr – aber ich hütete mich, sie zu fragen.

»...und Fried Chicken meint, wir sollten ihn doch mal besuchen kommen. Er will dich gerne kennenlernen.«

Da hatten wir's. Ich sollte der Familie vorgeführt werden. Hogan's Heroes wollten ihren deutschen Nazi kennenlernen...

Jetzt saßen wir also in der klapprigen Maschine, bleich und mit Ringen unter den Augen. Die Stewardeß hatte ihren Flirt beendet, mit unlustigen Bewegungen die leeren Pappbecher wieder eingesammelt, sich auf einen freien Platz in der ersten Reihe gesetzt und angeschnallt.

»Wir sind gleich da«, meinte Donnice. »Willst du nicht deine Schuhe wechseln?«

»Meine Schuhe?« Ich sah sie verblüfft an. Ich hatte mir bei »Harry's« in München ein paar teure, italienische, weiße Sommerschuhe gekauft mit den dazu passenden Seidensocken, und ich fühlte mich sehr wohl darin. »Was hast du gegen meine Schuhe?«

»Ich weiß nicht. So was trägt man hier nicht. Zumindest nicht als richtiger Mann, wenn du weißt, was ich meine.«

Ich wußte es nicht und wollte es auch nicht wissen.

»Donnice – ich liebe dich. Und ich will alles tun, um deinen Mississippi-Cowboys zu gefallen. Aber deswegen werde ich noch lange keine Stiefel anziehen.«

»Aber dann tu wenigstens dein Halskettchen weg!« sagte sie.

»Meine Kette?« Ich verstand überhaupt nichts mehr. »Was ist denn daran falsch? Mögen deine Indianer die auch nicht?«

»Du wirst sehen – das paßt hier einfach nicht...«

Mississippi und seine eigenen Gesetze griffen schon nach mir, bevor wir gelandet waren.

Der Flughafen war einer jener kleinen Landeplätze, die wahrscheinlich noch vom Krieg übriggeblieben waren. Eine überlange Betonpiste voller Schlaglöcher und am Rande des Feldes ein paar schäbige Baracken, die kaum den Namen »Abfertigungshalle« verdienten. Gleich daneben ein supermoderner Betonklotz mit Restaurant, Andenkenshops und all dem.

Es war genau Mittag und unerträglich heiß, als wir ankamen. Die Luft war drückend und schien stillzustehen. Irgend jemand erzählte etwas von einem kleinen Hurrikan, der sich vielleicht zusammenbraut. Aber da unten, das fand ich bald heraus, spricht immer irgend jemand von einem Hurrikan – so wie in München immer irgend jemand vom Föhn spricht.

Wir holten unser Gepäck und traten aus der Baracke auf die Straße. Ein paar bunte, rostende Superschlitten standen als Taxis vor dem Flughafen. Wir gingen auf den ersten Wagen zu, einen Cadillac aus den sechziger Jahren mit mehr Chrom als Blech. Der Fahrer saß hinter dem Steuer und studierte im Sportteil der »Alabama Press« die neuesten Baseball-Ergebnisse. Als wir näher kamen, hob er den Kopf und sah uns gleichgültig an. Ich gab ihm ein Zeichen. Langsam faltete er die Zeitung zusammen und verstaute sie in einem Seitenfach der Tür. Dann stieg er aus, schlenderte zum Kofferraum, öffnete den Deckel und wartete geduldig, bis Donnice und ich unsere Koffer hineingewuchtet hatten. Dann schloß er den Deckel wieder. Kein Gedanke daran, uns zu helfen. Er grinste uns an. Er war nicht unhöflich oder unangenehm – er war wohl einfach nicht dafür geschaffen, andere zu bedienen.

»Wohin soll's denn gehen?« fragte er.

Donnice nannte ihm den Ort. Er lag ungefähr achtzig Meilen entfernt. Wenn es eine gute Fuhre für ihn war, dann ließ er es sich nicht anmerken. Aber immerhin machte er für uns die Fondtüren auf.

Ich schaute zum Flughafen zurück. Im Eingang stand, gegen den Türpfeiler gelehnt, ein Sheriff. Er hatte seinen Hut in die Stirn gezogen, kaute an einem Zahnstocher und sah mißtrauisch zu uns herüber.

Erst musterte er Donnice, und was er sah, schien ihm zu gefallen. Dann musterte er mich von oben bis unten. Ich kann mich täuschen – aber ich hatte den Eindruck, als ob er etwas länger auf meine weißen Schuhe starrte und sich seine Miene mißbilligend verzog. Aber vielleicht war das wirklich nur Einbildung.

Wir ließen uns in die Lederpolster fallen. Gott sei Dank funktionierte die Klimaanlage im alten Caddy besser als die im Flugzeug. Aus den Augenwinkeln heraus sah ich den Sheriff, der immer noch zu uns herüberstarrte.

»Wie eine Szene in einem Film!« dachte ich, als der Wagen langsam anfuhr. »Genau wie im Film ...«

Und diesen Satz dachte ich noch öfter in den nächsten Tagen. Alles hier war für meine südafrikanischen, inzwischen europäisch gewordenen Augen unwirklich.

Der Fahrer stellte das Radio auf volle Lautstärke und sang ungeniert den Country-Song mit, der da mit quäkender Stimme aus den Lautsprecherboxen dröhnte, die rundherum im Wagen angebracht waren.

Donnice drehte sich zu mir. Sie nahm meine Hand und drückte sie. Sie strahlte mich an, um ihre Augen waren Lachfalten, als sie sagte: »Welcome to Mississippi, stranger!«

Wir fuhren jetzt aus der kleinen Stadt hinaus aufs Land, und die Szene wurde immer unwirklicher: Maisfelder, alte zerfallene Holzhütten mit Schwarzen davor, die gleichgültig auf den vorbeibrausenden Wagen schauten. Große Herrschaftshäuser im Kolonialstil mit grünen, gepflegten Vorgärten und einem schwarzen Gärtner in grüner Schürze, der den Rasen mähte. Und wieder Maisfelder.

Ich saß im klapprigen Taxi und schaute mit großen Kinderaugen aus dem Fenster. Alles war so, wie ich es mir vorgestellt hatte und wie ich es von Bildern her kannte. Und doch war es ganz anders. Wilder, vitaler, freier.

Donnice neben mir schien völlig verwandelt. Ihre Müdigkeit war wie weggeflogen, ihre Augen glänzten, und sie unterhielt sich mit dem Fahrer. Dabei verfiel sie in einen Mississippi-Slang, wie ich ihn noch nie an ihr gehört hatte. Ich spürte fast so etwas wie Eifersucht, nahm ihre Hand und hielt sie fest.

Nach einer guten Stunde Fahrt kamen wir am Ziel an – einer kleinen Stadt am Ende der Welt: In der Mitte ein Platz mit Kirche, Drugstore, Bar und Supermarket und einer Bank; viele Parkplätze davor, die meisten besetzt mit Lieferwagen, Jeeps und gräßlich bunten Limousinen. Breite Straßen mit staubigen Bäumen am Straßenrand und vor den grauen Holzhäusern kleine Vorgärten mit Briefkästen am Eingangstor. Wenn nicht die vielen Ampeln und Neonreklamen gewesen wären, hätte man es für eine Kulisse für »Vom Winde verweht« halten können.

Unser Hotel war einer der wenigen Betonbauten der Stadt. Über der Eingangstür war eine große, rosa Neonreklame angebracht: »Splendid Hotel« war da zu lesen und gleich darunter in blauer Neonschrift »Rooms to let«. Es war nicht gerade ein Luxushotel –

aber es war das beste in der Stadt. Außerdem war es sauber, die Klimaanlage war laut, aber wirkungsvoll, und das Haus von Donnices Familie nicht weit.

Wegen der Moral hatten wir gelogen und uns als »Mr. und Mrs. Carpendale« eingetragen, und jetzt lagen wir auf dem großen Queen-size-Bett in unserem Zimmer.

Donnice kuschelte sich an mich und sagte leise: »Als ich zehn oder zwölf Jahre alt war, habe ich immer davon geträumt, mit dir hierher in meine Heimat zurückzukommen...«

»Aber als du zwölf warst, kanntest du mich noch gar nicht!«

»Doch«, sagte sie, und ihre Stimme wurde noch leiser. »Ich hab dich immer schon gekannt. Nur wußte ich damals noch nicht, daß du weiße Schuhe und ein Halskettchen haben würdest...«

Einen Augenblick lang schwiegen wir beide. Dann erzählte sie weiter. »Weißt du, ich habe es nicht immer gut gehabt, als ich klein war. Wenn es ganz schlimm wurde, dann bin ich in den Wald gelaufen und habe mir ein kleines Stückchen Wiese gesucht. Da habe ich mich auf den Rücken gelegt, in den Himmel gestarrt und angefangen zu träumen. Und bald nahmen die Wolken Formen an – sie wurden fremde Länder, Gesichter, Autos, Häuser. Und dann ... lebte ich in einer Welt, in der ich glücklich war. Ich brauchte nichts dazu als ein paar Quadratmeter Wiese und ein Stückchen Himmel. Und damals habe ich auch dich zum erstenmal gesehen – und ich wußte, daß du mich eines Tages entführen und wieder mit mir zurückkommen würdest.«

Es war jetzt ganz still in dem Zimmer, wenn man vom Ächzen und Stöhnen der Klimaanlage absah.

Donnice lag wie ein Kind in meinem Armen – und plötzlich hatte ich das Gefühl, als ob ich sie erst jetzt kennengelernt hätte. Auf einmal sah ich ihr ganzes Leben vor mir, in eine einzige Sekunde zusammengefaßt.

Ich sah sie auf dem Rasen liegen und tagträumen. Ich verstand plötzlich vieles an ihr, was mir bisher fremd war. Ich verstand, warum sie sich nichts aus Geld machte und nichts aus ihren schönen Kleidern. Und warum sie manchmal über Dinge lächelte, die mir so unerhört wichtig und unentbehrlich vorkamen.

Und ich verstand jetzt: Ich war zwar ihr Märchenprinz, und sie hatte alles von mir gelernt, was das Leben ihr bisher geboten hat. Aber das Wichtigste wußte sie schon vorher – und das war etwas, was ich von ihr lernen konnte: Um glücklich zu sein, braucht man nur ein Fleckchen Gras und ein Stückchen blauen Himmel. Und eine Hand, die einen drückt – so wie jetzt ihre Hand, als sie murmelte: »I'm stuck on you like white on rice.«

Ich verstand nicht, was sie sagte: »Was sagst du?«

Sie wiederholte, etwas lauter, mit einem leichten Lachen: »Ich hänge an dir wie Weiß auf Reis – das sagt man bei uns so!«

Ich lächelte, weil sie wieder in ihren Mississippi-Slang verfallen war.

Ich machte mich aus ihren Armen frei und stand langsam auf. Ich wußte: Ab heute würde nichts mehr so sein wie vorher. Ab heute war ich für Donnice verantwortlich, und sie würde nie mehr aus meinem Leben weggehen. Ich sah sie an, wie sie da vor mir lag, und ich dachte: Eigenartig – ich habe das Gefühl, als sehe ich sie heute zum ersten Male.

»Komm«, sagte ich später zu ihr, »komm, zieh dich an. Ich will deine Familie kennenlernen ...«

Eine Stunde danach standen wir vor dem Haus. »Fred Shiggin« stand am Klingelknopf, und jetzt verstand ich auch, wie er zu dem Namen »Fried Chicken« gekommen war.

Wir läuteten, und eine junge Frau machte die Tür auf. Sie war adrett gekleidet, in einem blauen Baumwollkleid, hatte blonde Haare und stahlgraue, wissende Augen. Sie war nicht schön im eigentlichen Sinn, aber strahlte Energie und Wärme aus. Sie fiel Donnice um den Hals, gab mir dann die Hand zu einem kräftigen, ehrlichen Händedruck und sagte: »Ich freue mich, Howard. Ich bin Angie. Komm rein, Fred wartet schon auf dich.«

Wir gingen ins Wohnzimmer. Ein Eßtisch, ein Farbfernseher, eine Clubecke, an der Wand ein Bild von Roosevelt: »Fried Chicken« stand aus dem Sessel auf, als er uns sah. Er umarmte Donnice, dann drehte er sich zu mir um und betrachtete mich von oben bis unten. Fast kam er mir vor wie der Sheriff am Flughafen. Breitbeinig stand er vor mir: Jeans, ein rotkariertes Holzfällerhemd, ein breiter Nacken und darüber ein etwas grobes, aber ehrliches und offenes Gesicht.

Seine großen blauen Augen unter den buschigen Augenbrauen musterten mich immer noch. Ich hielt seinem Blick stand. Unser Augenduell dauerte zwanzig, dreißig Sekunden, vielleicht mehr. Plötzlich fing er an zu grinsen, hieb mir eine Faust in die Rippen und sagte: »Aber wetten – ich werfe einen Felsbrokken weiter als du!« Ich sah mich etwas unsicher zu Donnice um. Die stand bei ihrer Schwester, und beide lachten mir zu. Offenbar wollten sie mir damit sagen: O.k. – alles in Ordnung. Fred scheint dich zu akzeptieren!

Angie zog Donnice in die Küche nebenan: »Komm her, Donnice, du kannst mir helfen. Ich koche heute zur Feier des Tages dein Leibgericht von früher: Blackeyed peas!« – Die beiden zogen lachend ab, und ich drehte mich wieder zu Fred um.

»Gib nicht so an, du alter Baumwoll-Cowboy«, sagte ich zu ihm. »Das will ich erst mal sehen.« Ihm schien die Tonart zu gefallen.

»Dann komm in den Garten, Kraut!« schrie er voll Begeisterung: »Aber paß auf, daß deine weißen Schuhe nicht schmutzig werden!«

Wir gingen in den Garten hinter dem Haus. Es war mehr ein Hof als ein Garten: ein staubiger Boden. Rundherum ein paar Bäume und Büsche und hinten eine Einfahrt. Das Ganze war nicht größer als ein halber Tennisplatz. Neben der Einfahrt standen zwei alte, aufgebockte Autos, an denen offenbar jemand arbeitete, um sie wieder aufzumöbeln. Der eine war ein alter Pontiac, der andere ein noch ganz gut erhaltener Lincoln. »Arbeitest du an den Wagen?« wollte ich eine Unterhaltung anfangen.

»Hör auf zu quatschen«, grinste Fred. Er war nicht zu bremsen. Er markierte einen Strich auf dem Boden, schnappte sich einen Betonwürfel etwa in der Größe eines Schuhkartons.

Er stellte sich auf, nahm den Betonwürfel in die Hand, und nach einem triumphierenden Blick zu mir schleuderte er ihn in hohem Bogen durch die Luft.

Dann kam er zu mir zurück und sagte gönnerhaft: »Wenn du willst, kannst du auch beide Hände nehmen...«

Er hatte den Betonklotz wirklich weit geworfen, und ich hatte mit Bewunderung seine Armmuskeln gesehen, die die Ärmel seines Hemdes fast zum Platzen gebracht hätten.

Aber wie konnte er wissen, daß ich früher einmal Kugelstoßmeister war. Zwar war das lange her und nur in Durban am anderen Ende der Welt – aber es reichte immer noch, um »Fried Chicken« zu schlagen.

Ich nahm den Klotz und warf ihn ein paar Meter weiter als er.

Ich muß sagen, er war ein guter Verlierer. Zuerst stand er einen Moment mit offenem Mund da und wollte seinen Augen nicht trauen; dann aber schrie er voller Begeisterung: »Jesus! Dieser verdammte Kraut mit seinen weißen Schuhen! Das darf nicht wahr sein!«

In diesem Augenblick heulte am Hintereingang ein Motor auf. Ein Jeep kam in einer Staubwolke hereingefahren, bremste mit blockierenden Rädern, schlitterte auf uns zu und kam kurz vor uns zum Stehen. Fred sagte: »Da kommt Danny Boy! Der kommt genau richtig!« Der Fahrer, ein schwarzhaariger Riese in Jeans und blauem Sweatshirt, sprang heraus. Er haute Fred auf die Schulter und schrie (alle Männer in dieser Familie scheinen mit Vorliebe zu schreien): »Na, du Hurensohn! Hast du's dem alten Nazi gezeigt?«

Fred lachte und schrie zurück. »Du wirst dich wundern! Der ist ganz schön tough.«

Danny Boy drehte sich zu mir um und musterte mich – so wie vorher der Sheriff und vor einer Viertelstunde »Fried Chicken«. Die Familie schien sich auf originelle Begrüßungen spezialisiert zu haben, denn statt mir die Hand zu geben, sagte er zu mir: »Aber dafür fälle ich einen Baum schneller als du!«

Ich hatte mich inzwischen schon auf diesen Ton eingestellt. Deshalb boxte ich Danny Boy in die Rippen und sagte: »Sei nicht so sicher, Rambo!«

Fünf Minuten später saßen wir alle drei im Jeep: »Fried Chicken«, Danny Boy und ich, den die anderen fast nur »Kraut« nannten – jene amerikanische Abkürzung für Sauerkraut, dem die Deutschen ihren Spitznamen verdanken. (Irgendwie waren die Amerikaner der Überzeugung, alle Deutschen ernähren sich vorwiegend von Bier und Sauerkraut.) Wir hatten ein paar schwere Äxte auf die Ladefläche des Jeeps geworfen und fuhren in einen kleinen Wald.

Jeder von uns bekam einen Baum zugewiesen – und auf ein Zeichen ging es los. Und jetzt endlich konnten meine Mississippi-Helden zeigen, was eine Axt ist. Danny Boy war als erster fertig. Rund zwei Minuten später fiel auch »Fried Chickens« Baum um – und ich schwitzte noch über fünf Minuten, bis ich auch meinen Baumstamm so bearbeitet hatte, daß er sich entschloß, Brennholz zu werden. Meine beiden Kumpel waren zufrieden. Sie klopften mir immer wieder auf die Schulter, baten mich inständig, meine Niederlage nicht allzu tragisch zu nehmen, und versicherten mir, für ein Greenhorn aus Germany hätte ich mich sehr wacker geschlagen. Zwischendurch boten sie mir aus einer Whiskeyflasche pausenlos zu trinken an – keinen gepflegten schottischen Whiskey, sondern selbstgebrannten Bourbon (oder was sie dafür hielten).

Ich war schon reichlich angeheitert (um mich vornehm auszudrücken), da sagte Danny auf einmal: »Und wie sieht's bei dir mit dem Treffen aus?«

Ich verstand nicht, wovon die Rede war.

»Was soll ich treffen?«

»Was du willst – Colabüchsen von mir aus«, sagte Danny.

»Colabüchsen?«

»Klar! Komm, wir holen den Jeep! Mit was schießt du am liebsten? Mit der guten alten Magnum?«

Jetzt endlich verstand ich. Sie wollten offenbar einen Schießwettbewerb veranstalten.

Ich hatte gar keine Gelegenheit, meine Meinung

dazu zu äußern. Die beiden sprangen in den Jeep, ich hinterher, und wir rasten zum Haus zurück. Die beiden warfen Getränke, Waffen und etwas zu essen in den Jeep, während ich versuchte, mit Donnice ein paar Worte zu reden. Sie war mit ihrer Schwester in der Küche, und beide lachten, als sie mich kommen sahen. Ich hatte ihr kaum von meinen Abenteuern berichten können, als ich draußen schon Johlen und Rufen hörte: »Howard, du Feigling – komm schon! Wo bleibst du, Kraut? Laß die Weiber in Ruhe!«

Ich ging in den Hof, und im Jeep waren inzwischen noch ein paar weitere Typen versammelt: Einer wurde mir als »Billy the Kid« vorgestellt, ein anderer als »Kentucky-Joe«. Und außerdem war noch der vierzehnjährige Neffe von Danny dabei, ein blasser Junge mit einem Gesicht voller Sommersprossen.

Wir brausten los. Die Fahrt ging in halsbrecherischem Tempo zuerst über die Landstraße, dann über holprige Feldwege. Ein Joint machte die Runde, an dem sich alle reichlich bedienten – auch der kleine Neffe.

An einem sumpfigen See hielten wir an. Die Revolver wurden aus dem Jeep geholt, und dann ballerten alle wie die Wilden drauflos – auf Colabüchsen, die wir in den See geworfen hatten oder auf einen abgebrochenen Ast stülpten. Zwischendurch wurde getrunken, gekifft, gegessen.

Abends kam die ganze Bande nach Hause. Ich war betrunken, high und vor allem taub. Irgend jemand hatte seinen Revolver zu dicht an meinem Ohr abgefeuert, und nun hatte ich Mühe, überhaupt der Unterhaltung zu folgen.

Die beiden Frauen hatten ein richtiges Soul-food-Menue gekocht mit Hühnersuppe, blackeyed peas, süßen potatoes, spare-ribs.

Als ich abends mit Donnice ins Hotel kam, war ich halbtot. Meine Augenlider waren stärker als ich – und ich schlief ein, noch bevor ich ausgezogen war. Bevor ich ganz weg war, murmelte ich noch zu Donnice: »Erinnere mich morgen früh daran, daß ich mir ein paar Stiefel kaufe...«

Wir blieben noch drei Tage in Mississippi. Dann mußte ich wegen einer TV-Sendung nach Deutschland zurück. Von Donnice sah ich in diesen Tagen nicht viel. Die Männerclique nahm mich voll in Beschlag, und Donnice hing mit den Frauen zusammen, wie es dort üblich ist.

Wir tranken selbstgebrannten Whiskey, brausten mit dem Jeep durch die Gegend, liefen Wasserski unten am Fluß, veranstalteten Barbecue-Partys und erzählten uns unser Leben. Hin und wieder stritten wir uns – vor allem, wenn es um Politik ging.

Und immer wieder kam die Rede auf Donnice, von der alle eine hohe Meinung hatten. »Das Mädchen ist richtig – die hat sich durchgebissen im Leben!«

Jeder erzählte mir etwas von ihr – und aus den vielen kleinen Mosaiksteinchen setzte sich schließlich ihr Leben zusammen. Ihre Mutter war Alkoholikerin geworden, und nachdem Donnices Vater eines Tages verschwunden war, hatte sie einen neuen Mann gefunden, der unglücklicherweise auch trank. Dieser Stiefvater haßte Donnice. Es kam zu furchtbaren Szenen. Eines Tages, als er ihr in betrunkenem Zustand mit einem Messer nachgelaufen war, um sie zu ermorden, gab die Mutter Donnice zu fremden Leuten in Pflege. Bis sie vierzehn war, hatte sie dann ein gutes Dutzend Pflegestellen und Waisenhäuser hinter sich gebracht, bevor sie schließlich bei einer Familie landete, die sie wie eine Tochter aufnahm. Ein Wunder, daß Donnice es dennoch geschafft hatte, das College zu besuchen – und so zu werden, wie sie ist. Ohne Bitterkeit – und zufrieden mit einem Quadratmeter Wiese und einem Stückchen blauen Himmel.

Als wir nach diesen vier Tagen wieder im Taxi saßen, um zum Flughafen zu fahren, war ich wie ausgelaugt und immer noch halb taub. An den Füßen hatte ich Stiefel, mein Bart war vier Tage alt, auf dem Kopf trug ich einen Texashut.

Donnice lehnte sich an mich. »Jetzt hast du also meine Familie kennengelernt«, sagte sie.

»Ja«, sagte ich. »Und ich habe auch dich endlich kennengelernt!«

»Und – wie ist das Ergebnis?« fragte sie. Ich drückte sie an mich. »Ich hänge an dir«, sagte ich, »wie Weiß auf Reis ...«

München. Olympiahalle. Das zweite Konzert in dieser Halle, von der so viele Künstler träumen, sie einmal zu füllen.

Ich hatte einen ausgiebigen Soundcheck gemacht und saß jetzt in meiner Garderobe. Es war sieben Uhr, die ersten paar hundert der achttausend Zuschauer standen schon draußen in den Gängen, während die Putzkolonnen noch ein letztes Mal durch die Halle gingen. Die große Ruhe vor dem Sturm.

Dieter kam herein. Er machte so einen richtig rundum zufriedenen Eindruck. Die Tournee war blendend gelaufen (München war eins der letzten Konzerte), und man sah es ihm an.

»Schade, daß du das da draußen alles nicht so mitbekommst«, sagte er.

»Was meinst du mit ›da draußen‹?«

»Ich meine all das, was jetzt draußen los ist, während du hier in deiner abgeschiedenen Kammer sitzt. Da draußen ist jetzt die Hölle los: Da kommen aus allen Richtungen Tausende von Autos und verursachen Verkehrsstaus, da versuchen Dutzende von Polizisten, Ordnung zu halten. Da stehen fünfzig Ordner herum, Parkwächter, Einsatzwagen vom Roten Kreuz. Fliegende Händler bauen ihre Würstchenstände auf – und das alles nur, weil du heute abend hier singst...«

Es stimmt. Man sitzt in seiner abgeschirmten Garderobe, bereitet sich auf seinen Auftritt vor, geht vor das Publikum – aber all das Drumherum bekommt man eigentlich nicht so richtig mit.

»Ich will das heute mal sehen!« beschloß ich.

Ich holte aus meinem Koffer einen falschen Schnurrbart und klebte ihn mir an. Ich hatte ihn mir einmal für solche Fälle, in denen ich nicht erkannt sein will, bei einem Theaterfriseur anfertigen lassen. Er verändert mein Gesicht völlig. Ich setzte eine Sonnenbrille auf und kämmte mein Haar mit Hilfe von Pomade straff nach hinten.

Ein Blick in den Spiegel. Ich kannte mich selber nicht mehr.

Ich zog den Mantel an. »Komm!« sagte ich.

Wir gingen zum Hintereingang, wo ein paar Dutzend Fans schon auf mich warteten. Als ich vorbeiging, drehte sich keiner nach mir um. Wir fuhren ein paar Schritte mit dem Wagen zum Olympiaturm und ließen uns mit dem Schnellaufzug auf die Aussichtsplattform bringen.

Es wurde langsam dunkel und kalt. Ich zog mir den Mantel fester um die Schultern.

»Wenn man das so sieht«, sagte Dieter. »Dann könnte man wirklich fast glauben, wir hätten's geschafft!«

Wir saßen wie auf dem Ast eines überdimensionalen Baumes und schauten hinunter.

Unten krochen die langen Autoschlangen von allen Seiten auf das Olympiagelände zu. Dazwischen huschten Polizeiautos mit zuckendem Blaulicht. Die Wagen verteilten sich auf den Parkplätzen, und von da aus liefen Tausende von Menschen auf das große Gelände mit dem bizarren Zeltdach zu. Von oben sahen sie aus wie Ameisen.

Ich sah hinunter auf die Halle, in der ich gleich singen würde.

Dann schaute ich auf die Stadt, in der langsam die Lichter angingen – eins nach dem anderen. Und mein Blick ging weiter, über das Land, so weit ich sehen konnte. Und dann noch weiter, zum Himmel, wo erste Sterne zu sehen waren.

Ja, wir hatten es geschafft. Und es war großartig. Und zugleich war es so klein. Ein winziges Sandkorn in einer Wüste.

»Komisch«, sagte ich. »Von oben sieht alles anders aus.«

Und dann: »Laß uns gehen. Ich muß in zwanzig Minuten auf der Bühne stehen . . .«

Epilog

Ich war auf einer Party in Düsseldorf. Goofy hatte eine ganze Reihe von Golffreunden und dazu noch ein paar normale Menschen eingeladen.

Gegen Mitternacht kam ein Telefonanruf für mich.

»Herr Carpendale? – Hier ist die Uni-Klinik in Köln. Frau Pearce bittet Sie, schnell zu kommen. Die Wehen haben eingesetzt...«

Aber das war doch nicht möglich ... noch gestern hatte uns der Arzt gesagt, daß es noch eine Zeitlang dauern würde. »Gibt es irgendwelche Komplikationen?«

Die Schwester am anderen Ende der Leitung hatte Erfahrung mit werdenden Vätern. Ihr Lachen beruhigte: »Nein, nein – machen Sie sich keine Sorgen. Alles in Ordnung. Aber Sie sollten sich beeilen...«

Ich lief zum Wagen und raste los.

Als ich auf dem zweiten Stock der Klinik ankam, stand der Arzt auf dem Gang und wollte gerade zu Donnice hineingehen.

»Sie kommen gerade noch zurecht«, sagte er.

Eine Schwester hielt mir einen grünen Kittel und einen Mundschutz hin. Ich sah sie erstaunt an.

»Kommen Sie schnell...«, sagte sie.

Ich zögerte einen Augenblick. Es war nie davon die Rede gewesen, daß ich bei der Geburt mit dabeisein sollte.

»Sie wollen doch dabei sein – oder?« fragte die Schwester.

»Natürlich«, nickte ich und zog den grünen Kittel an. Ich ging hinein und hielt die Hand von Donnice. hielt sie noch, als Cass seinen ersten Schrei tat.

Kurz darauf kam ein Assistenzarzt herein. Er winkte mich mit einem etwas ängstlichen Gesicht heran und murmelte mir dann mit Verschwörermiene zu: »Hören Sie, draußen steht eine Dame, die behauptet, Ihre Ehefrau zu sein ... was soll ich tun?«

Offenbar befürchtete er einen handfesten Skandal in der Klinik.

Ich lachte und ging hinaus zu Claudia, meiner Immer-noch-Ehefrau. Sie drückte meine Hand und sagte: »Ich kann dich doch in deiner schweren Stunde nicht alleine lassen ...«

Sie lachte mich an – herzlich und ohne jede Spur von irgend etwas anderem als Herzlichkeit.

Dann ging sie an mir vorbei zu Donnice.

Ich stand da und war glücklich.

*

Du wirst nicht als Baum geboren,
wenn du auf die Welt kommst.
Du wirst geboren als Samenkorn.
Du mußt wachsen,
bist du zur Blüte kommst.
Und dieses Aufblühen
wird deine Zufriedenheit,
deine Erfahrung sein.

Baghwan Shree Rajneesh

Lebenslauf in Jahreszahlen

1946 Am 14. Januar, morgens um 1.00 Uhr, wird Howard Victor Carpendale in Durban/Südafrika geboren. Er hat zwei Schwestern – Anne (4 Jahre älter) und Jean (8 Jahre älter). Sein Sternbild ist also Steinbock – nach abweichender Lehrmeinung mancher Astrologen Krebs, weil Durban auf der Südhalbkugel liegt!
Sein Vater ist Geschäftsmann, aber auch als Politiker tätig. Später kommt er als Abgeordneter der Oppositionspartei in den Landtag von Natal. Die Eltern träumen davon, daß ihr Sohn einmal in die Fußstapfen seines Vaters tritt.

1960 Nach dem Besuch der Volksschule besucht Howard inzwischen die Durban High-School. Bei einem Sänger-Nachwuchswettbewerb kommt er zwar in die Endrunde, vergißt aber vor lauter Aufregung seinen Text. Danach traut er sich lange nicht mehr auf die Bühne, musiziert aber dennoch weiter in einer Schulband.
Sein Ehrgeiz verlagert sich zwischenzeitlich etwas stärker auf sportliches Gebiet: Er wird eine der Sportskanonen seiner Schule.
Cricket, Rugby, Boxen und Leichtathletik sind seine Spezialitäten.

1963 Er schließt sich der Beat-Gruppe »The Kinsmen« an und gewinnt mit ihnen den Wettbewerb »The Battle of the Beat« von Radio Springbok – drei Monate lang ist die Gruppe mit ihrem Leadsänger Carpendale die beliebteste Band des populären Senders.
Er macht seine erste Schallplattenaufnahme – der Song »Endless Sleep« wird ein ziemlicher Erfolg.
Aber auch im Sport zeigen sich erste größere Erfolge: Carpendale stößt mit der 12-lbs-Kugel Schulrekord – 15,33 m.
Am 26. Juli gewinnt er den »Elvis-Presley-Talentwettbewerb«.

1964 Ende der High-School-Zeit. Carpendale wird zum Militär eingezogen und absolviert seine Militärzeit als Sanitäter.

1965 Carpendale beginnt auf Wunsch seines Vaters an der Universität von Natal ein Volkswirtschaftsstudium. Nach drei Monaten wirft er seine Lehrbücher wieder weg. Er hat erkannt, daß sein Lebensweg anders aussehen muß. Er geht nach England, um dort Karriere als Profi-Cricketspieler zu machen, bekommt aber nicht gleich Arbeit. Er schlägt sich mit dem Schreiben von Zeitungsartikeln für eine südafrikanische Zeitung durch.

1966 Carpendale hat zur Überbrückung einen Job als Sänger bei einer Beatband angenommen, die in Deutschland gastiert.
Nach einem Gastspiel in Wuppertal faßt er sich ein Herz, fährt nach Köln und spricht dort bei der Schallplattenfirma EMI-Electrola vor. Das Unwahrscheinliche geschieht – er bekommt einen Vertrag für eine Platte. Diese Platte kommt am 21. November auf den Markt. Ihr Titel: »Lebenslänglich«. Sie wird ein Erfolg und verkauft 60 000 Exemplare. Carpendales Vertrag wird verlängert, und er beschließt, vorerst in Deutschland zu bleiben.

1967 Weitere Platten, wachsende Erfolge, erste Fernsehsendungen. Carpendale tingelt durch Diskotheken. Er hat seine Haare hellblond gebleicht und trägt paillettenbestickte Hemden – wie es damals üblich war.

1969 Mit der deutschen Version des Beatles-Songs »Obladi-Oblada« landet Carpendale seinen ersten echten Hit. Weitere Hits folgen: »Ich geb' mir selbst 'ne Party«, »Indianapolis« u. a.

1970 Vorläufiger Höhepunkt der Karriere: Carpendale gewinnt das »Deutsche Schlagerfestival« mit dem Lied: »Das schöne Mädchen von Seite 1!« Die EMI-Electrola gibt ihm einen spektakulären 10-Jahres-Vertrag.

Aber gleich danach kommt der Abstieg: Sein Erfolg läßt nach, die Umsätze sinken.

1972 Carpendale nimmt an den Deutschen Formel-3-Meisterschaften auf dem Nürburgring teil und wird Elfter.
Im Plattengeschäft ist er allerdings weniger erfolgreich: Der Umsatz stagniert, die Platten liegen wie Blei in den Regalen. Nur das Tingelgeschäft in den Diskotheken floriert und sichert dem Künstler einen gewissen Wohlstand.
Am 16. 9. heiratet Carpendale in einer kleinen Kapelle im Siebengebirge die Lehrerin Claudia Herzfeld.

1973 Absoluter Tiefpunkt. Die Schallplattenfirma legt dem Künstler nahe, seinen Vertrag zu lösen. Alle sind davon überzeugt, daß hier wieder einmal eine der typischen kurzfristigen Schlagerstar-Karrieren zu Ende geht.
Da beschließt Carpendale, einen letzten Versuch zu machen und die Sache selber in die Hand zu nehmen. Er komponiert einige Lieder, geht damit ins Studio und produziert selber – niemand außer ihm selbst glaubt zunächst an einen Erfolg.

1974 Seine Eigenproduktion kommt Anfang Januar auf den Markt – und wird zu einem großen Hit: »...da nahm er seine Gitarre«. Es folgt noch im gleichen Jahr »Du fängst den Wind niemals ein«.
Mit einem Schlag ist Carpendale wieder oben. Nun folgt Hit auf Hit – in den meisten Fällen Eigenkompositionen.
In den nächsten fünfzehn Jahren wird Carpendale der dauerhafteste Hitlieferant, den es je im deutschen Showbusiness gab. Er hat seit dieser Zeit 25 Hits in die Charts gebracht.

1975 Weitere Erfolge: »Deine Spuren im Sand«, »...und ich warte auf ein Zeichen«. Carpendale beginnt seine kompositorische Zusammenarbeit mit seinem früheren Gitarristen Joachim »Knibbel« Horn.

1976 »Fremde oder Freunde«, »Noch hast Du Dein ganzes Leben vor Dir« und der Superhit »Tür an Tür mit Alice« kommen auf den Markt.
Carpendale entschließt sich, seinen Beruf noch ernster als bisher zu nehmen – er möchte sich künstlerisch entwickeln. Er tut sich mit Dieter Weidenfeld zusammen, der zunächst sein Berater, dann sein Manager wird. Daraus entwickelt sich eine der erfolgreichsten und langfristigsten Verbindungen zwischen Künstler und Manager, die es in der deutschen Showszene gab.

1977 Mit »Ti amo« landet Carpendale nach »Nimm den nächsten Zug« einen neuen Superhit.
Erste Konzertauftritte in kleinen Sälen zeigen, daß der Künstler auch Entertainerqualitäten hat.
Sohn Wayne wird geboren.

1978 Im Herbst geht Carpendale zum ersten Mal auf eine größere Konzerttournee. Sie ist kommerziell gesehen ein bescheidener, künstlerisch gesehen ein großer Erfolg. Der Sänger wird jetzt auch als Konzertkünstler und Entertainer akzeptiert.

1979/80 Sein Aufstieg als führender deutschsprachiger Sänger ist jetzt nicht mehr aufzuhalten.
Carpendale bekommt den »Goldenen Löwen« von Radio Luxemburg, die »Goldene Europa« und andere Auszeichnungen. Er erhält seine erste goldene Schallplatte (»Mein Weg zu Dir«), bald darauf seine zweite (»Eine Stunde für Dich«).
Seine Songs »Nachts, wenn alles schläft«, »Wie frei willst Du sein«, »Es geht um mehr« und andere werden zu Evergreens. Die EMI-Electrola schließt einen neuen Vertrag mit einer hohen Garantiesumme ab.
Eine große Tournee im Herbst '80 führt ihn jetzt durch über vierzig Städte. Das Publikum ist begeistert – und selbst die Presse muß den Erfolg langsam zur Kenntnis nehmen.

1981/82 Weitere Hits, weitere »Goldene«. Und im Herbst ’82 eine weitere Konzerttournee, die den Erfolg der vorigen noch überbietet.

Dann – auf dem Höhepunkt dieser Erfolgswelle – gibt Carpendale bekannt: »Ich ziehe mich für mindestens ein Jahr zurück. Kein Funk. Kein Fernsehen. Keine Platte und keine Konzerte. Ich brauche eine schöpferische Pause.« – Alle Fachleute sind sich einig, daß eine solche Entscheidung in dieser schnellebigen Branche tödlich sei. Damit sei das Ende der Karriere gezeichnet.

Das ZDF bringt im Frühjahr ’82 als große Abendsendung eine Konzertaufzeichnung.

1984 Die Experten hatten wieder einmal unrecht: Das Comeback Carpendales nach seiner selbstgewählten Pause mit dem Lied »Hello again« und einer Konzerttournee wird zum triumphalen Erfolg. Aus den geplanten vierzig Konzerten werden sechsundsiebzig.

1988/89 Inzwischen hat sich die Zahl der goldenen LPs auf zehn erhöht. Seine Musik entwickelt sich weiter – mit dem Popsong »Laura Jane« setzt der Künstler neue Maßstäbe.

Psychologen versuchen, das Phänomen Carpendale zu ergründen, die Konzertagenturen reißen sich um ihn. Eine weitere Konzerttournee im Frühjahr ’88 überbietet alle bisherigen Rekordmarken: Sieben Konzerte allein in Hamburg, drei in der Sporthalle seiner Kölner Heimatstadt, zwei in der Münchner Olympiahalle – über 200 000 Zuschauer jubeln dem Künstler zu.

Carpendale ist ganz oben angelangt.